KB211154

인문고전 깊이읽기

Hannah Arendt: The Raison d'être of Politics is Freedom

by Won-pyo Hong

Published by Hangilsa Publishing. Co. Ltd., Korea, 2011

인문고전 깊이읽기 9

아렌트

정치의 존재이유는 자유다

홍원표 지음

한길사

인문고전 깊이읽기®

아렌트
정치의 존재이유는 자유다

지은이 홍원표
펴낸이 김언호

펴낸곳 (주)도서출판 한길사
등록 1976년 12월 24일 제74호
주소 10881 경기도 파주시 광인사길 37
홈페이지 www.hangilsa.co.kr
전자우편 hangilsa@hangilsa.co.kr
전화 031-955-2000~3 팩스 031-955-2005

부사장 박관순 총괄이사 김서영 관리이사 곽명호
영업이사 이경호 경영이사 김관영
편집 김대일 백은숙 노유연 김지연 김지수
마케팅 서승아 관리 이주환 문주상 이희문 김선희 원선아
디자인 창포 CTP출력 및 인쇄 오색 제본 예림바인딩

제1판 제1쇄 2011년 10월 5일
제1판 제3쇄 2019년 5월 30일

값 17,000원
ISBN 978-89-356-6831-1 04100
ISBN 978-89-356-6163-3 (세트)

쾨니히스베르크에 살던 시절 어머니 마르타와 함께 찍은 사진.
아렌트는 1913년 지트니크 초등학교에 입학했다.
이때 할아버지 막스 아렌트와 아버지 바울 아렌트가 일찍 세상을 떠나면서
슬프고 어려웠던 어린 시절을 보냈다.
그의 어머니는 로자 룩셈부르크의 일화를 들려주면서 유대인으로서의
역사의식을 갖도록 했다.

독일 나치당 인종정책국이 발간한 달력 화보 가운데 하나(1938).
이 화보는 "가족의 다산을 통해 독일 민족의 영원함을 보장하자"
"독일 민족의 피의 순수성을 유지하자" "독일 남성은 여성에게서
어린이들의 어머니를 존경하고 보호하자" "고유한 피의 옹호는
다른 민족의 경멸을 의미하지 않는다" 등의 내용을 담고 있다.

서거 직전의 아렌트(1975).
1975년 봄에 아렌트는 덴마크 정부로부터 소닝 상을 받고, '판단을 내리는
우리의 능력'에 대해 수상연설을 했다. 이후 12월 4일에 '판단'에 대한
저서의 제사, 즉 "성공한 원인은 신을 기쁘게 하지만 실패한 원인은 카토를
기쁘게 한다"를 남기고 심근경색으로 서거했다.

유대인 절멸 결정이 내려진 베를린의 반제 별장.
1942년 1월 유대인 대학살의 주도자인 하이드리히의 주재로
열린 반제회의(Wansee Conference)에서 유대인 절멸이라는
'최종 결정(Final Solution)'을 내렸다.
아돌프 아이히만은 이때 의사록을 작성한 서기로 참여했다.
현재 이곳은 유대인 학살과 관련된 당시의 자료들을 전시하고 있다.

"우리는 어딘지 모르는 곳에서 출현하여
이 세계에 등장하고, 이곳으로부터
어딘지 모르는 곳으로 사라진다."

■ 아렌트

아렌트

정치의 존재이유는 자유다

차례

■일러두기

* 이 책에서 원문을 인용한 저작 목록과 출처 판본은 다음과 같다.

■저서

『전체주의의 기원』(Hannah Arendt, *The Origins of Totalitarianism*, New York: Harcourt Brace Jovanovich, 1951)

『인간의 조건』(Hannah Arendt, *The Human Condition*, Chicago: The University of Chicago Press, 1958)

『혁명론』(Hannah Arendt, *On Revolution*, New York: The Viking Press, 1963)

『예루살렘의 아이히만: 악의 평범성에 대한 보고서』(Hannah Arendt, *Eichmann in Jerusalem: A Report on the Banality of Evil*, New York: The Viking Press, 1963)

『과거와 미래 사이』(Hannah Arendt, *Between Past and Future: Eight Exercises in Political Thought*, New York: Penguin Books, 1968)

『어두운 시대의 사람들』(Hannah Arendt, *Men in Dark Times*, New York: Harcourt Brace Jovanovich, 1968)

『폭력론』(Hannah Arendt, *On Violence*, New York: Harcourt Brace Jovanovich, 1969)

『공화국의 위기』(Hannah Arendt, *Crises of the Republic*, New York: Harcourt Brace Jovanovich, 1972)

『라헬 파른하겐: 한 유대인 여성의 삶』(Hannah Arendt, *Rahel Varnhagen: The Life of a Jewish Woman*, New York: Harcourt Brace Jovanovich, 1974)

『정신의 삶: 사유』(Hannah Arendt, *The Life of the Mind: Thinking*, New York: Harcourt Brace Jovanovich, 1978)

『정신의 삶: 의지』(Hannah Arendt, *The Life of the Mind: Willing*, New York: Harcourt Brace Jovanovich, 1978)

『칸트 정치철학 강의』(Hannah Arendt, *Hannah Arendt: Lectures on Kant's Political Philosophy*, ed. Ronald Beiner, Chicago: The University of Chicago Press, 1982)

『이해의 에세이 1930-1954』(Hannah Arendt, *Essays in Understanding 1930-1954*, ed. Jerome Kohn, New York, San Diego, and London: Harcourt Brace & Company, 1994).

『아우구스티누스의 사랑 개념』(Hannah Arendt, *Love and Saint Augustine*, Chicago: The University of Chicago Press, 1996)

『책임과 판단』(Hannah Arendt, *Responsibility and Judgment*, New York: Schocken Books, 2003)

『정치의 약속』(Hannah Arendt, *The Promise of Politics*, New York: Schocken Books, 2005)

『문학과 문화에 대한 성찰』(Hannah Arendt, *Reflections on Literature and Culture*, ed. Susannah Young-ah Gottlieb, Stanford: Stanford University Press, 2007)

『유대인 관련 저술 모음집』(Hannah Arendt, *The Jewish Writings*, New York: Schocken Books, 2007)

■논문

「전체주의적 제국주의: 헝가리혁명에 대한 성찰」(Hannah Arendt, "Totalitarian Imperialism: Reflections on the Hungarian Revolution", *The Journal of Politics*, Vol. 20, No. 1[1958], pp. 5~43)

「80세의 하이데거」(Hannah Arendt, "Heidegger at Eighty", pp. 293~303. Michael Murray, ed., *Heidegger & Modern Philosophy*, New Haven and London: Yale University Press, 1978).

「한나 아렌트의 자신에 대한 주장」(Hannah Arendt, "On Hannah Arendt", Melvyn A. Hill. ed., *Hannah Arendt: Recovery of the Public World*, pp. 301~339, New York: St. Martin's Press, Inc, 1979)

「철학과 정치」(Hannah Arendt, "Philosophy and Politics", *Social Research*, Vol. 57, No. 1[1990], pp. 73~103)

「카를 마르크스와 서구 정치사상의 전통」(Hannah Arendt, "Karl Marx and the Tradition of Western Political Thought", *Social Research*, Vol. 69, No. 2[2002], pp. 273~319)

「위대한 전통 I: 법과 권력」(Hannah Arendt, "The Great Tradition I: Law and Power", *Social Research*, Vol. 74, No. 1[2007], pp. 713~726)

「위대한 전통 II: 지배와 피지배」(Hannah Arendt, "The Great Tradition II: Ruling and Being Ruled", *Social Research*, Vol. 74, No. 4[2007], pp. 941~954)

■서간집

『한나 아렌트-카를 야스퍼스 서간집』(Hannah Arendt and Karl Jaspers, *Hannah Arendt Karl Jaspers Briefwechsel 1926-1969*, München: R. Piper GmbH. 1985; *Hannah Arendt Karl Jaspers Correspondence 1926-1969*, New York: Harcourt Brace & Company, 1992)

『네 벽 안에서: 한나 아렌트-하인리히 블뤼허 서간집 1936-1953』(Hannah Arendt and Heinrich Blücher, *Within Four Walls: The Correspondence Between Hannah Arendt and Heinrich Blücher 1936-1968*, New York, San Diego, London: Harcourt, Inc., 2000)

아렌트, '바로 여기서' 세계사랑을 말하다

❋ 들어가는 말

지적 유산에 남긴 귀중한 유언

우리는 현재 여기에 서 있다. 이 시대에 인간의 삶에 지배적인 영향을 미치고 있는 신자유주의는 '경쟁'을 미덕으로 강조하고 있다. 이러한 시대적인 분위기 속에서 개개인은 '쓸모없는, 즉 잉여적' 존재로 낙오하지 않을까 하는 심리 상태에 압도되기 때문에 인간적 공존에 눈을 돌리기 어렵다.

현대사회가 대중사회와 마찬가지로 소비사회의 성격을 다분히 띠고 있다면, 누구나 개체성을 유지하면서 공동성을 유지하기 어려울 것이다. 이러한 표현은 개개인이 생존 문제와 관련된 활동에서 인간다운 삶을 유지하기 어렵다는 생각을 간접적으로 담고 있다. 그러므로 만족스럽지 못한 현재의 상황을 개선하는 데 이바지하는 정치를 고려할 필요가 있다.

중요한 것은 우리가 여기에 있다는 점이다. 우리는 현재 이 공간에서 생계를 유지하고 안정된 거처를 마련하며 자신이 누구인지 드러내는 분주한 삶을 꾸려나간다. 이러한 삶은 여러 가지 외적 조건으로 제약을 받게 마련이지만, 이를 극복하려는 노력은 개인의 자유의지와 정치적 자유가 보장되지 않을 경우 한계에 직면하게 된다. 인간다운 삶을 실현하려는 모든 사람들에게 자유만큼 중요한 가치는 없을 것이다.

그렇다면 인간은 당면한 어려움을 극복하기 위해 시선을 어디로 돌리는가? 과거인가 미래인가 아니면 양쪽에 모두 시선을 집중하는가? 위대한 사상가들 가운데 일부는 당면한 난관과 미래의 불확실성을 해결하기 위해 과거로 눈을 돌려 역사의 쓰레기 더미에서 그 해답을 찾으려고 했다. 아렌트 역시 켜켜이 쌓여 있는 역사의 퇴적층을 파헤치려고 노력했으며, 과거의 귀중한 경험을 현재에 복원시키는 데 그치지 않고 그것에 새로운 의미를 부여하고자 했다. 따라서 아렌트는 『과거와 미래 사이』에서 "우리의 유산은 아무런 유언도 남기지 않았다"는 르네 샤르의 경구를 언급했지만, 아렌트의 지적 유산은 우리들에게 귀중한 유언을 남기고 있다. 그가 살아 있을 때 경험했던 다양한 정치적 사건으로부터 받은 충격 또는 당혹감에 함몰되지 않고 시대와 일정한 거리를 유지하면서 그 해답을 찾고자 공공영역으로의 모험을 시도했기 때문이다.

위대한 사상가들은 당면한 난관을 극복할 수 있는 해결책을 찾고자 현실을 비판적으로 성찰하면서도 과거의 경험에 눈을 돌리기도 했다. 이들의 지적 노력은 시대적 한계성을 지니면서도 시대를 넘어서는 보편성을 지닌다. 고전으로 분류되는 위대한 저작들이 시간과 공간을 넘어 독자의 마음을 사로잡듯이, 전통은 단순히 과거의 영역에 머물지 않고 현재나 미래에도 끊임없이 재현되는 귀중한 재산이다.

전통은 여전히 우리에게 무엇을 말하고 있는가? 정치철학의 전통이 과연 당대의 인간적 삶을 충실히 반영하고 있는가? 전통 가운데 어떤 것은 역사적 경험을 제대로 반영하고 있고, 다른 것은 왜 그렇지 못한가? 아니면 우리는 유산이 남긴 유언을 듣지 못하고 있는 게 아닌가?

아렌트는 이러한 문제에 천착하기 위해 우리 시대와 일정한 거리를 두면서도 우리 세계에 대한 헌신적인 열정을 유지했다. 한 마디로 아렌트는 '바로 여기서' 파편화되어 쌓인 역사의 퇴적층을 다른 시선으로 관찰하고 파헤쳐 '위대한 정신'의 지혜뿐만 아니라 역사적 사건이나 경험에 나타난 다양한 형태의 인간다운 삶, 즉 범례들을 찾아서 인간적 공존을 가능케 하는 실천적 지혜로 삼고자 했다. 무엇보다도 아렌트는 자신의 저작을 통해 정치적 삶의 귀중함과 정치적 사유의 중요성을 우리에게 보여주고 있다. 이러한 주장을 중심으로 아렌트가 왜 우리 시대에도 여전히 관심의 대상이 될 수 있는지를 자세하게 살펴보기로 한다.

첫째, 아렌트는 우리의 삶에서 현재, '무시간적 시간'의 중요성을 강조한다. 카프카의 '현재' 우화를 통해 시간 개념의 전환을 시도한 아렌트의 시간적 사유는 미래 시제에 우선순위를 두고 있는 현대인의 시간적 사유를 비판적으로 성찰할 기회를 제공한다. 현대인은 의식적이든 무의식적이든 과거와 미래 사이의 틈새인 현재를 무시하는 경향이 있지만, 우리가 사유하고 활동하는 곳은 바로 여기다. 과거는 기억을 통해 현재에 재현되고, 미래는 기대를 통해 우리의 삶에 현재화되기 때문이다. 그런데 우리는 현재 이곳에서 생각하고 활동하면서도 현재의 삶을 미래의 윤택한 삶이란 목표를 실현하는 수단으로만 이해하는 경향이 강하다. 삶의 의미를 드러내면서 변화하는 상황에 적절히 대응하는 능력을 제공하는 사유가 항상 '현재의 사유'라는 점을 고려할 때, 아렌트는 시간 개념에 대한 이해가 삶에 어떠한 영향을 미치는지 우리에게 이야기하고 있다.

둘째, 아렌트는 위대한 전통에 도전하고 이를 해체하고자 했다. 우리 시대의 어려움을 벗어나고자 그 해답을 과거에서 찾으려는 사상가는 종종 과거에 대한 향수로 현실성을 결여하고 있다는 비판을 받는다. 그런데 아렌트는 과거에 눈을 돌리면서도 현재의 세계를 폄하하는 세계소외에 빠지지 않았다. 오히려 그는 '위대한' 전통이 정치적 삶을 폄하시켜왔을 뿐만 아니라 역사에 대한 인과론적 설명이 전례 없는 새로운 정치적 사건을 이해하는 데 한계를 드러냈다는 점에 주목해 형이상학 또는 정치철학의 전통을 해체하고 역사에 대한 새로운 이해 방식을 제시했다.

새로운 세계를 경험한 근대 사상가들은 고전적 전통에 도전하면서도 플라톤 이후 형성된 전통의 틀에서 벗어나지 않았다. 이러한 전통에서 '관조적' 삶은 활동적 삶보다 항상 우위에 있었기 때문에, 아렌트는 활동적 삶의 관점에서 행위의 의미와 특징을 이해함으로써 정치의 고유성을 복원시키고자 했다. 아울러 아렌트는 역사 과정의 측면에서 정치를 이해함으로써 정치의 위상을 약화시킨 입장으로부터 탈피하여 특정한 역사적 사건의 정치적 의미를 밝히는 쪽으로 방향을 전환했다.

셋째, 아렌트는 역사적 경험 가운데 귀중한 것의 의미를 다시 복원시켰다. 아렌트는 정치사상의 전통에 대한 비판과 해체에도 불구하고 삶의 근본적 의미를 이해한 '위대한 정신'의 지혜를 우리 시대에 다시 복원시켰다. 또한 역사 속에서 구현되었지만 망각된 역사적 경험의 의미를 조명했다. 따라서 정치사상의 전통을 수용하는 독자들이나 연구자들은 아렌트의 정치사상에 비판적인 입장을 유지할 수 있다. 이들은 그만큼 정치사상의 전통에 대한 아렌트의 비판을 수용하기 어려울 것이다. 물론 아렌트는 전통을 모두 망각해도 좋다고 생각하지는 않았다. 그는 소크라테스의 삶을 후세에 전달했을 뿐만 아니라 동굴의 비유에 대한 정치적 해석을 가능케 하는 기회를 제공한 플라톤의 학문적 업적을 인정하고 있기 때문이다.

아렌트는 정치사상의 전통을 형성하는 데 주도적인 역할을 한 저작에 대한 비판에만 머물지 않는다. 오히려 다른 영역의 저작들을 자신의 정치적 사유에 끌어들이기 때문에 독자가 그의 사상을 한번에 이해하기는 어렵다. 정치적 사유에서 형성되는 정신적 교감은 정치적인 것의 확장에 이바지한다.

넷째, 아렌트는 독자에게 정치적 사유를 확장시킬 수 있는 지혜를 제공했다. 우리는 공공영역에서 활동하든 아니든 공동생활 과정에서 다른 사람의 관점과 입장에서 그 의미를 파악하고 판단하는 삶을 영위한다. 이러한 측면에서 정치적 사유는 인간적 공존을 가능하게 하는 중요한 원동력이다. 아렌트는 자신의 저작을 통해서 역사적 사실이나 논리를 그대로 답습할 것을 요구하지 않고 공존하는 지혜를 체득할 수 있는 기회를 독자에게 되도록 많이 제공하려는 데 역점을 두었다.

인간관계망을 형성하는 다양한 삶

이어서 아렌트의 독특한 저술기법을 먼저 언급하면서 이 책의 구성을 살펴볼 필요가 있다.

첫째, 그는 종종 특정한 역사적 사건을 설명할 때 관련된 개념의 의미를 먼저 제시하거나 이론화하는 것을 피한다. 물론 아렌트의 저작에서 개념적 사유는 중요하지만 이 작업은 한 저작에서 완결되는 것이 아니라 저작 전체를 통해서 진행되기도 한다. 이 과정에서 비정치적 개념은 정치적 개념으로 전환된다. 따라서 개념적 사유의 궤적을 추적할 필요가 있다.

둘째, 아렌트는 인간의 삶 가운데 특정한 현상을 이해하기 위해 그것의 특성을 규명하는 데 그치지 않고 다른 현상을 연계시켜 특정한 현상의 의미를 더욱 세련되게 만들고자 했다. 예컨대, 그는 행위를 말과 새로운 시작으로 정의하지만, 행위 개념은 다원성, 자유, 권력 등 다양한 정치현상과 밀접하게 연계시킬 때 비로소 제대로 이해될 수 있다.

셋째, 아렌트는 현실의 경험에서 논의를 시작하지만 그러한 현상의 진정한 의미를 부각시키기 위해 역사 속에 나타났던 대표적인 범례들을 설명하는 방식을 취하고 있다. 그런데 범례를 탐구하는 방식은 사회과학의 인과론적 분석에서 탈피하여 이야기하기(story-telling) 방식으로 진행된다. 아렌트의 이야기하기는 개인적인 삶에서 공적인 의미를 끌어내거나 정치적 사건에 내재된 사적인 의미를 드러내기도 한다. 물론 인간의 삶을 이해하는 데 공과 사라는 구분은 그의 저작에서 일관된 기저를 이루고 있다.

이 책에서는 아렌트의 저작을 이해하기 위해 괘념해야 할 몇 가지 원칙들을 고려하면서 10개의 기준에 따라 아렌트의 저작들을 연계시키는 저술방식을 원용하고 있다. 제1장은 아렌트의 정치적 사유에 대해 논의한다. 정신활동인 사유와 판단은 만년의 '철학적' 저작의 핵심주제이지만 아렌트의 저작을 하나로 잇는 외올실이 바로 정치적 사유라는 점을 고려할 필요가 있다. 아렌트가 정치와 사유의 관계를 어떻게 연계시키고 있는가를 이해하는 것은 아렌트의 저작 전체를 이해하는 길잡이 역할을 하기 때문이다.

아렌트의 저작에서 철학과 정치, 정치와 사유는 항상 연계되는 주제다. 여기에 소개된 주제들은 이러한 점을 전제로 한다. 제2장에서는 활동적 삶을, 제3장에서는 정신의 삶을 소개하고 있다. 두 주제는 분리되어 있으면서도 상호 연계되어 있을 뿐만 아니라 아렌트의 정치사상을 이해하는 기저가 되며, 이후의 장에서 구체적으로 언급될 것이다.

제4장은 '새로운 시작'의 의미와 특성을 언급하고 있으므로 행위를 논의한 제2장의 내용을 보완하며 정신의 삶 역시 새로운 시작이라는 측면에서 제3장의 내용과 부분적으로 연관성을 지닌다. 아울러 제5장의 주제인 '자유'도 새로운 시작의 의미를 담고 있다. 이렇듯, 아렌트는 한 주제를 언급하면서 동시에 다른 주제를 언급했지만 각 주제들을 유기적으로 조명했다. 정치와 자유의 관계를 언급하고 있는 제5장은 정치가 권력과 폭력의 범주에서 논의된다는 점에서 제6장과 연관된다. 또한 제5장은 정치와 권력의 역사적 범례에 대한 이해 없이 정치를 이해하기 어렵다는 점에서 제7장과 연계될 것이다.

제8장은 책임과 용서라는 주제를 다루고 있지만, 이 또한 정치 행위의 다른 유형이기 때문에 앞에서 논의된 내용에 대한 이해를 전제로 한다. 그리고 인간성은 역사 속에서 다양한 형태로 발현되었다는 점은 전제하지만, 이 인간성은 대화 속에서 발현된다는 점을 고려할 때, 제9장 역시 다른 장과 연계되어 있다.

마지막 장은 진정한 정치를 손상시키거나 왜곡시키는 요소들을 제기하고 있다. 아렌트는 이데올로기적 사유가 야기하는 부정적인 결과뿐만 아니라 거짓말이나 철학적 진리가 결국 정치영역을 손상시킨다는 역사적 사례들을 검토함으로써 정치적 사유의 중요성을 간접적으로 언급하고 있다. 따라서 제10장은 제1장에서 언급한 정치적 사유와 연결된다.

이렇듯, 독자들은 각 장 사이의 유기적 연관성을 고려하면서 이 책을 읽을 경우 비로소 복잡한 아렌트의 정신세계에 접근할 것이며, 그와 정신적 대화를 나눌 수 있는 귀중한 기회를 갖게 될 것이다. 나는 제3쇄 출간에 앞서 내용 전반을 검토하면서 용어, 문구 등 표현의 통일성을 유지하고자 부분적인 수정을 거쳤다. 따라서 제3쇄에서도 저서의 기본 톤과 내용은 그대로 유지하고 있다.

2019년 1월
홍원표

어디에도 구속되지 않는 자유로운 사유를 보여주다

지성계에 발자취를 남긴 아렌트의 이야기는 현대 정치사상에 대한 우리의 이해를 풍요롭게 하는 데 도움이 되리라고 생각한다. 특정한 역사적 사건이 개별적이면서도 보편적인 면을 띠고 있듯이, 그의 다양한 삶에서도 특수하면서도 보편적인 면을 찾을 수 있을 것이다. 아렌트의 정치철학은 현대 정치철학의 지형에서 중요한 위치를 차지한다. 독자들의 이해를 돕기 위해 우선 그의 생애와 지적 여정을 압축하여 소개하고자 한다.[1]

아렌트는 1906년 독일 하노버에서 태어나 1910년 쾨니히스베르크(현재는 칼리닌그라드)로 이주해 어린 시절과 소녀 시절을 보냈으며, 고등학교에 입학하면서 뛰어난 수학 능력을 보였으나 젊은 선생의 부당한 지도에 반항했다는 이유로 2학년 때 퇴학당했다. 이후 1922~23년까지 아렌트는 대학 진학을 위해 베를린 대학교에서 개설한 고전과 신학연구반에서 공부하면서 대학입학 자격시험(Arbitur)에 합격하여 1924년 마부르크 대학교에 입학했다. 아렌트는 하이데거가 '존재와 시간'이란 주제로 철학을 강의하던 시기에 현상학을 연구할 기회가 있었지만, 하이데거와의 '개인적인 관계'[2]를 청산하고 1926년 하이델베르크 대학교로 옮겼다. 이후 야스퍼스의 지도 아래 철학을 연구하면서 1929년 「아우구스티누스의 사랑 개념」으로 박사학위를 받았다. 학위논문을 집필하던 아렌트는 귄터 스턴(안더스)과 친밀한 관계를 유지하다가 1929년 그와 결혼했다.

베를린으로 이주한 1930년 이후 유대인 여성인 라헬 파른하겐의 전기를 집필하면서 유대인운동에 참여했다. 그러나 1933년 독일을 집권한 히틀러는 좌파들을 검거하도록 했고, 나치로부터 검거될 것을 두려워한 스턴은 아렌트보다 먼저 파리로 망명했다. 아렌트는 좌파 인사들에게 은신처를 제공한 혐의로 체포되어 잠시 투옥되었다가 출감한 이후 어머니와 함께 파리로 망명했고, 18년 동안 국적 없는 생활을 시작했다.

아렌트는 프랑스로 망명한 이후 1951년에 미국 시민권을 획득하기까지 상당히 오랫동안 무국적자로서 삶을 영위했다. 그는 이러한 상황을 체험하면서 언어와 공간의 중요성을 자신의 정치철학에 반영시켰다. 즉 무국적은 정치적 의견을 제시할 수 있는 공간의 상실을 의미하기 때문에, 그는 언어와 공간의 상호의존성을

아버지 바울 아렌트와 어머니 마르타콘 아렌트.
그의 아버지는 1913년 사망했다. 그 후 그의 어머니는 1920년 재혼했고,
1947년 영국에 살고 있던 의붓딸 베어발트를 방문했을 때 사망했다.

정치학적으로 부각시키려는 열정을 갖게 되었다.

아렌트는 프랑스에 체류해 있는 동안 많은 지식인과 접촉했다. 1934년에는 이야기꾼을 진주조개를 잡는 어부에 비유한 발터 베냐민 등 망명 지식인들을 만났으며, 1936년에는 첫 번째 결혼생활에 실패한 이후 평생의 반려자가 된 하인리히 블뤼허를 만났다. 이 시기 동안 아렌트는 남편과 함께 유대인단체에 참여하여 동포들의 미국 망명을 주선하는 데 진력한 행동하는 여성이었다.

독일과 프랑스의 전쟁이 발발한 1940년에 아렌트는 블뤼허와 결혼한 뒤, 1941년 미국으로 망명하여 새로운 삶을 시작했다. 그곳에서도 아렌트는 '유대인문화재건위원회'에 참여하여 유대인 문제에 관심을 두는 한편『전체주의의 기원』을 집필하고 있었다. 그러던 1950년 한국전쟁 발발 소식을 듣고 이 책의 출간을 서둘렀으며, 이듬해 학계에 '공개적으로' 모습을 드러냈다. 다른 사람 앞에 나서기를 꺼려했던 아렌트는 이 책을 출간한 이후 학문적 관심과 논쟁의 중심에 서 있게 되었다. 그는 이 책을 구상하던 당시「불명예의 요소들: 반유대주의, 제국주의, 인종주의」라는 가제를 붙여 '이야기하기' 형식의 기술방식을 간접적으로 드러내고자 했다. 책 제목에서 '기원'이란 표현은 인과적으로 연계된 사건에 대한 진화론적 담화를 함축하고 있는 용어지만, 아렌트는 이야기하기 방식을 통해 근대성의 정치적 질병인 전체주의의 요소를 밝히고 있다.

아렌트는 학위를 마친 후 정치에 관여하게 되었기 때문에 정치적 내용이 담긴 저작을 출간하지 않았지만 많은 논문과 소고를 남겼다. 초기의 논문들은 이후 그의 저작에 그대로 반영되고 있는데, 그중 초기 에세이 모음집인 『이해의 에세이』는 1994년에 출간되었다.

1951년 아렌트는 노트르담 대학교에서 '이데올로기와 테러'라는 주제로 강의를 했으며, 미국 시민권을 획득했다. 1953년에는 프린스턴 대학교의 가우스 세미나에서 '카를 마르크스와 위대한 전통'에 대한 강의를, 1954년에는 노트르담 대학교에서 '철학과 정치'를 강의했다. 그러던 1955년 버클리 대학교에서 처음으로 전임 교수가 되었으며, 1956년에는 시카고 대학교 월그린 재단에서 '활동적 삶'을 주제로 강의한 내용을 『인간의 조건』 (1958)으로 출간했다. 아울러 유대인 여성의 삶을 다룬 『라헬 파른하겐』을 펴내기도 했다.

1961년에 펴낸 『과거와 미래 사이』에는 역사에 대한 그의 입장이 잘 반영되어 있다. 그는 또한 아이히만 재판을 참관하면서 『뉴요커』에 참관기를 게재했으며, 특히 '악의 평범성'이란 문제를 제기함으로써 많은 논쟁을 불러일으켰다. 유대인뿐만 아니라 그를 존경했던 사람들도 그의 입장에 대해 상당히 비판적이었지만, 그는 자신의 입장을 일관되게 유지했다. 이 참관기는 『예루살렘의 아이히만: 악의 평범성에 관한 보고서』(1963)로 출간되었다.

『혁명론』 역시 이때 출간되었다. 혁명에 대한 아렌트의 관심을 촉진시켰던 역사적인 사건은 1956년 소련군의 개입으로 좌절

어린 시절의 아렌트와 그의 할아버지 막스 아렌트.
막스는 왕성한 이야기꾼이었으며, 일요일 아침마다 손녀와 함께
산책하길 즐겼다고 한다.

되었지만 공산주의 정권을 대중적으로 전복시킨 헝가리혁명이었다. 아렌트가 볼 때 자유를 쟁취하기 위한 피억압 국민의 갑작스러운 봉기는 정치혁명이었다. 이미 미국의 건국 선조에 관심을 가지고 있던 그는 헝가리혁명에 대한 해석에 관여하면서 프린스턴 대학교에서 개최된 '미국과 혁명정신'이란 주제로 세미나를 하게 되었다. 그 결실인 『혁명론』은 아렌트의 정치이론에서 가장 중요한 위치를 차지하는 저서가 된다.

아렌트는 1967년 뉴스쿨(The New School)에서 교수로 지내게 되었다. 이듬해 그는 『어두운 시대의 사람들』을 출간함으로써 현대의 인식론적·가치론적 위기를 제기했다. 그의 스승인 야스퍼스가 서거하던 해인 1969년에는 베트남 참전 반대운동을 지원하면서 「시민적 불복종」을 제기했고, 제3세계 혁명이데올로기와 학생운동을 목격하면서 『폭력론』을 출간했다.

이듬해에는 뉴스쿨에서 '칸트 정치철학 세미나'에 참여했다. 이 강의는 '판단' 문제를 다루고 있으며, 강의안은 이후 『칸트 정치철학 강의』로 출간되었다. 아울러 정치와 거짓말의 관계를 심도 있게 분석한 『공화국의 위기』 또한 출간되었다.

1973년에 아렌트는 에버딘 대학교의 기퍼드 강의에서 '정신의 삶: 사유'를 강의했으며, 이듬해 '정신의 삶: 의지' 강의를 재개했으나 첫째 날 심장병 증세로 강의를 중단했다. 그러나 그는 활동적 삶과 정신의 삶의 원리를 밝힘으로써 정치와 철학 사이의 심연을 좁히는 작업을 완성시켰다. 따라서 『정신의 삶』은 아렌트의 지적 여정을 압축하고 있으며, 이전에 펴낸 저서에서 산발적으로 제시된 내용을 모두 담고 있다.

1975년 8월 아렌트는 프라이부르크에서 병세가 완연한 하이데거를 마지막으로 만나 후 낙담한 채 귀국했으며, 그해 12월 4일 심근경색으로 서거했다. 이후 아렌트의 친구인 메리 매카시는 완성되지 못한 원고를 모아 『정신의 삶: 사유/의지』로 출간했다. 아렌트는 생전에 정신활동 가운데 '판단'에 대한 저작을 준비하고 있었다. 갑작스런 서거로 인해 3부작은 완성되지 못했지만, 판단에 대한 연구는 『칸트 정치철학 강의』로 보완되었다.

아렌트의 제자인 제롬 콘의 주도로 여러 편의 유작 또한 출판되었다. 1930~54년까지 '이해'를 모색한 에세이로 구성된 『이해의 에세이』를 비롯해, 박사학위 논문인 『아우구스티누스의 사랑 개념』(1996), 1954년 노트르담 대학교에서 강의한 원고를 편집한 『정치의 약속』(2003), 문학과 문화에 대한 에세이를 모은 『문학과 문화에 대한 성찰』(2007), 유대인 문제를 다룬 소고와 논문으로 구성된 『유대인 관련 저술 모음집』(2007)이 출간되었다.

아렌트는 폭력의 시대 한가운데에 살면서 현실 문제를 고민하고 그 정치적 해답을 모색한 현대 정치철학자다. 이제부터는 아렌트의 생애와 그의 주요 저작을 토대로 아렌트는 과연 어떠한 사상가인지를 몇 가지 측면으로 살펴보기로 한다.[3]

독립성을 유지한 자의식적인 국외자

아렌트는 "강렬하고 화려하며 조숙했고, 매혹적이며 온화하고, 시적이며 수줍어하면서도 박식하고, 열정적이며 용기 있는 지식인이다."[4] 아렌트의 옹호자들이나 비판자들은 그의 학문적 성향을 각기 다르게 규정했다. 아렌트는 근대성을 비판하면서도 근대성을 옹호한 사상가, 일종의 예언자, 서투른 시인, 시온주의 비판자, 페미니즘 반대자, 보수주의자, 사회주의자, 자유주의자 등 열거하기 어려울 정도로 다양하게 규정된다. 이러한 지적은 그가 학문적으로 자의식적인 국외자(pariah)라는 것을 그대로 보여준다.

아렌트는 자신의 정체성을 항상 부정의 방식으로 표현했다. 즉 그는 자신이 철학자·보수주의자·자유주의자·여성주의자·시온주의자[5]가 아니라고 주장함으로써 학문적으로 '국외자'의 독립적인 위상을 유지하고자 했다. 1972년 '아렌트의 저작에 대한 학술회의'에서 아렌트는 절친한 친구인 한스 모겐소에게 질문을 받자 다음과 같이 답변했다.

"**모겐소:** 당신은 어떤 사람인가요(What are you)?[6] 당신은 보수주의자인가요? 당신은 자유주의자인가요? 당신은 현대의 발전 가능성 가운데 어디쯤 위치해 있나요?

아렌트: 모른다오. 실제로 모를 뿐만 아니라 결코 알지 못한다오. 결코 그러한 견해를 가져 본 적이 없다고 생각한다오. 좌

파가 나를 보수주의자로 생각하고 있다는 것, 보수주의자들이 때론 나를 좌파나 독립된 입장을 취하는 지식인으로 생각하고 있다는 것, 또는 하느님만이 본성(what)을 알고 있다는 것을 당신도 알지 않습니까. [······]나는 어떤 집단에도 속해 있지 않습니다."(「한나 아렌트의 자신에 대한 주장」, 『한나 아렌트: 공공세계의 부활』, 333~334쪽)

이 답변에서 그는 잠시 시온주의자가 된 적은 있으나 유대인이 아니라 인간이라고 항변했다. 그런데 이러한 자의식적인 국외자의 심성은 어린 시절부터 형성되기 시작했다. 영-브륄에 따르면, 아렌트는 어린 시절 독립적인 태도, 성인들과 다른 방식으로 할아버지와 아버지의 죽음에 애도를 표하는 태도, 고등학교에서 자신의 독립성을 유지하려는 태도를 가졌을 뿐만 아니라 하이데거와 야스퍼스 밑에서 철학을 연구했으나 이후 형이상학의 전통을 거부하고 독자적인 정치이론(철학)을 유지하고자 했다.

이러한 거부의 태도는 국외자에 대한 의식에서 구체적으로 드러난다. 정치행위자는 동료집단으로부터 인정받는 것을 귀중하게 생각하지만, 국외자는 동료 집단으로부터 인정받는 것을 기대하지 않는다. 따라서 국외자는 독특한 활동방식을 가지고 있다. "그는 주류 공동체에 대항하여 국외자 집단의 일원으로서 행동한다."[7] 국외자는 동등한 사람들로 구성된 집단을 위해 행동하지 않기 때문에 이들로부터 배제되는 것을 두려워하지 않지만 단지

하노버 교외 린덴의 전경(1900년경).
아렌트는 1910년 쾨니히스베르크로 이사할 때까지
4년 동안 이곳에서 어린 시절을 보냈다.

한 개인으로서만 활동하지도 않는다.

　국외자의 정치적인 삶을 이해하기 위해 정치행위자와 국외자의 특징을 비교할 필요가 있다. 아렌트가 이해한 정치행위자는 개인적 삶에 대한 관심을 배제하지만, 국외자는 삶의 사적·공적 측면을 모두 고려한다. 정치행위자는 자신의 특이성을 드러내야 하기 때문에 공공영역으로부터 배제되는 것을 피한다. 반면에 국외자는 자신의 역사적 정체성을 유지하는 과정에서 주류 집단으로부터 배제 대상이 된다. 반인류범죄를 저지른 아이히만을 평범한 사람이라고 주장한 아렌트를 반유대주의자로 매도하는 유대인 사회의 언어폭력은 이러한 상황을 잘 보여주고 있다. 아렌트는 이 과정에서 자신의 개인적인 삶이 정치에 의해 침해당하고 있다는 점을 이해시킬 수 있는 방법을 부단히 찾고자 노력했다. 즉 국외자는 자신이 속한 공동체를 대변하면서도 여전히 홀로 존재한다.

　아렌트는 박사학위 논문을 마친 1929년 이후 라헬 파른하겐의 전기를 집필하는 동안 시온주의자들을 만나면서 독일에서 유대인이 된다는 것이 무엇을 의미하는지에 대해 자각하기 시작했다. 1933년 독일에서 프랑스로 망명하기 직전에 그는 파른하겐 전기 마지막 2장을 남기고 초안을 완성했다. 망명 시절 그는 '자의식적인 국외자'로 전환하는 파른하겐에게 관심을 가졌다. 이와 같이, '국외자의 왕국'(pariahdom)은 젊은 시절 아렌트의 개인적 이상이었다. 시온주의자들은 유대인으로서 자신들의 품위를 유지하려고 노력했다. 아렌트는 독일 내 반시온주의가 강화되는 상황에서 시온주의 운동을 지원했지만 시온주의자가 되지는 못했다. "그는 버림받은 사람들 사이에서 버림받은 사람이었다."[8]

파리 망명 시절 아렌트의 삶에서도 국외자의 모습을 볼 수 있다. 이때 아렌트는 첫 번째 남편인 귄터 스턴과 이혼하고 기존의 질서에 저항하는 정신을 지녔던 블뤼허와 결혼했다. 독특한 정치의식을 지닌 국외자는 거부 또는 저항의 기질을 지니고 있지만, 사회적으로 야망을 지닌 벼락출세자는 순응주의 성향을 지닌다. 아렌트는 유대인 집단을 국외자(pariah)와 벼락출세자(parvenu)로 구분했다. 프랑스계 유대인 출판업자이며 드레퓌스 사건에서 그를 옹호한 베르나르 라자레는 이미 유대인 집단을 이렇게 두가지 부류로 설명한 바 있다.

"드레퓌스 사건이 발생한 프랑스에서 살고 있던 라자레는 처음으로 유대적 실존의 국외자 특성을 인식했다. 그러나 그는 해결책이 어디에 있는지 알았다. [……]라자레는 유대인 문제를 공개적으로 정치영역으로 끌어들이려는 영웅적인 노력에서 [……]몇 가지 특이한 유대인다운 요소를 발견해야만 했다. [……]그는 유대인 벼락출세자들에 대항하여 유대인 국외자의 자존심을 자극하는 게 필요하다는 것을 보았다."(『유대인 관련 저술 모음집』, 283~284쪽; 『문학과 문화에 대한 성찰』, 77쪽)

아렌트는 정치이론가로서 국외자의 지적인 삶을 유지했다. 이러한 삶은 『예루살렘의 아이히만』의 출간 이후 논쟁에서 동족의 신랄한 비판에 직면해 자신의 주장을 견지하려는 태도에서도 잘 나타난다. 그는 아이히만 논쟁에서 자신을 '버림받은 민족'(pariahvolk)에서도 버림받은 사람, 즉 국외자로 묘사했다. 유대인 동족은 '악의 평범성'이란 독특한 개념을 통해 아이히만의 행적을 이해한 아렌트를 반유대적인 유대인으로 매도했지만, 아렌트는 자신의 입장을 굽히지 않음으로써 대다수의 동족과 '적대적' 관계에 놓이게 되었다.

영-브륄은 아렌트가 이러한 상황에 놓이게 된 몇 가지 문제점을 지적하고 있지만, 아렌트의 국외자다운 입장을 비판하지는 않았다. 아렌트는 실천적·정치적 이유 때문에 시온주의자가 되었지 종교적·문화적 이유 때문에 시온주의자가 되지는 않았다. 그는 종교적·문화적 시온주의를 거부했다.

그는 『전체주의의 기원』을 집필하면서 철학자의 역할을 거부했다. 그는 정치철학의 전통에 의존해 자신의 학문적 정체성을 부각시키기보다 자신을 '정치이론가'로 규정함으로써 전통과 거리를 두려고 했다. 그렇기 때문에 그는 형이상학의 전통을 해체함으로써 새로운 '정치철학'을 형성하는 데 이바지하고자 했다. 이러한 입장은 귄터 가우스[9]와 나눈 텔레비전 대담에서도 잘 나타난다.

"**가우스**: 저는 당신을 철학자라고 생각합니다만[……].

아렌트: 글쎄요, 당신의 견해를 바꿀 수 없지만 제 견해로 볼

때 저는 철학자가 아닙니다. 저는 철학과 단호히 작별을 고했습니다. 아시다시피 제가 철학을 전공했습니다만, 그렇다고 철학에만 머물러야 한다는 것을 의미하지는 않습니다.

가우스: 정치철학과 정치이론 교수로서의 작업 사이에 어떤 차이가 있는지 더 구체적인 이야기를 들었으면 합니다.

아렌트: 제가 사용하기 꺼려하는 '정치철학'이란 표현은 전통적으로 매우 부담스러운 용어입니다. 학문적인 차원이든 아니면 비학문적인 차원이든, 제가 이에 대해 말할 때, 늘 철학과 정치 사이에는 생생한 긴장이 있음을 언급하려고 합니다."(『이해의 에세이』, 2쪽)

시어의 정치화에 탁월한 '서투른 시인'

아렌트는 시를 통해서 자신을 이해했지만 "시에는 재능이 없었다."[10] 17세부터 시를 쓰기 시작한 그는 자신의 고독을 문제로 제기하기 위해 시에 관심을 가졌다. "아렌트는 시를 쓰기 시작하면서, 자의식적인 국외자 영역을 자신의 개인적 왕국으로 생각했다."[11] 「그림자」를 비롯해 소녀 시절에 쓴 아렌트의 시에는 고독, 생소함, 상실감, 정처 없는 배회 등 자기소외 또는 세계소외의 감정이 나타나 있다.

"정처 없이 떠돌던 날들, 이제 내 손을 그대에게 내미오.

에바 베어발트, 클라라 베어발트, 한나 아렌트(오른쪽).
아렌트는 어머니가 재혼하면서 생긴 새아버지의 두 딸과 함께 몇 년 동안 지냈다.

당신은 나를 피할 수 없다오, 피신처는 없다오.

빈 공간으로 또 무시간성으로."(『한나 아렌트 전기』, 776쪽)

그러나 아렌트는 낭만주의 시인들의 방식으로 자신의 이야기를 알리고자 했다. 그래서인지 미국 시민권을 획득한 후 쓴 시는 젊은 시절에 썼던 시들과 다른 분위기를 보이고 있다. 예를 들어 그가 1952년 프랑스를 여행하던 중 블뤼허에게 보낸 편지 마지막 부분에 첨부한 시를 살펴보면, 상호평등과 독립성을 통해 안정적인 결혼생활을 유지함으로써 형성되는 심리적 안정감을 다음과 같이 표현하고 있다.

"지구가 벌판에 벌판을 쌓아 올리고,

이들 사이에 있는 나무에서 이야기를 만들어내고,

그리고 우리들의 길을 내자.

벌판 주위로 그리고 세계로 뻗도록.

[……]

사람들은 길을 잃지 않고―

지구, 하늘, 빛, 그리고 숲―

매년 봄 새로 태어나네.

가장 경이로운 힘이 약동하는 가운데."

(『네 벽 안에서: 한나 아렌트-하인리히 블뤼허 서간집』, 165쪽)

아렌트는 많은 시인들과 교류했고 자신의 저작에 이들의 시를 즐겨 인용했지만, 자신의 시를 직접 인용하지는 않았다. 그는 시인들의 시어나 시구를 통해 역사적 사건의 정치적 의미를 부각시킬 만큼 시적 상상력을 정치적 사유로 확장시켰다. "삶이란 '세계적' 운동의 조화라는 아렌트의 생각은 지리적 위치에 국한되지 않으며, 그것은 일련의 조응하는 영역들 사이의 왕래(브레히트의 경우에는 시와 정치, 구리안(Waldemar Gurian)의 경우에는 종교, 베냐민의 경우 정신적 흐름)를 포함하고 있다."[12]

한편 아렌트는 가우스와의 대담에서 언급했듯이 정치이론을 집필하기 위해 사용하는 영어, 그리고 마음속에 남아 있는 운문(시가)으로서 모국어인 독일어 사이를 오갔다. 시적 은유는 사유에 양분을 제공하며, 철학과 시는 은유를 통해 현상세계와 정신세계를 연결시킬 수 있다. "세계는 상이한 영역들을 연결하는 다리로 구성되어 있으며, 그 다리는 은유를 통해 노출될 수 있다."[13]

아렌트가 정치현상의 의미를 드러내는 데 사용하는 용어들은 시 언어의 특성을 지니고 있다. 아렌트의 시 「허드슨 강가의 공원」은 영국의 한 출판업자가 『전체주의의 기원』에 붙이려던 제목으로 사용된 문구인 "우리 시대의 부담"을 예견하게끔 했다. 이 부담은 바로 몇 년간 집단수용소에서 진행된 '집단학살'을 의미한다. 이 시의 일부는 다음과 같다.

"어부들이 강가에서 조용히 고기를 잡는다.

나뭇가지가 외로이 걸려 있다.

운전수들은 맹목적으로 길을 달리고 있다.

불안하게 그들의 휴식처를 향하여,

애들은 놀고 있고, 어머니들은 애들을 부른다.

영원은 항상 여기에 있다.

사랑하는 연인이 지나가네,

우리 시대의 부담을 안은 채.”(『한나 아렌트 전기』, 793쪽)

시인은 은유를 통해 세계의 은밀한 본질을 파악할 수 있는 재능을 가진 사람들이다. 시를 사유한다는 것은 은유적·연상적으로 생각하는 것이므로, 시인은 세계에 대한 다양한 경험 사이의 교감을 발견한다. 아렌트는 시적 사유의 의미와 비시적인 영역에서 시의 가능한 연관성에 주목하고자 보들레르의 시「교감」(Correspondence)에 관심을 가졌다. ‘교감’이란 개념은 정신적 왕래라는 의미를 지니고 있어서 아렌트의 은유적 글쓰기에서도 기초가 된다.

“내면적·비가시적인 정신활동과 현상세계 사이의 심연을 연결하는 은유는 확실히 언어가 사유와 철학에 부여한 가장 위대한 선물이었다. 그러나 은유 자체는 기원상 철학적이라기보다 시적이다.”(『정신의 삶: 사유』, 102쪽)

'어두운 시대'라는 용어는 브레히트의 시 「후손들에게」에서 차용한 것이며, 정치언어로 전환된다. 아렌트는 「어두운 시대의 인간성에 대하여」에서 어두운 시대의 특성을 설명하기 위해 레싱의 은유, 즉 가장 잘 알려진 진리들의 '기둥'을 이용한다. "우리는 그러한 기둥들의 실질적인 파편 더미 속에 서 있다는 것을 알기 위해 주위를 둘러보아야 한다."[14] 아렌트에 따르면, 정치질서는 진리의 기둥에 의존하고 있었지만 이제 붕괴되어 다시 복구하는 게 쓸모없다.

아렌트는 『인간의 조건』에서 사적 영역과 공공영역의 특징을 구별하기 위해 노출과 은폐라는 하이데거의 용어를 차용하면서도 '어둠'과 '빛'이라는 시어를 씀으로써 공공영역의 정치적인 의미를 독자에게 뚜렷하게 제공하고 있다. 그는 정치행위에서 시로 영역 이동을 하고 있으며, 이를 통해 정치적인 것의 의미를 부여하고 있다.

아렌트는 철학과 시가 공통점을 지니고 있다고 지적했다. 그는 어둡고 외로웠던 젊은 시절, 부유(浮遊)의 감정을 시로 표현했다. 이러한 경험은 정치현상을 이해하는 데 중요한 원동력이 되었다. 그는 시적 상상력을 통해 정치의 단면을 노출시키는 데 탁월한 능력을 보였다. 그의 경우 새로운 정치현상을 이해하는 자료의 상당수는 정치철학 자체의 원전이 아닌 문학 영역의 작품이었다.

아렌트의 친필 시 「그림자」(1925)의 일부분.
소녀 시절에 쓴 그의 시에는 고독과 상실, 정처 없는 배회 등
자기소외 또는 세계소외의 감정을 느낄 수 있다. 그는 이 시를 쓰고 난 뒤
하이데거에게 헌정하기도 했다.

우리 세계와 '우호적인 투쟁'을 하다

아렌트의 저작들은 자신과 세계에 대한 열정적인 관심의 결실이다. 그는 이 과정에서 현실세계와 끊임없이 투쟁했다. 그러한 입장은 가우스와의 대담에서도 잘 드러나고 있다. 이 대담에서 가우스의 마지막 질문에 대한 답변은 저작에 담긴 아렌트의 정신을 그대로 보여주고 있다.

"**가우스**: [……]당신은 「야스퍼스 찬사」에서 인간성은 결코 고독 속에서 획득할 수 없으며, 자신의 저작을 공중에게 제시함으로써 결코 획득할 수 없다고 주장했습니다. '그것은 자신의 삶과 인격을 공공영역의 모험에 투신한 사람에 의해서만 획득될 수 있습니다.' 공공영역으로의 모험은 당신에게 무엇을 의미하나요?

아렌트: 공공영역으로의 모험은 저에게 확실한 것 같습니다. 우리는 한 인간으로서 공적인 것의 빛에 자신을 노출시킵니다. [……]그리고 저는 사람들에 대한 신뢰가 존재할 때 이 모험은 단지 가능하다는 것을 이제 말하고자 합니다. 그것은 명확히 말하기는 어렵지만 모든 사람에게 존재하는 인간적인 것에 대한 신뢰입니다. 그렇지 않다면 이 모험은 이루어지기 어렵습니다."(『이해의 에세이』, 22~23쪽)

아렌트는 두 상대자 사이의 실존적인 '우호적인 투쟁'[15]을 넘어서 그 투쟁을 세계로 확장했다. 아렌트의 저작은 대부분 20세기의 정치적인 사건에 직면하여 제기되는 난관을 해결하고, 인간다운 삶을 가능하게 하는 대안을 찾으려는 의도를 기저로 깔고 있다. 따라서 제2차 세계대전 전후 아렌트는 유대인과 이들의 고통으로부터 배우고자 했던 모든 사람들에게 현대 유럽 역사에 대한 책을 제시하기 위해 엄청나게 노력했다.

『전체주의의 기원』은 아렌트가 "1940년대에 자신의 모든 연구에서 보였던 것과 마찬가지로 저항행위의 표현이었다."[16] 아렌트는 이 책에서 자신의 순수성, 열린 마음을 유지하려는 의지 등으로 경악과 분노의 분위기를 투영시켰다. 그는 "충실은 진리의 징표"라는 신념에 입각해 이 책을 집필했다. 이 책은 냉전적 전사들에게 촉매제를 제공했으며, 매카시의 과도한 반공주의와 그의 전략을 두려워했던 사람들에게 저항에 대한 요청을 제공했다.

『전체주의의 기원』을 출간한 이후 정치이론가로서 각광을 받은 아렌트는 비로소 미국 시민권을 얻게 되었다. 또한 한국전쟁 당시에 미국에서 반공주의 논쟁이 지속되고 있을 때, 아렌트는 『전체주의의 기원』의 후속 연구로 「마르크스주의의 전체주의적 요소」에 관심을 갖게 되었다. 마르크스에 대한 연구는 새로운 정치학의 기초를 확립하는 계기가 되었다. 아렌트는 '노동하는 동물'(*homo laborans*)로서의 인간이라는 마르크스의 개념을 천착하는 과정에서 '작업하는 동물'(*homo faber*)과 노동하는 동물을 구

하이델베르크 대학교 재학 시절의 모습(1928).
아렌트(오른쪽에서 두 번째)의 친구였던 비제(왼쪽에서 두 번째)와
프리드리히(맨 오른쪽)는 당시 독일에서 문학 분야의
권위 있는 선생인 군돌프의 지도 아래 문학사 교육을 받았다.

별했다. 그는 18세기 정치혁명과 19세기 산업혁명 이후 근대 세계가 인간 활동 전반에 커다란 변화를 초래했다는 점을 파악하고, 인간의 활동에 대한 전반적인 평가에 관심을 두었다.

또 다른 저서인 『인간의 조건』은 활동적 삶을 구성해왔던 요소들에 대한 역사적인 설명이다. 아렌트는 여기서 인간 행위의 조건을 정치학의 중심적인 과제로 삼았다. 이 문제에 대한 아렌트의 진지한 고민은 영-브륄의 지적에도 잘 나타난다. "아렌트는 책 제목을 '인간의 조건'으로, 유럽판 책 제목을 '활동적 삶'으로 제안했으며 [……]세계에 대한 멸시라는 철학의 전통을 거부하고 책 제목을 '세계사랑'으로 붙이고 싶어했다."[17]

위대한 전통에 대한 여러 편의 논문은 『과거와 미래 사이』에 포함되었으며, 마르크스주의의 역사적인 분석은 『혁명론』에서 완결된다. 헝가리혁명을 계기로 근대 혁명에 관심을 가지면서 집필한 이 책은 사회주의자이며 로자 룩셈부르크의 추종자였던 어머니의 정치적 경험에 부분적으로 영향을 받았다. 아렌트는 미국혁명에 대한 새로운 해석을 통해 귀중한 정치적 교훈을 부각시켰다. "아렌트는 미국인이 자신들의 공화국 건국에 대한 이야기를 얼마나 드물게 기억하고 있는가, 그리고 미국 정부가 전후 세계에서 혁명을 얼마나 이해하고 있지 못한가에 대한 관심의 맥락에서 사회혁명과 정치혁명을 대비시키고 있다."[18]

그는 미국혁명이 성공한 정치혁명임에도 불구하고 "혁명에 대한 두려움이 전후 미국 외교정책의 숨겨진 의도가 되어왔다"는 지적을 통해 혁명정신의 복원을 주장했다. 미국혁명에 대한 아렌트의 새로운 해석은 역사적 사건의 단순한 재현을 넘어서 현대 미국인의 정치적 삶에 대한 우호적 투쟁의 결실이다.

『예루살렘의 아이히만』은 『혁명론』과 같은 해에 출간되었다. 아이히만 재판의 무대는 이스라엘이지만, 아이히만 논쟁의 주요 무대는 미국이다. 『예루살렘의 아이히만』은 전체주의의 잔재에 대한 고찰이지만, 아렌트의 해석은 현재를 살아가는 유대인들의 문제와 직결된다. 아렌트는 아이히만 재판에 대한 소식을 듣자 『뉴요커』의 편집장인 윌리엄 숀에게 그 재판의 참관자로 자신을 추천했다. "이 재판을 참관하는 것은 제가 과거에 진 빚을 갚는 의무라고 생각합니다."[19] 아렌트는 도덕적 책임 때문에 재판에 참관했지만, 재판 과정에 대한 보도, 즉 정치적 이야기하기를 통해 정치윤리뿐만 아니라 인간적 삶에 대한 심층적 이해를 우리에게 제공하고 있다.

아렌트는 전체주의 정치를 근본적 악과 연계시켰으며, 전체주의의 잔재인 아이히만 재판에서는 악의 평범성을 제기했다. 그는 『전체주의의 기원』에서 전체주의의 재현을 근원적으로 봉쇄해야 하는 역사적·정치적 교훈을 독자들에게 제공했으며, 『예루살렘의 아이히만』에서는 나치 독일에서 존중받는 사회의 붕괴가 희생자와 가해자 모두에게 어떠한 영향을 미쳤는지를 독자들에게 알리고자 했다.

아렌트는 『예루살렘의 아이히만』에서 반인류 범죄에 대해 언급하고 있으며, 사유하지 않음과 판단하지 않음이 정치적 악을 잉태하는 근원이라고 규정하고 있다. 따라서 "『예루살렘의 아이히만』의 진정한 중심인물은 아이히만과 그의 희생자들이 아니라 개인적인 무사유성과 판단 결여라는 위력(Force)이다."[20] 아렌트는 평범한 악의 근원이 일상적인 삶 속에 존재할 수 있다는 점을 우리에게 알려주고 있다.

아렌트의 정치이론은 현실에 대한 성찰에 기반을 두고 있다. 그는 미국의 베트남 전쟁 참전 결정과 반전 운동으로 혼란을 겪고 있는 상황을 목격하면서 이를 '공화국의 종말'이라고 생각했다. 어두운 시대에 직면한 미국 사회에 대한 그의 비판은 「정치에서의 거짓말」「시민 불복종」「폭력에 관한 성찰」 등의 논문으로 구체화되었다.

인간성에 대한 신뢰와 위안

아렌트는 우정의 대화에서 형성되는 인간성을 중요하게 생각했다. 그의 표현대로 이러한 인간애는 다른 사람들과 세계를 공유하려는 마음가짐 자체를 나타낼 뿐만 아니라 일단 형성되면 소멸되지 않기 때문이다. 또한 그는 야스퍼스를 통해 소통과 충실성에 기반을 둔 우정의 본질을 알았으며 이를 평생 실천했다.

"소통의 투쟁에서 비교할 수 없을 정도의 유대가 존재한다.

이러한 유대는 매우 극단적인 문제를 가능하게 한다. 그것은 모험을 유지하며 모험을 공동의 모험으로 전환하고 결과에 책임을 지기 때문이다. [……]따라서 가장 가까운 친구란 공적인 것과 관련하여 두 사람이 이익과 손실을 공유하는 투쟁에서 서로 씨름하는 사람이다."[21]

아렌트는 공적인 삶을 통해서 정치인과 정치학자, 소설가·시인·작가 등의 문필가, 철학자, 유대인 동족 등 다양한 집단의 사람들과 우정을 나누었을 뿐만 아니라 과거의 영역에 있는 위대한 정신과도 우정을 나누었다. 우정의 대화는 공공영역에서 진행되지만, 다른 한편 비가시적인 공간, 즉 정신영역에서도 이루어진다. 예컨대 암울했던 시대에 야스퍼스는 정치적 자유를 박탈당해 정신적 망명 상태에 있으면서도 세계에 대한 인간적 책임 때문에 위대한 정신과 우정의 대화, 즉 정치적 사유에 참여했다. 따라서 아렌트가 평생 실천했던 우정의 대화를 몇 가지 유형으로 나누어 살펴볼 필요가 있다.

첫째, 아렌트는 스승과의 '우정'을 평생 유지했다. 어린 시절 아렌트는 수줍음 때문에 많은 사람 앞에 나서는 것을 꺼려했다. 그는 이러한 수줍음 때문에 자신을 친근하게 대해주는 사람에게 집착했을 것이다. 대학 시절 아렌트는 '연애사건'[22]으로 인해 종종 친구들과 원만한 관계를 유지하지 못했다. 스승인 하이데거와의 사랑은 오래 지속될 수 없었으며, 하이데거가 정치에 관여하면서 그에 대한 감정이 한때는 증오로 바뀌었다. 에팅거는 『아렌트와 하이데거』라는 전기에서 이 연애사건을 중심으로 하이데거의 위상을 폄훼하고 있지만, 아렌트는 하이데거와의 관계를 복원하고 그의 학문적 입장을 인정했다. 아울러 성사되지는 못했지만 하이데거의 나치 동조 때문에 깨진 하이데거와 야스퍼스의 우정을 복원시키려고 노력할 정도로 우정을 중요시했다.

아렌트의 또 다른 스승인 야스퍼스는 평생 아버지 같은 위치에 있었으며, 지적인 친구로서 아렌트의 삶에서 중요한 동행자가 되었다. 1958년 독일 출판서적상협회가 야스퍼스에게 평화상을 수상할 당시 아렌트는 '찬사'라는 연설을 통해 스승에 대한 제자의 존경과 우정을 공개적으로 보여주었다. 또한 경외와 우정과 사랑의 표시로 『혁명론』을 야스퍼스 부부에게 헌정하기도 했다.

둘째, 아렌트는 위대한 정신과 우정을 유지했다. 아렌트는 자신의 서재 벽에 걸려 있는 위대한 정신의 초상화를 지켜보면서 감상에 빠지지 않으면서도 초연한 입장으로 이들과 우정을 나누었다. 즉 소크라테스, 플라톤, 아리스토텔레스, 아우구스티누스, 칸트 등 위대한 사상가와 나눈 끊임없는 우정의 대화는 아렌트의 새로운 정신세계를 형성하는 데 중요한 원동력이 되었다. 아울러 아렌트는 역사적인 인물 가운데 로자 룩셈부르크와 라헬 파른하겐과 같은 인물에게서 더욱 특별히 친근감을 느꼈다. "아렌트의 친구들은 버림받은 사람들이 아니라 국외자였다. 이들은 특정 사회에 동화되지 못한 사람들이었다."[23]

카를 야스퍼스(왼쪽)와 마르틴 하이데거(오른쪽).
두 사람은 1920년대 초반부터 우정을 나누기 시작했으며,
공동으로 아렌트를 가르치게 되었다.
그러나 이들의 우정은 하이데거의 나치 정치 참여로 깨졌고,
그 후 아렌트의 노력에도 불구하고 다시 회복되지 못했다.

아렌트는 이들과 우정의 대화를 나누면서 생활의 위안을 찾을 수 있었다. 그는 만년에 사유공간으로 철수함으로써 현실과의 끊임없는 투쟁 상태를 벗어나 마음의 위안을 찾기 시작했다. 눈앞에 존재하지 않는 '친구들'과의 우정은 그의 정치철학의 정점인 『정신의 삶』으로 구체화되었다. 이들 가운데 아우구스티누스는 생애 마지막 저서인 『정신의 삶: 의지』에도 등장할 정도로 평생 지적인 친구가 되었다.

1970년대의 아렌트는 정신이 세계를 무시하거나 폄하하지 않으면서도 세계로부터 어떻게 이탈하는지를 이해하고자 지적으로 투쟁했을 때 대결보다는 위안을 모색하면서 철학으로 복귀했다. 『정신의 삶』은 사유의 위안이 그의 관심사가 되었다는 것을 암시하고 있다. 아렌트는 나이듦을 통탄하는 시몬 드 보부아르의 『노년』(*The Coming of Age*)과 달리 늙는 것을 마음의 평정과 연계시키는 키케로의 『노년에 관하여』(*De Senectute*)에서 마음의 위안을 찾았다. 그는 후속편으로 『정신의 삶』을 고려했다. "미래의 상실에 대한 위안은 과거에 형태를 부여하는 정신 능력이다. 이제 사람들은 전기적 주체와 같이 자신을 생각하기 시작한다."[24] 사유는 과거를 되돌아봄으로써 과거의 의미를 찾고 삶의 이야기를 구성하는 데 그것을 포함시키기 때문이다.

셋째, 아렌트는 남편인 블뤼허와 부부애로서의 우정을 평생 유지했다. 남편에 대한 아렌트의 존경과 사랑을 정치학적 용어인 우정으로 표현하기에는 적합하지 않지만, 두 사람은 영-브륄의 표현대로 이중군주국을 형성했다. 아렌트와 블뤼허는 자식을 갖지 못함을 애석하게 생각했지만 끊임없는 지적인 대화를 통해 공동으로 정신의 소산을 남겼다. 이들은 평등의 소중함을 실천했으며, 한때 다른 여성에게 관심을 가졌던 남편의 실수에도 불구하고 평생 동반자로 지냈다. 아렌트는 남편이 타계한 이후 일부 동료들로부터 청혼을 받았으나 이들의 청혼을 사양함으로써 남편과의 우정을 평생 유지했다.

넷째, 아렌트는 시온주의와 일정한 거리를 두면서도 유대인 동족이나 망명자들과 우정을 나누었다. 아렌트는 망명 지식인들과 지속적인 교류를 나누었다. 그는 자신의 저작에서 발터 베냐민의 사상을 독자에게 소개했으며, 한스 모겐소나 한스 요나스와 같은 유대계 망명자들과 지속적으로 우정을 나누었다. 아렌트는 『예루살렘의 아이히만』 출판 이후 동족들과 적대적인 관계에 놓이기도 했지만 블루멘펠트(Kurt Blumenfelt)와 관계를 재개함으로써 정치적인 문제가 우정을 가로막을 수는 없다는 점을 보여주기도 했다. 한편 아렌트는 소녀 시절 사귀었던 안네 바일에게 자신의 『라헬 파른하겐』을 헌정했는데, 이 전기를 쓰면서 안네의 도움을 받았다.

다섯째, 아렌트는 오랜 미국 생활을 통해 미국인 동료들과 우정을 나누었다. 그는 특히 미국인 문필가인 W.H. 오든, 재럴, 카친, 맥도널드 등과 문학적 계기를 통해 우정을 나누었다. 이는 메리 매카시와 아렌트의 우정 서간집 『친구 사이에서』에도 잘 나타난다. 영-브륄의 표현대로, 미국인 친구들은 '정신의 삶'에서 아렌트에게 자유에 대한 희망을 제공했다. "정치적 삶을 특징짓는 것은 하나의 장에서 다른 장소로 끊임없이 이동하는 것(공동 행위에서 예술 활동으로, 예술 활동에서 사유로, 사유에서 시로, 시에서 행위로)이라고[25] 상정했듯이, 아렌트는 미국 문필가들과 정신적 교감을 나누면서 그 결실을 자신의 저작에 소개했다.

　마지막으로 아렌트는 인간에 대한 사랑, 즉 세계사랑을 이론적으로 실천하고자 했다. 아렌트는 역사적 실재가 된 인류와 우정의 대화를 나누고자 했다. 『인간의 조건』은 우리가 살고 있는 세계에 대한 관심과 책임, 즉 세계사랑의 정신으로 저술되었다. 따라서 아렌트는 특정한 국가, 문화, 시대를 뛰어넘어 다른 사람들에 대한 관심, 즉 세계사랑을 실천하는 데 헌신했다.

인간의 삶을 어떻게 엮었는가

정치적 사유 – 개념적 사유와 이야기하기

"항상 과거와 미래 사이에서 살아가고
있는 사람의 관점에서 볼 때, 시간은
연속체, 즉 중단되지 않는 계기의
연속이 아니다. '그'가 서 있는 장소는
우리가 통상적으로 이해하고 있는
현재가 아니라 그의 지속적인 '투쟁', 즉
과거와 미래에 대한 그의 저항이
존재하는 시간 속의 틈새다"

저작들을 잇는 정치적 사유

책(text)이나 직물(textile)은 모두 '엮은 것' 또는 '묶은 것'이란 의미를 담고 있듯이, 다른 사람들과의 관계를 유지함으로써 이루어지는 인간의 삶 역시 책과 같은 특성을 지닌다. 책을 엮는 것이나 인간관계를 형성하는 것은 방식의 차이는 있으나 엮는다는 공통점을 지니고 있다. 잘 엮은 책은 많은 사람에게 영감과 상상력을 제공할 것이며, 잘 엮인 인간관계 역시 많은 사람의 삶에서 귀감이 될 것이다. 차이점은 전자가 작업(제작 또는 만들기)을 통해서 완성된다면, 후자는 주로 행위를 통해서 이루어질 뿐이다.

아렌트의 저작은 다양한 형태의 엮음으로 이루어졌다. 여기서는 아렌트 저작의 중요한 내용들을 이해하기에 앞서 아렌트가 자신의 저작 또는 정치사상을 '무엇'으로 '어떻게' 엮었는지를 살펴보기로 한다. 아렌트의 저작을 읽는 독자는 그의 독특한 저술 방식 때문에 어려움을 호소한다. 아렌트는 저술 과정에서 전통을 해체하고 경험 자체의 의미를 조명한다. 또한 '비전통적' 자료를 활용하여 비판과 사유실험을 시도함으로써 독자를 정치적 사유로 인도하기 때문이다.

아렌트의 저작들을 잇는 '외올실'이 바로 정치적 사유다. 초기의 저작은 정치 또는 행위와 관련하여 사유의 중요성을 지닌다. 이러한 특정한 형태의 정치적 사유는 한편으로는 정신의 요구를 정당화하고, 다른 한편으로는 경험의 요구를 정당화한다. 물론 정신의 삶과 활동적 삶은 각기 다른 특성을 지닌 활동이므로 정치적 사유는 사유와 행위, 철학과 정치, 이론과 실천 사이의 긴장관계를 포함하고 있는 용어다.

아렌트는 자신의 저작을 통해 다양한 모습으로 등장하고 있다. 그는 세 가지 형태의 인격(persona, mask)을 지닌 인물—이야기꾼, '구경꾼'(spectator), 행위자—로서 자신의 모습을 드러낸다. 아렌트는 자신의 저작에서 이야기하는 사람인 '세헤라자데'[1]로 등장한다. 1950년대 후반 이후 1960년대의 저작은 이야기하기 방식으로 주로 저술되었다. 이야기꾼으로서의 아렌트는 특정한 삶과 사건의 의미를 밝힘으로써 우리를 정치적 사유로 인도한 이론가이며, 구경꾼으로서의 아렌트는 개념적 사유를 통해 독자를 정치적 사유로 인도한 이론가이기도 하다. 그러나 아렌트는 독자를 정치적 사유로 인도하기 위해 당대에 영향을 받으면서도 당대와 일정한 거리를 유지한 채 역사에 대한 사회과학적 분석에 도전함으로써 우리 시대에 빛을 밝히고자 했기 때문에 정치행위자로서 모습을 드러낸다.

아렌트는 정치적 사유에 관한 '이론'을 제시하려고 하지 않았다. 어떠한 이론도 본질적으로 이론화하려는 대상의 본질 밖에 설정되기 때문이다. 정치적 사유는 그의 저작에 기저를 이루고 있다. 아렌트의 정치적 사유는 초기 저작인 『라헬 파른하겐』에서 만년의 저작인 『정신의 삶』에 이르기까지 몇 단계에 걸쳐서 일관되게 발전했다.

"정치적 사유는 대리적이다. 나는 특정한 쟁점을 다양한 관점에서 고려함으로써, 즉 현존하지 않는 사람들의 입장을 내 정신에 나타나게 함으로써 의견을 형성한다. 즉 나는 그들을 재현한다. 이 재현 과정은 다른 입장에 있는 사람들의 실제 견해를 맹목적으로 수용하는 것이 아니므로 세계를 다른 시각에서 바라보게 된다."(『과거와 미래 사이』, 241쪽)

"그러나 우리는 이러한 제한과 함께 내가 사유 속에 더 많은 사람의 입장을 재현하고 판단에서 이를 고려하면 할수록, 그것은 대리적일 것이라고 말할 수 있다. 그러한 판단의 정당성은 객관적·보편적이지도 않고 개인적 변덕에 좌우될 정도로 주관적이지도 않으며 상호주관적이거나 대리적이다. 상상력을 통해서만 가능한 이러한 형태의 대리적 사유는 여러 가지 희생을 요구한다."(『책임과 판단』, 141쪽)

대리적 사유는 특별히 정치적 사유 양태로 기술된다. 사유는 나와 나 자신 사이의 우정 어린 소리 없는 대화다. 이런 정신활동은 일차적으로 개인 차원을 띠지만, 자신의 일종의 다원성을 끌어들이는 효과를 가지고 있다. 그러나 우리는 세계에 대한 관심을 고려하지 않을 수 없다. 인간적 공존을 가능하게 하는 정치에 대한 사유는 나와 타자의 존재를 전제한다. 내가 세계 속에서 경험한 것, 다른 사람이 수행한 것을 수많은 사람의 관점에서 성찰하는 대리적 사유는 정치와 연계된다. 그런데 대리적 사유의 당사자들은 각기 질문을 제기하면서 이에 서로 화답을 한다. 특정한 정치적 경험이 어떤 의미를 갖는지 묻고, 이에 대답하는 정신활동이 바로 정치적 사유다.

그런데 대리적 사유는 자유롭지 않은 경우 제약을 받는다. 대리적 사유는 독립적인 사유다. 이러한 정신활동은 원만하게 진행될 때 인간적 공존을 가능하게 하는 정치행위로 이어질 수 있다. 아렌트는 정치적 사유를 제약하는 정치현실을 경험했다. 이데올로기적 사유의 호소력, 전체주의와 대중사회가 바로 그러한 요소를 지니고 있다. 그는 이들을 극복할 때 인간다운 삶의 가능성을 증진시킬 수 있다고 생각했다.

아렌트는 현상세계에서 정치적 사유를 실재화하는 효과로써 판단을 언급하고 있다. 이 능력은 사유를 현상세계에 드러나게 하는 능력이기 때문이다.

"사유는 정치 문제에서 주변적인 일은 아니다. 우리가 모두 다른 사람들이 행하고 믿는 것에 생각 없이 휩쓸릴 때, 사유하는 사람은 은신처에서 나오게 된다. 동참하기 거부하는 활동은 눈에 드러나며, 따라서 일종의 행위가 된다. 검토되지 않은 의견의 의미를 드러내고 이들—가치, 교의, 이론, 심지어 확신—을 논파하는 소크라테스의 산파술, 이를 추방하는 사유의 요소는 의미상 정치적이다. 이러한 산파는 다른 인간의 능

첫 번째 남편 귄터 스턴과 함께 찍은 사진(1928).
동화된 유대인 가정 출신인 두 사람은 『두이노의 비가』에 대한
논문을 집필하면서 만나 결혼하게 되었다.
그러나 히틀러가 독일을 집권하면서 1933년 프랑스로 망명하게 된 이후
부부관계를 원만하게 유지하지 못하다가 1936년에 이혼했다.

력, 즉 인간의 정신 능력 가운데 가장 정치적인 것이라고 어느 정도 정당하게 부를 수 있는 판단 능력을 해방시키는 데 영향을 미친다. 그 능력은 특수한 것들을 일반 규칙에 포함시키지 않은 채 특수한 것들을 판단하는 능력이다."(『책임과 판단』, 188~189쪽)

여기에서 아렌트는 행위와 사유의 관계를 밝히고 있다. 정치현상에 대한 접근을 방해하는 선입견—이데올로기든 이론이나 철학이든—을 거부하고 경험 자체에 접근하려는 시도는 기존의 틀을 거부하는 행위와 같기 때문이다. 우리는 선입견에 얽매여 있지 않은 자유로운 상태에서 수많은 사람의 정신세계를 방문하고 그들의 의견을 검토할 수 있다. 정치적 사유는 소수의 특권이 아니라 모든 사람에 항상 존재하는 능력이다. 누구나 특정한 사물이나 현상을 보고, 그것이 옳은지 그른지 또는 아름다운지 추한지를 가늠할 수 있는 능력을 가지고 있기 때문이다.

아렌트는 역사 속에서 정치적 사유를 방해하는 여러 가지 예들을 독자에게 제시하고 정치적 사유에 참여할 수 있는 계기를 제공했다. 즉 그는 개념적 사유를 통해서, 다른 한편 이야기하기를 통해서 독자에게 자신의 입장을 강요하기보다 오히려 정치적 사유에 참여하는 것이 우리의 삶에서 왜 중요한가를 제시하려고 했다. 아렌트의 이러한 의도는 진리를 강요하기보다 정치에 대한 다양한 의견을 제시하는 능력을 갖도록 하는 데 있다.

"소통 가능성은 분명히 확장된 심성(열린 마음)에 의해 좌우된다. 사람은 다른 사람의 관점에서 생각할 수 있을 때에만 소통할 수 있다. 그렇지 않다면 결코 다른 사람과 의견일치를 볼수 없고, 또 다른 사람을 이해한다는 식으로 말할 수 없을 것이다."(『칸트 정치철학 강의』, 74쪽)

소통은 정치적 사유의 핵심이다. 현상세계에서 다른 사람과 대화에 참여하는 활동, 즉 소통은 상대방에 대한 존중에서 비롯된다. 이렇듯, 확장된 심성은 우리의 눈에 보이지 않는 사람의 관점으로 방문할 수 있는 기본 요소다. 정치가 인간적 공존을 가능하게끔 하는 활동이듯이, 정신의 차원에서 다른 사람의 입장에 서지 못하는 무능력은 정치적 요소의 상실을 의미한다.

세계를 관찰하는 새로운 방식

개념적 사유는 유형이나 연계성을 확인하고 주요 쟁점들을 설명함으로써 상황이나 문제를 이해하는 능력으로서 추상화 또는 일반화를 지향한다. 물론 이러한 사유는 세계를 관찰하는 새로운 방식에 대한 개방성과 탐구하려는 자세를 요구한다. 아렌트는 자신의 저작에서 '개념적 사유'를 체계적으로 설명하지 않은 채 그 위험성과 유용성을 각기 다르게 지적했다. 이러한 이중적 태도는 아렌트가 추상적·체계적이며 '객관적인' 사유를 비판하면서 모든 것을 과정에 설정하는 '주관적' 사유—추상화 수준을 넘어서 경험에 충실하려는 태도—를 지향했기 때문이다.

아렌트의 저작은 단선적인 이야기에 기초해 구성되기보다 오히려 일련의 뚜렷한 개념적 차이에 기반을 두고 있다. 아렌트는 일반 용어를 특별한 용어로 사용하기 전에 그 용어의 의미를 독자에게 친절하게 소개하지 않는다. 독자는 이러한 저술 방식 때문에 아렌트가 말하고자 하는 것의 의미를 간과하기 쉽다. 그는 우리가 이해하고 있는 것보다 더 많은 것을, 더 많은 개념적 차이를 제시하고자 한다. 따라서 아렌트의 경우 개념적 사유의 독창성은 종종 오해의 항구적인 근원이 되기도 한다.

이제 아렌트가 개념적 사유를 어떻게 규정하고 있는가를 살펴보기로 한다. 아렌트는 『전체주의의 기원』에서 인류 역사상 전례 없는 정치적 사건인 전체주의를 사유의 범주나 판단 기준으로 이해하기 어렵다고 했다. 따라서 그는 전체주의의 요소들을 이해하는 데 있어서 개념적 사유의 '유추적' 형태, 동일한 법칙의 사례들을 더 많이 모으는 귀납 과정을 피해야 한다고 다음과 같이 독자에게 권고하고 있다.

"이해(understanding)란 잔악무도한 것을 부정한다는 의미를 지니지 않으며 선례에서 전례 없는 것을 연역하는, 즉 실재의 영향이나 경험의 충격을 더 이상 느끼지 못하도록 하는 그러한 유추나 일반화를 통해 현상을 설명한다는 의미를 지니지도 않는다. 이해는 오히려 우리 시대가 우리에게 부과한 짐을 의식적으로 검토하고 떠받든다는 것을 의미한다. 간단히 말하면, 이해란 어떠한 형태든 현실에 미리 계획하지 않지만 주의 깊게 맞서는 것이며, 이를 견뎌내는 것을 의미한다."(「서문」, 『전체주의의 기원』, 14쪽)

"사유와 이해를 이러한 논리적 작동과 동일시하는 것은 수천 년 동안 인간의 최고 능력으로 존중되어 왔던 사유 능력을 최저의 공통 척도로 낮추는 것이다. 여기서 실제적인 존재의 차이는 더 이상 중요하지 않으며, 신과 인간의 본질 사이에서 나타나는 질적 차이마저 중요하지 않다."(『이해의 에세이』, 318쪽)

아렌트는 전체주의 체제의 특성을 과거의 역사적 경험에서 도출하려는 유추적 사유의 함정을 지적하고 있다. 우리는 현상세계에서 발생하는 많은 정치적 사건들을 선행 개념이나 논리에 의거해 그 의미를 파악하고자 한다. 그러나 특정한 정치적 사건이 전례 없는 새로운 현상일 때, 우리는 기존의 이론이나 경험에서 그 근거를 끌어낼 수 없다. 아렌트는 전체주의를 이해하기 위해서 '과학적'으로 접근하는 것은 아무런 설명력을 갖지 못한다고 지적한다. 즉 전체주의의 특성을 과거의 폭정에서 유추할 경우, 우리는 새로운 정치현상에 대한 이해뿐만 아니라 저항 능력의 무력 화만을 초래한다는 것이다. 따라서 그는 극단적으로 단순화한 유추적 사유를 거부하고, 실재의 영향이나 경험의 충격에 항상 개방적인 입장을 취했다.

아렌트의 이러한 입장은 정치철학의 전통에 대한 거부에서 잘 드러난다. 아렌트는 「철학과 정치」에서 플라톤의 '동굴의 우화'를 정치적으로 해석하면서, 의미 추구가 아니라 진리 추구와 연관된 개념적 사유를 극복하도록 독자에게 권유하고 있다.

"플라톤이 한때 이러한 구조적 요소와 개념을 반전시키는 데 성공하자, 지성사의 과정에서 이루어지는 반전은 더 이상 순수한 지적 경험, 개념적 사유 틀 안에서의 경험 이상을 필요로 하지 않았다. 이러한 반전은 이미 고대 말 철학 학파들에서 시작되어 서구 전통의 일부로 존재하고 있다."(『인간의 조건』, 293쪽)

소크라테스의 재판과 사형선고라는 정치적 사건 때문에, 플라톤은 정치현실과 유리된 개념적 사유의 전통을 우리에게 남겼다. 아렌트의 입장에서 볼 때, 이러한 반전은 사유를 존재의 진리를 관조하는 시녀로 전락시킨다. 아렌트의 개념적 사유는 진리 추구에 연관되는 지적 경험과 분리된다.

개념적 사유에 대한 이러한 비판과 달리, 아렌트는 다른 저작에서 이를 긍정적으로 인정한다. 개념적 사유의 결실은 과거를 유지하고 경험을 통해 배운 것에 의지하는 데 이바지하기 때문이

68

다. 아렌트는 『혁명론』에서 "미국인의 기억상실이 혁명 이후 사상을 정립하는 데 치명적"이라고 지적하면서 개념적 사유의 필요성을 다음과 같이 언급하고 있다.

"모든 사유가 기억으로 시작된다는 것이 사실이라면, 어떠한 기억도 그것이 지속적으로 작동할 수 있는 개념적 사유의 틀에 압축되고 정제되지 않을 경우에는 안전하게 유지되지 못한다는 것 역시 사실이다. 우리가 경험, 심지어 이야기들—인간이 행하고 유지한 것, 즉 사건과 결과에서 만들어진 것—을 반복해서 언급하지 않는다면, 이것들은 생생한 말과 행적에 내재된 사소함 때문에 물거품같이 사라지게 된다."(『혁명론』, 222, 345쪽)

"'미국인이 개념적 사유를 혐오한 결과, 토크빌 이후 현재까지 미국 역사에 대한 해석은 경험의 뿌리를 다른 곳에 두고 있는 이론에 굴복하게 되었다. 일군의 의사 과학—특히 사회과학과 심리학—에서 나타나는 허튼소리를 이상하게 과장하고 때로는 왜곡하는 사례는 이러한 이론들이 대서양을 일단 넘어서자 상식을 벗어나 실재의 기초와 모든 한계를 상실했기 때문일 수도 있다. 그러나 미국이 억지스러운 이념과 기이한 개념에 그렇게 완벽한 반응을 보였던 이유는 단지 인간 정신이 전적으로 작동하려면 개념을 필요로 하기 때문일 수도 있다."(『혁명론』, 223, 346쪽)

아렌트는 미국인이 경험의 뿌리를 다른 곳에 두고 있는 이론에 굴복해 그들의 행위를 촉진시켰던 공적 자유와 행복, 공공정신을 망각했다고 비판했다. 이러한 개념들의 기억은 혁명정신의 역사적 계승과 연관된다. 따라서 아렌트는 이념의 근원까지 추적하는 방법론을 통해 독자를 계속 인도하고 자신이 경험한 관점에서 새로운 이념을 어떻게 발전시켰는가를 제시함으로써 정치적 사유에 참여할 수 있는 기회를 제공하려고 노력했다. 이것이 바로 "사유의 연습"이다. 아렌트는 「전통과 근대」 「역사 개념: 고대와 근대」를 포함한 세 편의 비판적 논문을 통해 "전통적 개념들의 실제 기원을 발견하고", 「교육의 위기」와 「문화의 위기」 외에 두 편의 실험적 논문을 통해 앞에서 제기된 사유의 형태를 적용했다.

아렌트의 개념적 사유는 여러 가지 형태로 나타난다. 그는 응축된(frozen) 개념을 그 원래 의미로 환원시킨다. 예컨대, 이는 사유의 원래 의미를 복원시키는 과정에서 나타난다. 아렌트의 경우 사유는 '변증적'이다. 그는 사유의 의미를 나와 나 자신 사이의 소리 없는 대화라는 본래 의미로 복원시켰다.

아렌트의 개념적 사유의 결실, 즉 사유의 개념화는 3벌 구조의 형태로 드러난다. 그는 활동적 삶을 노동으로 환원시킨 마르크스에 대응하여 노동·작업·행위로 분화시켰으며, 활동 영역을 세 영역(사적인 것, 사회적인 것, 정치적인 것)으로 분화시키고 그 특성을 부여했다. 이외에도 그는 정신활동을 사유·의지·판단으로 구분하고 이들의 특이성과 상호 연관성을 제시했다.

정치현실과 유리된 개념적 사유의 전통을 남긴 플라톤.
아렌트는 플라톤이 정치현실과 유리된 개념적 사유의 전통을
남겼다고 지적하면서도, '나와 자아 사이의 소리 없는 대화'라는
사유의 본래 의미를 복원시킨 플라톤을 높이 평가했다.

아렌트의 개념적 사유는 또한 비정치적 개념을 정치적 개념으로 전환하는 과정에서 명료하게 드러난다. 시작, 어두운 시대, 사랑 등의 개념을 예로 들 수 있는데, 여기서는 '새로운 시작'이란 종교적 또는 비정치적 용어를 '탄생'이란 정치적 개념으로 전환시킨 아렌트의 정치적 사유를 살펴본다.

"아우구스티누스는 세계와 시간의 시작을 구분한다. 이것들은 인간과 인간의 등장 이전에 존재한다. 그는 전자를 프린키피움(principium)으로, 후자를 이니티움(initium)이라고 부른다. 프린키피움은 우주의 창조를 의미한다― '태초에 하느님이 천지를 창조하셨다.'[『창세기』제1장 제1절] 그러나 이니티움은 영혼의 시작, 즉 살아 있는 피조물뿐만 아니라 인간의 시작을 의미한다."(『아우구스티누스의 사랑 개념』, 53쪽)

"역사적 사건이 되기 이전 시작은 인간의 최고 능력이었다. 정치적으로 시작은 인간의 자유와 동일하다. 시작이 있었고 인간이 창조되었다. 이 시작은 새로운 출생에 의해 보장된다." (『전체주의의 기원』, 479쪽)

"가장 일반적인 의미로 행위를 한다(act)는 것은 시작하다 (그리스어로 archein은 '시작하다, 선도하다, 나중에 지배하다' 라는 뜻) 또는 작동시키다(라틴어로 agere)를 의미한다. 인간들

은 출생으로 시작하는 사람이기 때문에, 그들은 시도하고 행위에 참여한다."(『인간의 조건』, 177쪽)

첫 번째 인용문에서 아렌트는 새로운 시작으로서 '프린키피움'을 신학적 의미로 사용했고 '이니티움'을 정치행위의 존재론적 근거로 마련했다. 아렌트는 박사학위 논문을 집필할 당시 철학과 신학에 관심을 가졌으나 아직 정치에 관심을 갖지 않았다. 그는 『전체주의의 기원』에서 전체주의가 죽음을 상징하는 정치체제라 규정하고 그 안티테제로 인간을 '죽음'이 아닌 '삶'(탄생)의 입장에서 이해해야 한다는 자신의 입장을 밝혔다. 그러나 아렌트는 『인간의 조건』에서 비로소 새로운 시작이란 개념에 정치적 의미를 명백히 부여한다. 그 용어가 바로 탄생(natality, 출생)이다. 그밖에도 아렌트는 다른 저작에서도 '새로운 시작'이란 개념을 새로운 것의 시작, 개시, 참신, 출생, 탄생, 프린키피움(절대적 시작), 이니티움(상대적 시작) 등 다양하게 표현했다. 아울러 그는 자유, 행위, 건국, 혁명, 용서, 세계사랑을 새로운 시작의 개념적 변형으로 이해했다.

이렇듯, 사유의 개념화는 유사한 상황에 반응적으로 대응하는 '행태'로부터 '행위'를 해방시키는 데 기여한다. 사유는 우리 세계에서 새로운 의미를 창조하면서도 우리로 하여금 경험과 행위를 통해 이러한 의미에 의문을 제기하도록 자극을 주기 때문이다. 아렌트는 주어진 대상에 조응하는 하나의 진리를 도출하는 인식

아렌트의 '이야기하기' 서술 방식에 영향을 미친 발터 베냐민.
아렌트는 첫 번째 남편 귄터 스턴의 사촌이었던
베냐민과 우정을 나누었다. 또한 그의 이야기하기 방식을 원용해
『전체주의의 기원』을 집필하기도 했다.

보다 행위의 다양한 의미를 조명하는 사유의 중요성을 강조했다.

따라서 아렌트는 '구경꾼'이란 의미의 이론가로서 개념적 사유의 유용성을 거부하지는 않았다. 인간의 정신이 전적으로 기능하려면 개념을 필요로 한다. 『인간의 조건』에 나타나듯이, 개념적 사유의 결실들은 우리의 삶을 이해하는 중요한 범주들이다. 물론 아렌트는 이야기를 통해 이러한 '이념형'을 정립했다.

경험의 의미를 충실히 드러내는 이야기하기

아렌트는 이야기를 사랑한 '세헤라자데'였다. 이야기하기는 개념적 사유와 더불어 아렌트의 독창적인 정치사상을 형성하는 주요 요소다. 『전체주의의 기원』에서부터 『정신의 삶』에 이르기까지 그의 저작들은 대부분 이야기하기 방식으로 구성되어 있다.[2] 그럼에도 불구하고, 그는 '이야기'와 '이야기하기'를 체계적으로 설명하지 않았다. 우선 행위와 이야기, 행위자와 이야기꾼의 관계를 살펴보기로 한다.

"모든 사람이 행위와 말을 통해 세계에 참여함으로써 자신의 삶을 시작할지라도, 어느 누구도 자기 삶의 이야기를 집필하거나 연출하는 사람은 아니다. 달리 말하면, 말과 행위의 결과물인 이야기는 행위자를 드러내지만, 이 사람은 저자나 연출자는 아니다. 어떤 사람이든 삶의 이야기를 시작하며 행위자와

수고하는 사람이란 두 가지 의미에서 주체이기는 하지만 그 저자는 아니다."(『인간의 조건』, 184쪽)

"행위 과정과 더불어 모든 역사 과정을 밝히는 빛은 그 종말에서만, 때로는 모든 참여자들이 죽었을 때 나타난다. 행위는 이야기꾼에게만, 즉 참여자들보다 수행된 모든 것에 대해 더 잘 알고 있는 역사가의 회고적 시선에만 자신을 드러낸다. [……]행위자가 적어도 행위 중에 있거나 그 결과에 사로잡혀 있는 한, 그는 이야기꾼이 이야기한 것을 반드시 알지 못한다. 행위자에게 행위의 의미는 행위 이후 전개되는 이야기에 있지 않기 때문이다. 이야기가 행위의 불가피한 결과일지라도, 이야기를 깨닫고 '만드는' 사람은 행위자가 아니라 이야기꾼이다." (『인간의 조건』, 192쪽)

우리는 살아가는 동안 말과 행위를 통해서 삶의 이야기를 구성하지만, 우리의 행위가 지니는 의미는 우리를 주목하고 있는 관찰자, 즉 이야기꾼을 통해서 완벽하게 드러난다. 여기서 아렌트는 행위자와 관찰자 사이의 역할이 다르다는 점을 언급하고 있다. 그렇다면 인간은 왜 행위자의 행적을 기록으로 남기는가? 그 이유는 바로 말과 행위가 인공물을 만드는 작업 활동과 달리 가시적인 사물 형태로 결과를 남기지 않기 때문이다. 말과 행위는 작동되는 순간 우리의 시선에서 사라진다. 따라서 누군가가 자신의 행위를 후세에 기록으로 남기지 않을 때, 행위는 무용하기 짝이 없다. 기억할 만한 가치가 있는 행위는 바로 이야기의 대상이며, 이야기하기를 통해 그 의미를 드러낼 수 있다.

이야기하기는 사건이 종료된 이후 시작된다는 점에서 '현재'의 의미를 이해할 필요가 있다.

"항상 과거와 미래 사이에서 살아가고 있는 사람의 관점에서 볼 때, 시간은 연속체, 즉 중단되지 않는 계기의 연속이 아니다. 그것은 '그'가 서 있는 중간 지점에서 단절된다. '그'가 서 있는 장소는 우리가 통상적으로 이해하고 있는 현재가 아니라 그의 지속적인 '투쟁', 즉 과거와 미래에 대한 그의 저항이 존재하는 시간 속의 틈새다."(『과거와 미래 사이』, 11쪽)

이 인용문은 카프카의 '현재'(he)의 우화에 대한 이야기다. 아렌트는 이 우화를 통해 직선적 시간 운동이란 전통적인 은유를 포기하고 '단절된 시간' 개념을 부각시킨다. 바로 여기, 즉 '현재'라는 틈새에서 진행되는 사유 사건 역시 단절된 시간 속에서 이루어진다. 이렇듯, 아렌트는 '단절'이나 '틈새'라는 은유를 통해 현재를 붕괴 과정으로 묘사하고 있다. 역사는 진보를 향해 나가는 사건의 연쇄가 아니라 폐허 더미에 폐허를 쌓은 단일의 파국일 뿐이다. 아렌트는 이러한 시간과 역사 개념에 기초해 연속성을 전제로 한 역사 과정이 아니라 단절된 과거에 발생한 사건들을 이야기하기의 대상으로 삼고자 했다.

이야기하기 방식으로 저술한 첫 번째 저작이 바로 『전체주의의 기원』이다. 전체주의의 등장과 전통의 붕괴를 동일시하는 아렌트는 역사상 전례 없는 정치체제인 전체주의에 직면하여 기존의 지적 전통에 입각해 전체주의의 등장을 설명할 수 없다고 생각했다. 그는 전체주의의 결정화 과정을 이해하는 데 역사법칙에 의존하지 않고 개별적 사건의 보편적 의미를 드러낼 수 있는 이야기하기 방식을 택했다. 이는 『전체주의의 기원』에 대한 보에글린[3]의 서평을 반론한 글에서도 뚜렷이 나타난다.

"내가 실현한 것은 전체주의의 주요 요소들을 발견하고 역사적 관점에서 이들을 분석하며, 동시에 내가 적절하며 필요하다고 생각되는 한 역사 속에서 이러한 요소들의 기원을 추적하는 것이다. 즉, 나는 전체주의의 역사를 집필하는 것이 아니라 역사의 관점에서 분석을 집필했다. [……]그러므로 이 책은 실제로 전체주의의 기원을 실제로 다루고 있지 않고 전체주의로 결정화된 요소들을 역사적으로 설명하는 것이다."(『이해의 에세이』, 403쪽)

아렌트의 정치적 사유는 정치사상의 전통에 대한 도전, 특히 역사의 연속성을 강조하는 역사이론에 기초해 역사적인 사건을 인과론적 또는 객관적으로 분석하는 과학적 입장에서 벗어났다.

아렌트는 반유대주의, 제국주의, 인종주의가 전체주의의 원인이 아니라 특정한 국면에서 세 가지 이데올로기가 결합하여 나치 전체주의로 결정화되었기 때문에, 전체주의의 형성을 인과론적으로 설명할 수 없다고 밝혔다. 이러한 역사 이해는 형이상학의 해체를 통해서 형성된다. 아렌트의 형이상학 해체는 역사, 시간, 사유, 이야기하기에 대한 독특한 입장에서 잘 나타나고 있다.

"나는 그리스 초기부터 현재에 이르기까지 우리가 알고 있는 범주를 지닌 형이상학·철학을 해체하고 있는 사람들의 반열에 참여하고 있다. 그러한 해체는 전통의 실마리가 단절되어 그것을 새로 갱신할 수 없다는 가정에서만 가능하다. [······]따라서 여러분이 가지고 있는 것은 여전히 과거, 그러나 평가의 확실성을 상실한 '파편화된' 과거다. 이에 대해 간략하게 설명하고자 나는 내가 할 수 있는 것보다 더 훌륭하고 긴밀하게 언급하는 시구를 인용할 것이다."(『정신의 삶: 사유』, 212쪽)

"이러한 사유는 현재에 의해 촉발되며 과거로부터 떨어져 자기 주변에 모여드는 '사유의 파편'과 함께 작동한다. 바닥을 헤치고 그것을 드러내는 것이 아니라 귀중하고 신기한 것, 즉 심연의 진주와 산호를 들어 올려서 수면으로 운반하기 위해 밑바닥으로 내려가 진주조개를 잡는 잠수부처럼 이러한 사유는 과거의 심연으로 파고들어간다. [······]이러한 사유를 인도하는 것은 [……]쇠퇴 과정이 동시에 결정화 과정이라는 확신, 한때 살아 있는 것도 가라앉고 용해되어버리는 바닷속 깊은 곳에서 어떤 것이 '현저한 변화'에도 견뎌내고, 언젠가는 그것으로 내려와 삶의 세계—사유의 단편, 귀중하고 신기한 것, 아마도 영원한 근원현상들로서—까지 운반할 진주조개를 잡는 잠수부만을 기다리기라도 하듯이 새롭게 결정화된 형태와 유형으로 존재할 것이라는 확신이다."(『어두운 시대의 사람들』, 206쪽)

두 번째 인용문은 베냐민의 역사에 대한 이해와 이야기하기에 대한 내용이다. 아렌트는 베냐민으로부터 자신의 이야기하기를 확립했다. 과거의 편린들을 취급하는 아렌트의 방식이 바로 이야기하기다. 아렌트는 자신의 방법과 베냐민의 방법 사이에 연계성을 인정하고 있다. 결정화와 화학반응이라는 베냐민의 은유는 아렌트의 사유에서 중요하다. 아렌트는 자신의 방법이 현저한 변화를 겪은 이후 과거의 편린을 다루고 있다는 점을 인정하면서 과거와 현재가 결정화의 충격으로 서로 섞였다고 주장한다. 역사적 저술의 본질은 바로 이러한 충격을 다시 고찰하는 데 있다. 따라서 아렌트는 단편화된 과거를 이해하는 데 이야기하기의 중요성을 언급하고 있다.

"시인과 역사가가 역사를 구체화하는 과정에서 역사에 대한 이야기는 항구성과 지속성을 유지해왔습니다. 따라서 이야기는 우리보다 오래 존속할 세계에서 자리를 잡게 됩니다. [……]우리는 역시 비시적인 체험으로부터 이러한 사실을 알게 됩니다. 어떤 철학이나 경구 또는 분석이 아무리 심오한 것이라 할지라도 그것은 의미의 강렬함과 풍부함에서는 적절하게 서술된 이야기와 비교할 수 없습니다."(『어두운 시대의 사람들』, 22쪽)

" '나의 삶이여! 그대가 나를 축복할 때까지 나는 그대를 놓지 않겠소. 나를 축복해줄 때 그대를 놓아주리라.' 이야기하기의 보상은 놓아줄 수 있다는 것이다. [……]이야기꾼이 이야기에 충실할 때 침묵은 결국 말을 하게 된다. 이야기가 배제되어 온 곳에서 침묵은 공허함일 뿐이다. 그러나 충실한 사람들인 우리는 결정적인 말을 해버렸을 때 침묵의 소리를 들을 것이다."(『어두운 시대의 사람들』, 97쪽)

정신적 교감과 정치적인 것

행위는 이야기를 생산하기 때문에, 이야기하기는 정치를 연계시키는 상당히 적절한 방식이다. 그러나 아렌트는 행위 자체만을 이야기하지 않고 철학·문학·종교 등의 영역으로 사유를 확장하고, 그 결과를 이야기로 재구성했다. 공적인 삶을 영위하는 다양한 영역 사이의 정신적 이동으로 형성되는 망, 즉 '정치적인 것'(the political)은 바로 정치적 사유의 결실이다.[4] 따라서 정치적 사유 자체는 행위와 구분되지만 기존의 인간관계망에 또 다른 이야기를 게재시킴으로써 삶의 의미를 풍요롭게 할 수 있는 계기를 제공한다.

이 '망'은 인간다운 삶을 보장하는 중요한 요소다. 인간은 작업의 산물인 객관적 사물세계 사이에서 말과 행위를 매개로 하여 주관적인 "인간관계망"을 형성하고 확장시킨다. 기성세대든 신세대든 누구나 인간관계망으로 구성되는 인간문제 영역에서 삶의 이야기를 생산할 수 있다. 이러한 이야기는 문서나 작품으로 기록될 수 있으며, 사용대상이나 예술작품에 가시화될 수 있다.

예를 들면 아렌트는 21편의 시를 남겼다.[5] 1933년 독일을 떠난 이후에도 아렌트는 시인들과 교류하면서 이들의 시를 인용하고, 이들(샤르, 카프카)에게 의존하고, 이들(오든, 재럴, 브레히트)을 찬양했다. 그는 이들의 시적 상상력을 정치적 상상력으로, 시어를 정치언어로 전환함으로써 정치적 경험의 의미를 더욱 명료하고 풍부하게 부각시킬 수 있었다.

"시는 언어를 재료로 하는 예술 가운데 가장 인간적인 것이다."[6] 시인은 단순한 사건이라는 원재료를 압축된 시어로 표현하여 이를 기억할 수 있는 이야기로 전환함으로써 기억 가능성을 높일 수 있다. 아렌트의 정치적 이야기하기 가운데 시적 성격을 가장 잘 드러내는 저서가 바로 『어두운 시대의 사람들』이다. 여기에는 시인인 브로흐, 브레히트, 재럴의 전기가 수록되어 있다. 특히 아렌트는 『스벤보르의 시집』에 실린 브레히트의 연작시

아렌트의 시적 상상력을 키워준 카프카.
아렌트는 카프카의 '현재'의 우화를 통해 '현재'의 중요성을
강조했으며, 시간적 연속성을 바탕으로 한 계몽주의적
시간 개념에서 벗어났다. 또한 그는 이 우화에서 사유하는
'내'가 항상 현재에 위치해 있다는 것을 확인했다.

「후손들에게」의 시어를 정치언어로 발전시켰다.

"그러나 나는 책 제목에 표기된 '어두운 시대', 역사적 시대
의 모습을 이 책 어디서나 볼 수 있다고 생각한다. 나는 이 문구
를 브레히트의 유명한 시 「후손들에게」에서 빌려왔다. 이 시는
무질서와 굶주림, 학살과 살육, 부정의에 대한 분노, '악만 존재
하고 분노가 존재하지 않을 때 나타나는 절망, 그렇지만 인간을
추악하게 하는 합리적인 증오, 소리를 소음으로 만드는 근거 있
는 분노 등을 담고 있다."(『어두운 시대의 사람들』, 「서론」, 9쪽)

여기에서 '어두운 시대'는 은유다. 아렌트는 전기의 성격을 강
하게 띠고 있는 『어두운 시대의 사람들』에서 '어두운 시대'를 다
양한 형태로 표현했다. 그의 주장대로, "신뢰성 상실, 보이지 않
는 통치, 진실을 무의미하고 사소한 것으로 폄하시키는 도덕적
권고 때문에 공공영역이 빛을 상실할 때, 어둠은 찾아온다."[7] 이
러한 시대에 개개인은 사적인 문제에만 관심을 갖기 때문에 다른
사람에 대한 배려를 기대할 수 없는 상황이 팽배하게 된다. 아울
러 진실을 공개적으로 언급하는 소리가 들리지 않기 때문에 관료
적 통제가 용이해진다. 공공영역의 불가시광선(black light)은 삶
의 실재를 이해할 수 없는 사소함 속으로 침몰시키는 빈말이다.[8]
아렌트는 진리가 사소한 것이 되고, 거짓이 진리로 둔갑하는 이
러한 시대를 '가치 상실의 시대'로 규정한다.

그런데 정치영역에서의 사유에만 머물지 않고 정치현상을 설명하고자 시어를 정치언어로 전환시키는 아렌트의 탁월한 능력은 시적으로 사유하고 저술하는 방법을 정립할 수 있는 통찰력으로부터 기인한다. 보들레르의 '교감' 개념은 아렌트의 은유적 글쓰기의 기저가 된다. "호메로스 이후 은유는 인식을 전달하는 시적인 것의 요소를 지니고 있어서 물리적으로 관계가 없는 사물들 사이에 대응 관계를 드러내는 데 기여하듯이",[9] 아렌트는 보들레르의 시 「교감」을 통해 정신적 왕래, 즉 정치적 사유의 필요성을 인정했다.

아렌트는 시적 사유의 의미, 시작(詩作) 영역이 아닌 곳에서 가능한 적실성에 관심을 가졌기 때문에 보들레르의 「교감」에 주목했다. 이 시에서 자연의 생물들은 서로 친밀한 관계를 느끼고 소리 없이 대화를 나누며 화답한다. 향기, 색채, 음향은 서로 교감할 수 있다. 이때 '교감'이란 은유는 세계의 은밀한 성격을 드러내고 있는데, 아렌트는 이 시어를 감각적 차원에서 이성적 차원으로 확장했다. 그의 경우 사유를 통해 다른 사람의 정신세계를 방문하는 것이 곧 교감이기 때문이다.

아렌트는 또한 자신의 저서에서 그리스 비극의 은폐된 의미를 다양한 방식으로 부각시켰다. 특히 그는 비전통적 방식으로 비극을 해석함으로써 미국혁명의 의미를 독특하게 제시했다. 그는 『혁명론』 끝부분을 소포클레스의 『콜로누스의 오이디푸스』(*Oedipus at Colonus*)에 나오는 유명한 시구로 마무리했다.

독일계 유대인 여성 라헬 파른하겐.
그는 베를린 살롱을 운영하며 철학과 예술을 옹호했다.
아렌트는 라헬을 통해 유대인의 정체성을 확인할 수 있었으며,
이 전기를 통해 자신의 모습을 간접적으로 드러냈다.

"태어나지 않는 것은 말로 표현할 수 있는 모든 것을 능가한다. 일단 태어나면, 삶의 차선책은 온 곳으로 가능한 한 신속히 가는 것이다."(『혁명론』, 285쪽)

아렌트는 트로이의 멸망 후 오랜 기간 방랑하다가 이탈리아 반도에 도착한 로마 건국자 아이네이아스(Aeneias)의 신화를 언급했음에도 불구하고 『혁명론』 종결부에서 오이디푸스를 등장시켰다. 늙고 눈이 먼 테베의 왕 오이디푸스는 여러 해 동안 방랑하다가 아테네에 도착해 아테네 왕인 테세우스(Theseus)에게 죽은 후 자신의 시신을 콜로누스에 묻어달라고 요청하고 그 보답으로 아테네를 보호하는 역할을 하겠다고 말했다. 비극 종결부에서 테세우스는 오이디푸스를 은밀한 매장 장소로 인도했고 그로부터 신비한 의식을 알았으며, 오이디푸스의 갑작스런 소멸을 목격했다.

이 신화가 로마 공화정에 관심을 가졌던 건국 선조들의 이야기와 외형적으로 맞지 않지만, 아렌트는 테세우스를 왜 『혁명론』 종결부에 등장시켰을까? 미국의 정치철학자 피로는 이와 관련해서 세 가지 이유를 제시했다. 즉 아테네인은 공적 자유의 중요성을 명료화하는 데 이바지했고, 민회와 법정에서 자유를 행사할 기회를 가지고 있으며, 자유를 지속적으로 경험할 수 있기 때문에, 아렌트는 아테네를 모델로 삼았던 것이다.

아렌트는 자유와 권위 문제에 대한 성찰에서 아이네이아스가 아니라 테세우스를 등장시켰다. "아렌트는 소포클레스의 오이디푸스를 환기시킴으로써 전통적인 권위가 상실된 세계에서 살고 있는 시민들이 로마인이 아니라 그리스인과 마찬가지로 권위 없이 인간적 공존이라는 기본 문제에 직면할 가능성을 제기하려는 의도를 강조했다."[10] 아렌트는 소포클레스의 비극에 담긴 정치적인 의도를 부각시키고자 했다. 소포클레스의 정치적 의도는 지속적인 재현을 통해서만 시민들에게 교훈으로 유지될 수 있을 것이다. 이야기하기는 바로 이러한 역할을 한다.

이제 아렌트가 전기문학을 통해 어떤 정치적 사유에 참여하고 있는가를 고찰해보려 한다. 전기를 통한 이야기하기는 개인의 활동을 충실하게 '보도하기'라는 글쓰기 형식이다.

여기서는 아렌트의 『라헬 파른하겐』을 소개하고자 한다. 아렌트는 안네 멘델스존으로부터 파른하겐의 서신과 일기를 넘겨받으면서 파른하겐의 전기를 집필하도록 권유받았다. 그는 1933년 독일을 망명하기 직전 대부분의 원고를 집필했으나 20여 년이 지난 후 파른하겐 전기를 출간했다. 전기는 문학영역에서 중요한 위치를 차지하고 있지만, 아렌트는 그 의미를 다음과 같이 밝히고 있다.

"라헬에 대한 책을 집필하는 것은 결코 나의 의도가 아니었다. [……]다만 나의 관심을 끌었던 것은 라헬 자신이 말할 수도 있었던 삶에 대해 이야기하는 것이었다."(「서론」, 『라헬 파

아렌트는 라헬의 서신과 일기를 통해 라헬의 개인적 삶의 세계에 참여하여 정신적 교감을 드러내고자 했다. 이때 아렌트는 특정한 역사적 사건이 지니는 일반적 의미보다 오히려 개인의 삶에 드러나는 일반적 의미를 드러내고자 했다 아렌트는 이야기를 통해 개인의 삶으로 야기된 시간 속의 틈새를 포착했다. 그의 이야기하기는 개념적 사유와 달리 경험을 정신 속에 재현하는 상상력을 훈련하고, 친밀성과 달리 우정을 촉진하며, 저자와 독자 사이에 확장된 심성을 유지하는 데 이바지한다. 이렇듯 이야기하기는 정신적 왕래 또는 교감을 통해서 원활하게 이루어질 수 있다. 인간의 삶이 다양하면 다양할수록, 삶의 영역을 이동하는 양상은 복잡해질 것이다.

우리는 왜, 어디서, 어떻게 사는가

인간조건, 활동적 삶, 활동영역

"나는 활동적 삶이란 용어와 관련하여 세 가지 근본적인 활동, 즉 노동·작업·행위를 지적할 작정이다. 이러한 활동은 각기 기본적인 조건들 가운데 하나와 조응되며, 인간은 이러한 조건 아래 지구에서의 삶을 영위해왔다."

드러나는 삶과 숨겨진 삶

산다는 것은 활동한다는 것을 의미한다. 인간은 현상세계 속에서 삶을 영위하기 때문에, 우리의 삶 자체 역시 현상의 일부다. 현상은 어의적으로 보면 우리의 감각기관에 드러나는 것으로 이해되지만 상황에 따라 드러날 수도 있고 가려진 상태로 존재할 수 있다. 현상인 나무는 뿌리, 줄기, 가지, 잎으로 구성되어 있다. 나무의 뿌리는 흙에 덮여 있기도 하고 드러나기도 한다.[1] 이와 마찬가지로, 인간의 활동도 드러남과 숨겨짐이라는 두 가지 이중적 양태를 띤다.

아렌트는 삶을 활동적 삶과 정신의 삶으로 구분하고 각기 이러한 활동의 특성과 의미를 밝히면서 이들 사이의 관계를 밝히고 있다. 드러나는 삶은 활동적 삶이고, 드러나지 않는 삶은 정신의 삶이다. 활동적 삶은 다시 노동·작업·행위로 구분되고, 정신의 삶은 사유·의지·판단 활동으로 구분된다. 두 가지 형태의 삶은 차이에도 불구하고 밀접하게 연계되어 있다. 아렌트는『인간의 조건』에서 활동적 삶을, 만년의 저작인『정신의 삶』에서 정신활동을 각기 중점적으로 조명하고 있다.

활동적 삶은 현상세계에서 진행되기 때문에 당연히 우리의 감각기관에 드러나지만, 정신의 삶 자체는 내면에서 진행되기 때문에 일차적으로 드러나지 않는다. 정치사상의 전통에 따르면, 자의적이고 유동적인 현상세계와 연계된 활동적 삶은 불변하는 요소와 연관된 관조의 삶보다 낮게 평가된다. 아렌트는 전통의 이분법적 구도를 인정하면서도 관조의 삶이란 관점에서 활동적 삶의 의미를 이해하지 않고 활동적 삶 자체를 조명하는 데 관심을 가졌다.『인간의 조건』은 바로 활동적 삶의 현상학이다.

　"실제로 '우리가 행하고 있는 것'은 이 책의 핵심주제다. 이 책은 인간조건의 가장 근본적인 정교화, 그리고 현대적인 견해나 전통적으로 모든 인간의 영역 안에 있는 그러한 활동만을 다룬다. 이런저런 목적 때문에 인간이 행할 수 있는 가장 차원이 높고, 아마도 가장 순수한 활동인 사유는 이러한 현재의 고찰에서 제외된다."(『인간의 조건』, 5쪽)

　여기서는 몇 가지 측면에서 활동적 삶의 의미를 살펴본다. 어딘지 모르는 곳에서 이 세계에 등장한 우리는 왜 삶을 영위하는가? 이에 대한 대답은 인간조건에 대한 이해와 관련이 있다. 삶이란 공간적 차원을 갖는 활동이라는 점을 고려할 때, 우리는 활동 공간을 고려하지 않을 수 없다. 그곳은 넓은 의미로는 지구이고, 좁은 의미로는 세계다. 그렇다면 우리는 세계를 어떠한 방식으로 구성하는가? 이 질문은 활동 공간과 활동 유형의 차이에 대한 이해로 이어진다. 이러한 전반적인 문제를 고려할 때 비로소 우리는 인간다운 삶의 기본 내용을 이해할 수 있을 것이다.

인간의 삶을 제약하는 근본 조건들

아렌트는 1958년 『인간의 조건』이란 책을 출판했다. 그는 이 책에서 세 가지 활동의 본래 의미와 역사적 변화를 밝히고 있다. 제1장의 제목은 바로 책 제목이기도 하며, 이 책의 전반적인 구성을 이해할 수 있는 길잡이 역할을 한다. 앞에 인용된 문장은 책의 내용을 압축적으로 소개하고 있다. '인간의 조건'이란 제목 아래 활동적 삶을 설명하고 있기 때문에, 인간조건에 대한 이해도 없이 이 부분을 이해하기는 어렵다. 아렌트의 '인간조건'은 야스퍼스의 '한계상황'과 연계성을 지니고 있다.[2]

"카를 야스퍼스는 인간적 실존을 철학의 일차적 주제로 삼고 있다. 그는 '실존'이란 연속 상태의 평범한 일상적 삶을 의미하는 게 아니라 그러한 몇 가지 계기를 의미한다. 우리는 그러한 계기들 가운데 다만 진정한 자기를 경험하고 인간 상황 자체의 불확실성을 인정한다. 이러한 것들은 '한계상황'이다. 이것들과 비교할 때, 일상적 삶의 모든 것은 단지 '사라짐'이다."(『이해의 에세이』, 31쪽)

"그것은 야스퍼스가 죽음, 죄책, 운명, 우연을 철학하도록 우리를 자극하는 철학적 '한계상황'으로 확인하는 이유다. 우리는 이러한 모든 경험에서 우리가 실재로부터 피할 수 없거나 사유로 그 신비를 해결할 수 없다는 것을 발견한다. 이 상황에서 인간은 자신이 특정한 어떤 것, 심지어 자신의 일반적 한계에 좌우되지 않고 존재한다는 사실에만 의존한다는 것을 깨닫는다."(『이해의 에세이』, 167쪽)

"야스퍼스는 일반적이며 불변하는 인간조건— '나는 투쟁하지 않고 고통을 겪지 않은 채 살아갈 수 없다는 것, 죄책감을 피할 수 없다는 것, 죽어야 한다는 것'—을 표현하기 위해 한계상황이라는 용어를 만들어냈다. 이러한 인간조건은 '초월성을 이미 시사하는 내재적인 무엇'에 대한 경험과 연관된다."(『정신의 삶: 사유』, 192쪽)

야스퍼스는 『세계관 심리학』에서 죽음, 고뇌, 우연, 죄책 등과 같이 인간이 회피할 수 없는 궁극적 상황을 한계상황으로 이해했다. 일시적인 상황은 변하지만, 한계상황은 그 본질이 조금도 변하지 않는다. 아렌트는 『인간의 조건』에서 한계상황을 강조하지만, 이 한계상황은 '우리가 수행하는 것을 생각하는 활동'과 연관되기 때문에 철학적 차원을 넘어 정치적인 의미를 갖는다.

"다른 한편 인간적 실존의 조건들—삶 자체, 탄생성과 사멸성, 세계성, 다원성, 그리고 지구—은 결코 우리의 본성이 무엇인가를 '설명할' 수 없거나 이것들이 결코 우리를 절대적으로

미국 뉴욕에서 두 번째 남편 블뤼허와 함께 있는 모습(1950년경).
아렌트는 『인간의 조건』에서 연인 간의 사랑을 언급했지만,
정작 그들 사이에는 자식이 없었다. 그러나 두 사람의 정신적인 사랑은
평생 계속되어 공존의 또 다른 형태로 바뀌었다.

규정하지 않는다는 단순한 이유 때문에 우리가 누구인가에 대한 질문에 결코 대답할 수 없다. 이것은 인간에 관심을 가지고 있는 과학—인류학, 심리학, 생물학 등—과 달리 항상 철학의 견해가 되어왔다. 그러나 오늘날 우리는 우리가 그것을 과학적으로도 증명하고 있다고 말할 수 있다."(『인간의 조건』, 11쪽)

아렌트는 왜 인간조건이란 개념을 상정하고 있는가? 인간본성(human nature)과 인간조건(human condition)의 의미상 차이를 검토할 필요가 있다. 철학자들은 전통적으로 인간본성에 따라 인간을 이해하는 입장을 유지해왔다. 아렌트는 인간을 이해하는 데 있어서 핵심어를 '본성' 또는 '본질'로 상정하는 전통적 입장을 거부하고 있다. 인간을 본성으로 이해하려는 시도는 추상화된 인간(Man)을 상정하는 것과 다르지 않기 때문이다. 그러나 우리가 현실에서 만나는 사람들(men)은 각기 독특성을 지니고 있다. "나는 누구인가", 달리 표현하면 개인적 특이성은 인간의 조건에 따라 다르게 나타날 수 있다. 아렌트는 이러한 이유 때문에 인간을 이해하는 데 인간조건이란 개념을 끌어들이고 있다.

인간은 어딘지 모르는 곳에서 왔다가 어딘지 모르는 곳으로 간다. 삶, 탄생성, 사멸성이란 조건은 인간의 이러한 삶을 개별적으로 드러내고 있다. 인간은 태어나면서 자연이 아닌 인위적 공간, 즉 문명세계에서 삶을 영위한다. 인간은 이 공간에서 홀로 존재하기보다 수많은 다른 사람과 공존한다. 아렌트는 세 가지 인간조건의 의미를 다음과 같이 밝히고 있다.

"나는 활동적 삶(*vita activa*)이란 용어와 관련하여 세 가지 근본적인 활동, 즉 노동·작업·행위를 지적할 작정이다. 이러한 활동은 각기 기본적인 조건들 가운데 하나와 조응되며, 인간은 이러한 조건 아래 지구에서의 삶을 영위해왔다.

노동은 인간 신체의 생물학적 과정에 대응하는 활동이며, 신체의 자연적 성장·신진대사·결과적 쇠퇴는 노동에 의해 생산되고 생존 과정에 투입되는 중대한 생활필수품에 제약을 받는다. 노동의 인간조건은 **삶** 자체다.

작업은 인간적 실존의 비자연성에 대응하는 활동이다. 그런데 인간적 실존은 지속적으로 반복되는 종의 생존주기에 깊숙이 묻히지 않으며, 인간적 실존의 사멸성은 종의 생존주기로 보상되지 않는다. 작업은 모든 자연환경과 분명히 다른 '인위적' 사물세계를 제공한다. 각 개인은 인위적인 사물세계의 경계 내에서 삶을 영위한다. 물론 이 세계 자체는 모든 자연환경보다 오래 지속되며 이를 초월한다. 작업의 인간조건은 세계성이다.

행위는 사물을 매개로 하지 않은 채 인간들 사이에 직접 이루어지는 유일한 활동이다. 행위는 추상화된 인간이 아닌 인간들이 지구에 살면서 세계에 거주한다는 사실, 즉 **다원성**이란 인간조건에 대응한다. 인간조건의 모든 측면이 어느 정도 정치와 연관되지만, 이 다원성은 특별히 모든 정치적 삶의 필요충분조

건이다."(『인간의 조건』, 7쪽)

아렌트는 인간을 '조건에 제약을 받는 존재'(conditioned beings)로 규정한다. 인간은 신과 달리 살아가면서 수많은 조건에 제약을 받기 때문이다. 이 가운데 첫 번째 조건은 '지구'다. 인간은 지구를 떠나서 살 수 없기에 인간적 삶은 지구와 불가피하게 연계되어 있다. 물론 아렌트는 '지구'와 '세계'라는 개념을 구분하여 사용하고 있다. 지구는 자연을 지칭하는 의미로, 세계는 인위적인 공간(문명)을 지칭하는 의미로 사용된다.

첫째, 지구라는 조건과 별도로 인간조건 가운데 시간적 맥락과 연관된 것은 수명(생존)이다. 수명은 인간의 활동을 제약하는 중요한 요소다. 인간은 자연적 수명을 유지하고 연장하는 활동에 참여하지 않을 수 없다. 인간이 노동의 산물인 식량을 섭취하지 않을 경우 수명을 유지할 수 없기 때문이다. 둘째, 공간적 맥락과 연계된 인간의 조건은 세계성이다. 인간은 자연의 위협으로부터 자신을 보호해주는 공간을 필요로 한다. 공간은 인간에 의해 만들어지기도 하지만 인간의 삶을 제약하는 조건으로 작용한다. 세계성과 관련된 활동이 바로 가시적 사물세계를 구성하는 작업이다. 셋째, 인간은 동물적 상태를 넘어서 인간다움을 형성하기 위해서 다른 사람의 도움을 필요로 하기 때문에, 다원성은 당연히 우리의 삶에 영향을 미치는 조건이 된다. 인간적 공존을 가능하게 하는 활동이 바로 행위다.

20세기 초 노동 현장을 나타내는 사진.
아렌트는 『인간의 조건』에서 "우리는 소비자의 사회에서 살고 있다고 말한다.
노동과 소비는 삶의 필연성이 인간에게 부과하는 동일한 과정의
두 단계이기 때문에 이 말은 '우리가 노동자의 사회에 살고 있다'의
다른 표현이다"라고 하면서 노동의 중요성을 강조했다.

지구, 현상적 자연, 세계

아렌트는 인간조건 가운데 지구를 가장 근본적인 조건이라고 규정한다. 우리는 지구라는 조건 아래서 살고 있다. 인류는 근대 과학기술의 발전으로 지구 밖에서 지구를 관찰하게 되었으며 절대적인 지구 제약성으로부터 부분적으로 벗어나고 있지만, 지구는 여전히 인간의 삶에서 중요한 조건이다.

"지구는 가장 핵심적인 인간조건이다. 우리 모두가 아는 것처럼, 지구적 자연은 우주에서 유일한 인간의 거주지다. 인간은 여기에서 별 노력 없이, 그리고 스스로 만들어놓은 수단 없이도 움직일 수 있고, 살 수 있다. 인간적 실존은 인공적 세계를 가진다는 점에서 모든 동물의 환경과 구별된다."(『인간의 조건』, 2쪽)

"세계소외가 근대사회의 방향과 발전을 규정했다면, 지구소외는 근대과학의 기호가 되었다. 지구소외의 기호 아래 물리학과 자연과학 등의 모든 과학은 자신의 내밀한 내용을 너무나 근본적으로 변화시킨 까닭에, 사람들은 근대 이전에 과학과 유사한 것이 도대체 존재했던가 하고 의심할 정도다. [……]근대 수학은 인간을 지구에 묶인 경험의 한계로부터 해방시켰으며 인식능력을 유한성의 속박으로부터 해방시켰다."(『인간의 조건』, 264~265쪽)

여기서 '지구외'(earth-alienation)란 지구가 인간의 삶에서 근본적인 조건임에도 불구하고 지구의 존재를 무시하는 태도다. 오늘날 과학기술의 발전은 역사의 등장 이래 인류를 통합시키는 데 이바지했지만, 다른 한편 인류와 지구의 존재를 위협하는 가능성을 지니고 있다. 과학기술이 인간조건 자체를 위협하는 요인으로 작용하기 때문이다.

"자연적 위력의 해방은 생산방식의 항구적인 발전의 특징을 나타내는 것보다 최근 기술발전의 특징을 더 많이 드러내고 있다. 그러므로 원자탄의 연쇄반응은 인간과 기본적인 자연 위력 사이의 음모의 상징이 되고 있다. 자연의 기본적인 강제력은 인간의 기술적 정보에 의해 분출되는 어느 날 지구상에 있는 모든 생물과 지구 자체마저도 보복하고 파괴할 것이다."(『이해의 에세이』, 419쪽)

"그런데 이러한 소란스런 대응에도 불구하고 우리는 이것들이 단지 이데올로기일 뿐이라는 것, 인간이 자신을 위해 사용하는 자연의 에너지도 여전히 마력, 즉 자신의 환경에서 직접적으로 택한 자연에 기초한 단위인 마력으로 계산하는 것을 결코 잊어서는 안 된다. 인간이 자기 자신의 내구력을 두 배로, 심지어 백 배까지 증가시킬 수 있도록 자연을 착취하는 데 성공한 것은 자연을 강간한 것으로 볼 수도 있다. 적어도, 인간은 지구를 돌보고 지구에게 봉사해야지, 지구가 인간을 위해 봉사하도록 창조되지 않았다는 성서적 관점을 공유한다면 말이다."
(『정치의 약속』, 156~157쪽)

세계는 자연적인 것과 인위적인 것으로 구분되며 공히 우리의 감각기관에 드러나는 현상이다. 여기서 아렌트는 현상적 자연과 인간의 활동으로 형성된 인공물을 포함하는 의미로 '세계'라는 용어를 사용하고 있다. 아렌트는 인간의 삶과 관련하여 자연에 대한 세계의 우위를 인정하면서도 자연을 착취의 대상으로만 삼을 수 없다는 점을 밝히고 있다. 인위적인 것과 자연적인 것은 다음과 같이 엄격히 구분된다.

"인간들이 태어난 세계는 자연적인 것과 인위적인 것, 살아 있는 것과 죽은 것, 잠정적인 것과 영구적인 것 등 수많은 것을 포함하고 있다. 그런데 이러한 것들은 모두 다음과 같은 공통점을 지니고 있다. 즉 이들은 모습을 드러낸다. 따라서 적절한 감각기관을 지닌 감각적 피조물들은 보고 들으며 촉감을 느끼고, 맛을 보며 냄새를 맡고, 지각한다."(『정신의 삶: 사유』, 19쪽)

"자연은 인간이나 신—올림푸스의 신들은 세계를 창조한다고 주장하지 않았다—의 조력 없이 스스로 존재하는, 따라서 불멸인 모든 것으로 이해되었다. 자연에 속한 것들은 항상 현전하므로 간과되거나 잊힐 가능성은 없다. [……]자연은 삶의 반복적 주기를 통해서 태어나고, 죽는 것들이나 변하거나 변하지 않는 사물에게 같은 형태의 항구적인 것을 보증한다."(『과거와 미래 사이』, 42쪽)

"그리스인에 따르면, 자연은 인위적이지 않고 신성한 제작자에 의해 창조되지도 않고 스스로 존재했던 모든 사물들의 총체였다. 헤라클레이토스는 '자신을 은폐하고 싶어하는 것', 즉 현상의 이면에 존재하는 것을 자연이라고 말했다."(『정신의 삶』, 143쪽)

"자연의 산물들은 자연적이고 '만들어지지' 않았으며 저절로 성장하여 무엇인가가 된다. 이것은 우리의 단어 '자연'의 참된 의미다. 우리가 '자연'을 라틴어 'nasci'(태어나다)에서 도출하든, 또는 'phyein'(무엇에서 성장하다)에서 유래한 그리스어 'physis'(저절로 나타나다)까지 거슬러 올라간다."(『인간의 조건』, 150쪽)

"지구 위에 세워져 있으며 자연이 인간의 손에 양도한 재료로 만들어진 인위적인 안식처, 즉 세계는 소비 대상이 아닌 사용 대상으로 이루어져 있다. 자연과 지구가 일반적으로 인간적 삶의 조건을 구성한다면, 세계와 사물세계는 이러한 특별한 인

독일에서 가장 영향력 있는 시온주의 옹호자인
쿠르트 블루멘펠트. 그는 아렌트의 유대인 정체성에 대한 생각을
일깨워주고 발전시킨 인물이다.

간적 삶이 지구상에서 안주할 수 있는 조건을 구성한다."(『인간의 조건』, 134쪽)

자연은 스스로 존재하지만, 인간이 이동할 수 있는 사물세계는 활동적 삶 가운데 작업의 산물이다. 이러한 객관적 사물세계(주택, 공공건물, 공공장소, 조형물 등)는 자연과 같지 않다. 그러나 우리가 사물세계, 특히 주거지인 건물에서 사람들의 숨결을 느끼지 못할 경우, 그 건물은 죽은 무생물과 같다. 우리는 그 공간에 모여서 함께 활동하며 소통하고 대화를 한다. 이때 그 인공물은 '인간적인' 공간이 된다.

세계 속의 다양한 활동영역

지구에 살고 있는 인간들은 자연과 분리되면서도 자연과 관계를 유지하며 삶을 영위한다. 지구와 구별되는 세계에는 세 가지 다른 활동영역이 존재한다. 활동적 삶에 대한 이해는 활동영역과 밀접하게 연계되어 있다. 따라서 세 가지 활동의 의미와 특성에 대해 고찰하기에 앞서 사적 영역, 공공영역, 그리고 사회영역에 대한 아렌트의 주장을 살펴보기로 한다.

"사적 영역과 공공영역의 구분은 가정과 정치영역의 구분에 대응된다. 두 영역은 고대 도시국가의 형성 이후 적어도 특이하고 분리된 실체로 존재해왔다. 그러나 사적 영역도 공공영역도 아닌 사회영역은 근대의 출현과 일치하는 비교적 새로운 현상이다."(『인간의 조건』, 28쪽)

"가정영역의 독특한 특성은 사람들이 그곳에서 함께 살고 있다는 점이다. 가족은 욕구와 필요에 따라 움직이기 때문이다. [……]생존 자체는 개인의 삶을 유지하고 종을 보존하기 위해 다른 사람들의 동반을 필요로 한다.

개인의 삶을 유지하는 것은 남성의 임무이고, 종의 보존은 여성의 임무라는 것은 명백했다. 영양을 제공하는 남성의 노동과 여성의 출산 노동은 모두 자연적 기능으로서 똑같이 생존이라는 긴급한 일에 영향을 받았다. 그러므로 가정이란 자연공동체는 필요에 의해서 형성되었으며, 필요는 가정에서 수행되는 모든 활동을 지배했다.

반대로, 폴리스는 자유의 영역이었다. 이 두 영역 사이의 관계가 존재했다면, 가정에서 생존에 필요한 것을 확보하는 것이 폴리스에서 자유를 누리는 조건이었다."(『인간의 조건』, 30~31쪽)

"'공공'이란 용어는 서로 연계되어 있으면서도 완전히 동일하지 않은 두 가지 현상을 의미한다. 첫째, 그것은 모든 사람이 공개적으로 나타나는 모든 것을 보고 들을 수 있으며 가능한 한 가장 폭넓은 공공성을 가진다는 것을 의미한다. 우리의 경우, 현상―우리 자신뿐만 아니라 다른 사람도 보고 들을 수 있는 것―은 실재를 구성한다. [……]둘째, '공공'이란 용어는 그것이 우리 모두에게 공통적이고 그곳에서 사적으로 점유된 장소와 다른 한 세계 자체를 구성한다. 그러나 이 세계는 지구나 자연과 동일하지 않다. [……]세계 속에 산다는 것은 본질적으로 다음과 같은 의미를 지니고 있다. 탁자가 앉아 있는 사람들 사이에 있듯이, 사물 세계는 그것을 공유하는 사람들 사이에 있다. 모든 중간영역(the in-between)과 마찬가지로 세계는 사람들을 연관시키고 동시에 분리시킨다."(『인간의 조건』, 50~52쪽)

이 인용문을 중심으로 사적 영역과 공공영역의 차이를 세부적으로 대비시킬 필요가 있다.

첫째, 사적 영역은 자유의 제약이란 의미를 담고 있는 '필요'의 영역이지만, 공공영역은 물질적 제약, 즉 생계 문제를 해결한 이후 참여하기에 자유의 영역이다.

둘째, 가정이란 자연공동체는 가족 구성원 사이의 불평등을 전제로 하지만, 공공영역에서는 모든 사람이 자유인이며 동시에 학생과 선생의 관계도 아니기에 평등을 전제로 하는 영역이다.

셋째, 가정은 한 핏줄로 구성되어 있어서 차이보다 거리감 없는 친밀성을 기본으로 하지만, 공공영역은 시민들의 차이를 전제로 한다. 이때 차이는 거리감의 존재를 기본으로 한다.

넷째, 앞의 구분과 관련하여 자연스럽게 도출되는 요소가 있다. 가정에서는 개인적인 능력이란 기준으로 인간관계를 형성하지 않기 때문에 '사랑'이 가정의 정체성을 유지하게 하는 주요 원동력이지만, 관점과 견해의 차이를 전제로 하는 공공영역은 '존중'과 정치적 '우정'이란 정치적 덕목에 기초해 그 정체성을 유지할 수 있다.

다섯째, 가정이란 자연공동체는 다른 사람들의 시선이 침투하지 못하는 프라이버시(privacy)의 영역, 어둠의 공간이지만, 공공영역은 참여하는 사람들의 모든 모습을 보고 들을 수 있어서 완전히 노출된 빛의 영역이다.

이와 같이 사적 영역과 공공영역을 분리시키는 상반된 특성은 이후 사회영역의 등장으로 모호해졌다. 오히려 사회영역은 두 영역의 특성을 공유하게 되었다.

"사회의 등장 이후, 가족과 가정경영 활동이 공공영역으로 등장한 이후 오래전부터 유지되어온 사적 영역과 정치영역뿐만 아니라 아주 최근에 형성된 친밀성의 영역마저 잠식시키는 저지할 수 없는 경향은 새로운 영역의 두드러진 특징들 가운데 하나가 되어왔다."(『인간의 조건』, 45쪽)

"아마도 사회가 생존 과정 자체의 공적인 조직화를 구성한다는 가장 명료한 징표는 새로운 사회영역이 상대적으로 짧은 기간에 모든 근대 공동체를 노동자들과 직업 소유자들의 사회로 변형시켰다는 사실에서 발견될 수 있을 것이다. [……]사회는 다른 어느 것도 아니라 생존을 위한 상호 의존이란 사실이 공적 의미를 가지며 단순한 생존과 연계된 활동이 공개적으로 나타나는 것을 용인하는 형태다."(『인간의 조건』, 46쪽)

사회영역은 왜 이중적 특성을 지니는가? 근대 이후 생계 문제는 가정이라는 울타리 밖에서 해결해야 하는 문제가 되었다. 이는 생계 문제가 한 가족의 활동만으로 해결되기 어렵고 구성원의 공동 활동을 필요로 한다는 의미를 담고 있다. 이제 경제 활동은 어둠의 영역이 아닌 빛의 영역에서 이루어지는 활동이 되었다. 경제 활동이 전개되는 무대인 사회영역은 사적 영역과 공공영역의 두 이질적인 특성을 모두 갖게 되었으며, 그 결과 사적 영역과 공공영역의 명백한 경계선은 약화되었다.

그렇다면 사회영역은 왜 다른 영역에 비해 오늘날 그 비중이 높아지고 있으며 어떤 원리에 의해 그 정체성을 유지할 수 있는가? 인구의 증대와 더불어 생계 문제는 한 가정의 노력이 아니라 구성원 전체, 즉 경제활동에 참여하는 사람이나 집단뿐만 아니라 비경제 활동에 참여하는 집단(국가, 연구기관 등)의 관심을 필요로 한다. 따라서 경제적 관심은 영역을 넘어서 모든 구성원의 관심이 되었다. 아울러 경제활동은 비용-효과의 계산적 원리에 기

마부르크 대학교에 입학한 아렌트(1924).
이때 아렌트는 하이데거의 철학 강의를 듣고
존재에 대해 사유하는 방법을 배웠다.
이를 계기로 한때는 자신의 삶을 현재인 이곳과
과거의 그곳으로 나누는 습관이 있었다.

초할 때만 그 결실을 창출할 수 있다. 따라서 사회영역은 가정이나 공공영역과 달리 철저하게 효율성의 원리에 의해서 그 정체성을 유지할 수 있게 된다.

효율성의 원리가 작동되는 사회영역은 생존 문제를 공동으로 해결한다는 점에서 그 세력권을 끊임없이 확장해왔다. 이를 부정한다는 것은 생존 위협을 무시한다는 의미를 지니고 있다. 효율성 원리가 작동될 때 경제적 불평등은 당연히 존재한다. 역설적으로 사회영역에서 발생하는 근본적인 갈등(노사갈등, 계급갈등)을 치유하지 않을 경우, 효율성 원리는 결국 위축될 수밖에 없다. 따라서 이러한 원리를 지속하게 하는 주요 사회적 덕목이 필요하다. 그것은 일반적 차원에서 연민과 동정의 덕목이다. 이러한 덕목을 집단적으로 보장하는 다양한 제도들 가운데 대표적인 것이 복지정책이다.

삶의 활동은 노동·작업·행위로 압축된다

우리는 인간으로서 살아가는 한 노동·작업·행위라는 세 가지 근본적인 활동에 참여하게 된다. 사람마다 삶의 방식이 다르기 때문에, 어느 활동에 주로 참여하는지 또한 제각기 다르다. 삶은 너무나 다양하기 때문에 활동 유형을 단지 세 가지 활동으로 압축할 수 있는지에 대해 의문을 가질 수 있다. 그러나 세 가지 활동의 특징과 의미를 살펴보면 결국 인간의 모든 활동은 노동·작업·행위와 직간접적으로 연계되어 있음을 알 수 있다. "인간은 살기 위해 노동해야 하며, 세계 속에서 안식하기 위해 작업을 하고, 동료 인간들로 구성된 사회에서 자신의 위치를 차지하기 위해 행위를 하게 된다."[3]

우선 인간은 '생존'(생물학적 수명)을 유지하는 데 필요한 활동에 참여한다. 인간은 태어나지도 죽지도 않는 신과 달리 유한한 존재로서 생물학적 욕구를 충족시켜야 삶을 영위할 수 있기 때문이다. 먹는 활동 자체는 생존이 아니라 생존 조건이다. 인간이면 누구나 이 조건을 필히 충족시켜야 하며, 이를 거부한다는 것은 곧 죽음을 의미한다. 이렇듯, 우리는 인간의 삶을 제약하는 조건을 해결하고자 노동에 참여하는 동물이다.

"고대의 노예제도는 노동을 삶의 조건으로부터 배제하기 위한 시도였다. 사람이 다른 형태의 동물적 삶과 공유하는 것은 인간적인 것으로 여겨지지 않았다. [……]합리적 동물(*animal rationale*)이라는 말에서 '동물'이라는 단어의 사용은 문제가 있지만, 이와 달리 노동하는 동물(*animal laborans*)이란 개념에서 사용된 '동물'이란 단어는 전적으로 정당하다. 노동하는 동물은 지구에 거주하는 동물 종 가운데 하나일 뿐이며 기껏해야 최고의 종일 뿐이다."(『인간의 조건』, 84쪽)

"인간의 근본적 인간성을 합리성(합리적 동물)이나 대상의 제작(제작인, *homo faber*)에서 [……]찾지 않고, 오히려 전통에서는 완전하고 자유로운 인간적 실존과 양립할 수 없어서 전적으로 거부했던 노동에서 인간성을 찾는 인간에 대한 새로운 정의는 그[마르크스]의 모든 저작에 기본적이다. 마르크스는 인간을 노동하는 동물로 규정한 첫 번째 사람이었다."(『정치의 약속』, 79쪽)

인간의 인간성을 어떻게 규정하는가는 항상 철학자들의 관심사였다. 고대 이래로 유지되어 왔던 입장은 근대에 이르러 근본적으로 바뀌었다. 아렌트는 인간이 이성적 동물이 아니라 노동하는 동물이라고 규정한 마르크스의 평가는 거부하지만, 인간이 노동하는 동물로서의 속성을 지니고 있다는 점을 인정한다.

"인간의 생물학적 과정, 그리고 세계의 성장·쇠퇴 과정은 공통된 특징을 지니고 있다. 이러한 과정은 순환적 자연운동의 일부이며, 따라서 영속적으로 반복된다. 이러한 과정에 대응하려는 필요성에서 이루어지는 인간의 모든 활동은 반복되는 자연의 주기에 제약을 받으며 시작과 끝을 갖고 있지 않다. 대상을 완성시키면 종결되고, 그 산물을 사물세계에 첨가시키는 작업과 달리, 노동은 살아 있는 유기체의 생물학적 과정에 의해 정해지는 동일한 주기 속에서 항상 진행되며, 노동의 땀과 고역은 이 유기체가 사망할 때 비로소 종결된다."(『인간의 조건』, 98쪽)

"노동과 소비는 생물학적 삶에서 영원히 반복되는 주기의 두 단계일 뿐이다. 이 주기는 소비를 통해서 지속되며, 소비 수단을 제공하는 활동은 고통스럽다. 노동이 생산하는 것은 무엇이든 인간의 생존과정에 즉시 공급되며, 생존과정에 활기를 불어넣는 소비는 신체의 지속적인 유지에 필요한 새로운 '노동력'을 생산하며, 오히려 재생산한다."(『인간의 조건』, 99쪽)

노동은 시작과 끝이 없는 자연과정과 같은 특성을 지닌 활동이다. 인간을 포함해 모든 동물은 자연의 원리에 따라 생존하고자 노동에 참여한다. 자연의 주기가 시작과 끝도 없이 반복적으로 진행되듯이, 인간은 오늘 신체의 힘을 사용하여 식량을 생산하고, 이를 섭취함으로써 내일의 노동에 필요한 에너지를 확보하고 다시 노동에 참여한다. 이와 같이, 노동은 죽음에 이르러 종결되는 반복적인 활동이다.

노동의 산물은 소비를 목적으로 하기 때문에 노동은 인위적인 사물세계를 구성하지 못한다. 그러나 노동은 풍요를 창출하는 활동이므로 개인의 생존에 필요한 것 말고도 다른 무엇인가를 남긴다. 노동은 일차적으로 자신의 생존에 필요한 재산(property)을 생산한다. 재산은 소비되기 때문에 그 수명은 단명하다는 특성을 지니고 있다. 잉여 재산은 가족 소유로 전환될 때 부(wealth)의 형태로,[4] 그리고 대규모 생산을 가능하게 하는 자본의 형태로 발전한다. 근대인들은 이러한 과정 때문에 노동이 모든 가치의 근원이라고 생각했다.

"노동은 가장 낮고 가장 멸시받는 위치에서 가장 중요한 위치로 급격하고 찬란하게 부상했다. 이것은 노동이 모든 재산의 근원이라는 로크의 발견을 계기로 나타났다. 노동의 위상은 애덤 스미스가 노동을 모든 부의 근원이라고 주장했을 때에도 높아졌으며, 나아가 노동을 모든 생산의 근원이며 인간성 자체의 표현이라고 규정한 마르크스의 '노동체계'에서 최정점에 도달했다. 세 사람 가운데 마르크스만이 노동 자체에 관심을 가졌고, 로크는 사회의 뿌리로서 사유재산제도에 관심을 가졌으며, 스미스는 부의 제한적 축적의 지속적인 진보를 설명하고 확보하고 싶었다."(『인간의 조건』, 101쪽)

인간은 먹는 문제를 완전히 해결했다고 하더라도 안정적인 삶을 유지하기 위해 자연의 위협으로부터 자신을 보호할 인공물(예컨대, 건물이나 사용대상 등)을 만들어야 한다. 따라서 인간은 자연의 우연성에서 탈피하여 안정적인 삶의 영역을 확보하는 활동에 참여한다. 우리는 인위적인 사물세계의 경계를 벗어날 경우 생존을 유지하는 데 어려움을 겪기 때문에 그 한계를 극복하면서 삶을 영위해야 하는 '제작인'으로서 위상을 갖는다.

"자신의 육체나 길들인 동물로 생활하는 노동하는 동물은 모든 피조물의 주인이자 지배자일 수 있지만, 그는 여전히 자연과 지구의 하인으로 남는다. 오직 제작인만이 전 지구의 군주이자 지배자처럼 행동한다."(『인간의 조건』, 139쪽)

제작인은 자연이나 자연물을 취해서 인공물을 만들기 때문에, 자연을 지배의 대상으로 삼는다. 인위적 사물세계를 구성하는 활동은 모두 '만들기'(making), '작업'(work), '제작'(fabrication)이란 범주에서 이루어진다. 작업의 대상은 다양하다. 책상, 가옥, 각종 도구뿐만 아니라 책 집필, 시작(詩作), 작곡 등은 모두 작업에 해당된다. 물론 이러한 인공물을 만들거나 제작하겠다는 착상 단계는 정신활동이지 작업에 해당되지는 않는다.

노동이 '소비'를 목적으로 하고 작업이 '사용'을 목적으로 한다는 점에서 두 가지 활동은 근본적으로 다른 인간 활동이다. 작업의 특성을 드러내는 몇 가지 예를 살펴보기로 한다.

"실질적인 제작 작업은 모델의 지도 아래 수행되며, 대상은 이것에 따라 구성된다. 이 모델은 정신의 눈에 그려진 이미지나 [……]청사진일 수 있다. 어느 경우에나 제작 작업을 인도하는 것은 제작자 외부에 존재하며 [……]실제 작업 과정을 선행한다."(『인간의 조건』, 140쪽)

"제작 과정 자체는 목적과 수단이란 범주에 의해 전적으로

116

결정된다. ('과정은 생산물에서 소멸된다'고 마르크스가 언급했듯이) 제작 과정은 제작물에서 종결된다. 제작 과정은 이 목적을 생산하는 수단일 뿐이다. [……]제작은 명확한 시작과 명확하고 예측 가능한 끝이 있는 활동이다. 제작은 이 특징을 통해서만 다른 모든 인간 활동과 구별된다. 육체적 생명과정의 순환적 운동에 매여 있는 노동은 시작도 끝도 없다. 행위에는 명확한 시작은 있을지라도 예견할 수 있는 끝은 없다."(『인간의 조건』, 143~144쪽)

"작업 과정 동안 모든 사물은 바람직한 목적을 위해 적합성과 유용성이란 관점에서 판단된다. [……]제작인이 도구적 목적의 관점에서 모든 것을 판단하고 행하는 것은 유용성 때문이다. [……]인간이 제작자인 한, 그는 모든 것을 도구화하며 그의 도구화는 모든 사물이 수단으로 전락한다는 것을, 즉 내재적이고 독자적인 가치를 상실한다는 것을 의미한다."(『인간의 조건』, 153~156쪽)

아렌트는 작업의 다양한 특성을 제시하고 있는데, 인용한 문장에는 몇 가지 특성만을 언급하고 있다. 작업은 미리 구상된 모델을 따라 진행되는 활동이므로, 그 목적은 활동 내부에 존재하지 않고 외부에 존재한다. 작업은 목적-수단 모델이 전적으로 적용되는 활동이다. 작업은 폭력을 항상 수반한다. 따라서 작업은 끊임없는 반복보다 시작과 끝이란 시간적 차원을 지닌 활동이다. 우리는 작업을 통해 영원한 변화를 특징으로 하는 자연과 달리 안정된 사물세계를 형성하게 된다.

그런데 고립 상태에서 홀로 할 수 있는 노동이나 작업과 달리, 행위는 다른 사람의 존재를 전제로 하는 활동으로서 가장 인간적인 활동이며, 도구를 매개로 하지 않고 인간들 사이에 직접 이루어지는 활동으로서 다른 사람의 존재가 유일한 물질적 수단일 뿐이다. 행위는 노동이나 작업과 같이 직접 결과물을 남기지 않고 인간관계망이란 공공영역을 형성하며 이 영역을 매개로 하여 그 흔적을 남긴다.

"인간은 정치적 동물(*zōoon politikon*)이라는 아리스토텔레스의 정의는 가정의 삶에서 경험하는 자연적 결사와 무관할 뿐만 아니라 대립되기도 한다. 인간은 말을 사용하는 동물(*zōoon logon ekhon*)이라는 그의 두 번째 정의를 첨가시킬 경우에만 정치적 동물의 의미는 완벽하게 이해될 수 있다."(『인간의 조건』, 27쪽)

"말과 행위의 기본조건인 인간의 다원성은 평등과 차이라는 두 가지 특성을 지닌다. 만일 사람들은 평등하지 않았다면 서로를 이해할 수 [……]없었다. 사람들은 구별되지 않았다면 [……]그들은 자신들을 이해시키기 위해 말이나 행위를 할

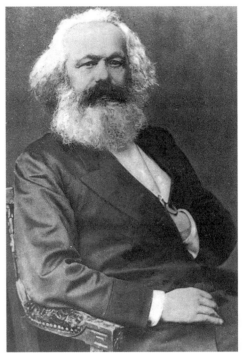

『고타 강령 비판』을 출간한 시기의 카를 마르크스(1875).
아렌트는 마르크스의 노동 개념을 연구하면서 정치사상의 전통이
마르크스에 이르러 종말을 고했다고 주장했다.
그리고 나서 인간의 활동을 노동으로 환원하는 마르크스의 입장을
거부하고『인간의 조건』을 집필했다.

필요가 없었다. [……]가장 일반적인 의미에서 '행위를 하다'
(act)는 '선수를 치다' '시작하다(그리스어 *archein*은 '시작하
다' '선도하다', 그리고 종국에는 '지배하다'를 가리킨다), '어
떤 것을 움직이게 하다'(이것은 라틴어 *agere*의 본래 의미다)를
의미한다."(『인간의 조건』, 175~177쪽)

"행위하고 말하는 과정은 결과물과 최종 생산품을 남길 수
없다. 그러나 이 중간영역은 그 비구체성에도 불구하고 우리가
볼 수 있는 사물세계만큼이나 현실적이다. 우리는 이 실재를
인간관계의 그물망이라고 부른다. [……]행위와 말은 타인의
행위 및 말의 그물망에 둘러싸여 그것과 끊임없이 접촉하면서
이루어진다. [……]현상공간은 말과 행위의 방식으로 사람들
이 함께 사는 곳이면 어디서나 존재한다."(『인간의 조건』, 183,
188, 199쪽)

"행위능력은 예기치 않은 새로운 과정을 시작할 수 있는 능
력인데, 이 과정의 결과가 인간의 영역에 나타날지 또는 자연
의 영역에 나타날지는 불확실하고 예측불가능하다. [……]인
간은 자신이 행한 것으로부터 서로를 해방시켜줌으로써만 자
유로운 주체로 남을 수 있다. 그리고 인간은 자기의 마음을 변
화시켜 다시 시작하겠다는 부단한 의지를 통해서만 새로운 것
을 시작할 수 있는 위대한 힘을 부여받을 수 있다."(『인간의 조

건』, 231 , 240쪽)

인간적 공존을 가능하게 하면서도 내가 누구인지를 드러내는 활동인 행위는 노동이나 제작과 다른 가장 인간적인 활동이다. 공적 행위에 참여하는 사람과 달리, 사적인 활동에 참여하는 인간은 감추어져 있으며 드러나지도 빛나지도 않는다. 진정한 활동은 공동으로 하는 행위다. 행위는 말과 새로운 시작이란 두 가지 의미를 담고 있다. 말은 행위의 한 형식이다. 행위를 한다는 것은 시작한다는 것을, 그리고 시작한다는 것은 자유롭다는 것을 의미한다. 따라서 자유롭다는 것은 평등하다는 것을 전제하고 있다. 아렌트에 따르면, 자유로운 삶에서 가장 중요한 것은 행위에서 말로, 즉 자유로운 행위에서 자유로운 말로 옮겨가는 것이다.

행위 능력은 자유에 기반을 두고 있기 때문에, 행위는 본질적으로 무제한적이다. 행위 영역은 사전에 결코 인지될 수 없으며, 행위에서 나타나는 참신성은 통계법칙에 의한 계산을 거부한다. 그러므로 행위는 규범에 대한 예측 가능한 복종을 의미하는 행태와 구분되며 미리 구상된 계획에 따라 이루어지는 도구적 활동과 구분된다. 행위는 인간다운 삶을 가능하게 하는 활동이지만, 예측 불가능성, 있음직하지 않음, 무제한성 때문에 항상 정치질서를 위태롭게 할 수 있다. 행위의 이러한 내재적 결점은 제8장에서 다루는 바와 같이 또 다른 형태의 행위, 즉 약속과 용서에 의해서 치유될 수 있다.

우리는 정신의 삶 속에서 무엇을 하는가

동일성과 차이의 공존: 사유, 의지, 판단

"사유와 인지는 동일한 것이 아니다. 인지는 실제적으로 고려하여 결정한 것이든 쓸데없는 호기심으로 설정한 것이든 항상 명확한 목표를 갖는다. 반대로 사유는 목적도 자기 외부의 목표도 갖지 않는다. 사유는 심지어 결과를 산출하지도 않는다. 사유의 시작과 끝은 인생의 시작과 끝과 일치한다."

활동적 삶에서 정신의 삶으로

활동적 삶에 대한 관조적 삶의 우위를 인정한 서구 사상의 전통은 플라톤 이래 지속되어왔다. 마르크스는 이론과 실천이라는 전통적 구분을 인정하면서 활동적 삶, 즉 노동·작업·행위의 계서를 전도시켰기에 서구적 전통을 뒤바꾼 철학자에 속한다. 그러나 아렌트는 인간의 모든 활동을 노동으로 환원시키는 마르크스의 입장뿐만 아니라 활동적 삶을 관조적 삶의 관점에서 이해하는 전통을 거부하고 인간다운 삶에서 행위의 중요성을 다시 부각시켰다. 아렌트는 왜 활동적 삶에서 정신의 삶에 대한 연구로 방향을 선회했는가? 그것은 우리의 삶에서 정치적 사유의 중요성을 부각시키려는 의도와 맞물려 있다. 특정한 정치적 사건이 어떠한 의미를 지니고 있는가를 새롭게 이해하려는 노력이 그 기저에 깔려 있다.

"사실, 나는 약간 상이한 두 가지 계기 때문에 정신활동에 관심을 갖게 되었다. 직접적인 계기는 예루살렘의 법정에서 진행된 아이히만 재판을 참관하면서 시작되었다. 나는 '재판'을 취재하여 보도하는 과정에서 '악의 평범성'에 대해 언급했다. [……]우리가 그의 과거 행적뿐만 아니라 검찰 측의 사전심리와 재판 당시 그의 행태를 통해서 발견할 수 있었던 유일한 특징은 전적으로 부정적인 것이었다. 그것은 우매함이 아니라

'사유하지 않음'이었다."(『정신의 삶: 사유』, 3 , 4쪽)

"둘째, 사실적 경험에서 제기되고, 아울러 시대의 지혜에 역
행하는 그러한 도덕적 질문들은 [……] 『인간의 조건』을 마무
리 지은 후에도 계속 나를 괴롭혔다. [……] 나는 정치이론의
가장 오래된 관심사인 행위 문제에 관심을 두었지만 이 문제를
연구하면서 항상 괴로워했다. 왜냐하면 '행위' 문제를 성찰하
기 위해 선택한 '활동적 삶'이라는 바로 그 용어는 관조적 삶의
방식에 헌신하면서 모든 종류의 살아서 활동하고 있는 것들을
관조의 시각에서 고찰했던 사람들에 의해 만들어진 용어이기
때문이다."(『정신의 삶: 사유』, 6쪽)

이렇듯, 정신활동의 의미뿐만 아니라 그 위상을 이해하는 아렌
트의 연구는 1950년대 후반, 특히 아이히만 재판 이후 싹트기 시
작했다. 그러나 이 연구는 1960년대에는 정치행위에 몰두한 나
머지 지체되다가 만년에 이르러서야 비로소 집중적으로 진행되
었다. 더 정확히 표현하면, 아렌트는 에버딘 대학교의 기퍼드 강
의에 초청을 받았을 때 정신의 삶을 집중적으로 연구할 수 있게
되었다. 아렌트는 관조적 삶의 관점에서 활동적 삶을 이해하려는
노력이 다양한 활동들 사이의 차이를 소멸시킨다는 것을 깨달았
다. 그는 이러한 결론에 도달한 이후 사유활동과 활동적 삶의 연
관성을 부각시켰다.

"인간은 자신이 아무것도 하지 않을 때 그 어느 때보다도 활동적이며, 혼자 있을 때 가장 덜 외롭다. 카토가 옳다고 상정할 경우에 다음과 같은 질문들이 드러난다. 단지 사유하는 것 이외에 아무것도 하지 않을 때 우리는 무엇을 '행하고' 있는 것일까? […]우리는 사유하는 존재다. […]인간은 지식의 한계를 넘어서 사유하고, 사유를 인식과 행위의 도구로 사용하기보다 이 능력을 통해 더 많은 것을 행하려는 성향과 필요성을 갖고 있다."(『정신의 삶: 사유』, 7~8 ; 11~12쪽)

활동적 삶에 적극적으로 관여하는 사람들은 자신이 '정신없을' 정도로 바쁘다고 한다. 현상세계에서의 삶은 실제로 이러하다. 정신의 삶도 삶의 한 형태이기 때문에, 정신활동 상태는 분주한 상태다. 이렇듯, 활동적 삶과 정신의 삶은 분명히 인간다운 삶을 구성하는 두 가지 양태다. 차이점은 활동적 삶이 현상세계에 드러나지만 정신의 삶 자체는 드러나지 않는다는 점이다. 정신의 삶은 또한 관조의 삶과 다르다. 후자는 정신활동을 중단한 '평온' 상태이지만, 전자는 '긴장' 상태이기 때문이다. 양자는 드러나지 않는다는 점에서 공통점을 갖고 있어서 동일한 형태의 삶으로 이해되어왔을 뿐이다. 그렇다면 정신의 삶은 어디서 수행되는가?

파리 망명 시절의 아렌트. 아렌트는 트럼프 놀이를 할 때
떨어지는 칩을 보면서도 사유를 하곤 했다. 이를 두고 메리 매카시는
『정신의 삶』 편집자 후기에서 "칩이 떨어질 때"라는 표현을
어떻게 이해해야 하는지 어렵다고 말했다.

현상세계와 어딘지 모르는 곳 사이를 오가다

정신의 삶은 어떤 형태의 삶을 의미하는가? 우리는 이를 이해하기 위해서 정신활동과 현상세계의 관계를 먼저 고찰해야 한다. 우리는 현상세계 속에서 활동적 삶을 영위하다가 정신활동에 참여할 때는 잠시 이 세계를 벗어나게 되기 때문이다. 물론 사유는 언어 또는 언어적 비유를 통해, 의지는 행위를 통해, 판단은 재현을 통해 각기 현상세계와 간접적인 관계를 유지한다.

"우리는 어딘지 모르는 곳에서 출현하여 등장하는 이 세계, 그리고 이곳으로부터 어딘지 모르는 곳으로 사라진다. 이 세계에서 존재(Being)와 현상(Appearance)은 일치한다."(『정신의 삶: 사유』, 19쪽)

인간은 태어나고 죽는다. 인간이면 누구나 이러한 경험을 하게 된다. 어딘지 모르는 곳(no-where)에서 이 세계로 등장한다는 것은 인간의 출생과 연계되고, 이 세계에서 어딘지 모르는 곳으로 사라진다는 것은 죽음과 연계된다. 아렌트는 우리가 살아서 경험할 수 없는 공간을 어딘지 모르는 곳으로 묘사했다. 우리는 정신의 삶에 참여하는 순간 현상세계에서 이탈하여 어딘지 모르는 곳에 머문다. 머무는 공간 역시 감각기관에 노출되지 않기 때문에, 아렌트는 그곳을 어딘지 모르는 곳으로 비유했다. 그렇다면 현상의 일부인 인간은 과연 현상세계로부터 어떻게 이탈하는가? 이때 '이탈'이란 어떤 의미를 지니고 있는가? 이러한 이탈은 역시 활동적 삶의 근거인 현상세계를 폄하한다는 의미를 지니고 있는가?

인간은 현상의 일부이기 때문에, 우리의 감각기관은 현상세계와 항상 연계되어 작동한다. 그러나 우리가 무엇인가에 몰두하거나 정신이 팔렸을 때, 우리의 감각기관은 외부의 자극에 작동하지 않을 수 있다. 이 상태에서 사물은 우리의 눈에 들어오지 않고 자연의 소리는 우리의 귀에 들리지 않는다. 즉 감각기관이 외부의 자극에 반응하지 않을 때, 우리는 마치 현상세계로부터 이탈한 상태에 있는 것과 같다. 그러나 무엇인가에 몰두한 사람에게 자극을 주었을 때, 그는 이에 반응한다. 그 순간 그는 다시 어딘지 모르는 곳에서 현상세계로 돌아온다. 따라서 우리는 평생 현상세계와 어딘지 모르는 곳을 왕래하면서 삶을 영위한다. 제1장에서 언급했듯이, 아렌트는 이 왕래—또는 보들레르의 시어를 사용하여 교감으로 표현—에 정치적 의미를 부여했다.

형이상학의 전통에서 볼 때, 현상과 존재가 일치한다는 주장은 수용하기 어렵다. 존재는 신체의 눈에는 드러나지 않지만 정신의 눈에는 드러나는 것으로 이해되기 때문이다. 현상은 잠정적으로 나타났다가 사라지지만 존재는 항상 '현전하는' 것으로 이해되었다. 아렌트는 이러한 형이상학적 이분법을 해체했다. 그래서 그는 인간세계에서 존재는 곧 현상이라고 전제했다. 그는 존재가 드러나기도 하고 은폐된다는 하이데거의 존재론을 수용하여 현상의 노출과 은폐라는 양면성을 설명하고 있다.

"포르트만은 이러한 반전에 의거해 저절로 나타나는 '노출된' 현상과 식물의 뿌리나 동물의 내부기관과 같이 '은폐된 현상'―'노출된 현상'에 개입하거나 침해했을 때 비로소 가시화될 수 있는 현상―을 구분한다."(『정신의 삶: 사유』, 28쪽)

"노출된 현상과 은폐된 현상에 대한 포르트만의 구분을 따를 때, […]은폐된 가상은 스스로 소멸되거나 면밀하게 검토함으로써 제거될 수 있을 것이다. 이와 반대로, 노출된 가상은 아침에 떴다가 저녁에너지는 태양과 같아서 아무리 많은 과학적 정보량에도 불구하고 무너지지 않을 것이다."(『정신의 삶: 사유』, 38쪽)

이러한 논리에 따르면, 현상공간인 공공영역도 같은 맥락에서 이해될 수 있다. 제1장에서 언급했듯이, 공공영역은 다른 사람이 관찰하고 들을 수 있는 빛의 영역이지만 사람들이 모일 때 나타났다가 사람들이 흩어지면 가상의 상태로 바뀐다. 따라서 정치적 실재로서 공공영역은 항상 사람들이 공동의 문제를 논의하고 심의하고자 모일 때만 존재한다. 아렌트는 이에 머물지 않고 감각기관에 드러나지 않는 공공영역의 예로서 정신영역을 들고 있다. 왜 그런지는 이 글의 후반부에서 언급하기로 한다. 이제 활동의 차원에서 정신의 삶과 공간적 차원에서 정신영역이 각기 어떠한 특성을 지니고 있는가를 고찰한다.

나와 나 자신 사이의 소리 없는 대화

사유가 무엇인가를 정의하기에 앞서 이와 동일한 것으로 규정되는 인간의 능력을 검토할 필요가 있다. 사유는 인지나 추론과 다른 정신활동이기 때문이다. 아렌트는 이러한 능력을 활동적 삶과 연계시켜 언급하고 있다.

"사유와 인지는 동일한 것이 아니다. [……]인지는 실제적으로 고려하여 결정한 것이든 쓸데없는 호기심으로 설정한 것이든 항상 명확한 목표를 갖는다. 그러나 이 목표가 달성되면 인지 과정은 끝이 난다. 반대로 사유는 목적도 자기 외부의 목표도 갖지 않는다. 사유는 심지어 결과를 산출하지도 않는다. [……]사유의 시작과 끝은 인생의 시작과 끝과 일치한다."(『인간의 조건』, 170쪽)

"우리는 사유와 인지를 논리적 추론과 구별해야 한다. 논리적 추론은 공리적이거나 자명한 진술로부터의 연역이나 개별사건을 일반 규칙 아래 포섭하는 작용에서 명백히 드러나며 일관적인 결론의 연쇄를 이끌어내는 기술에서도 분명히 볼 수 있다. 우리는 실제로 이러한 인간의 능력에서 인간 동물이 자연과의 신진대사에서 발전시킨 노동력과 여러 측면에서 매우 유사한 일종의 두뇌력과 마주하게 된다."(『인간의 조건』, 171쪽)

인지는 대상과 목적을 가지고 있지만, 사유는 대상이 없으며 자아준거적이다. 마찬가지로 아렌트는 인지의 결과인 진리가 사유의 결과인 의미 또는 의미 있는 이야기와 매우 다른 것이라고 생각했다. 인지는 시작과 끝이 있지만 사유는 우리가 살아 있는 동안 끊임없이 진행된다. 단, 사유의 중단은 '살아 있는 죽음'의 상태와 비슷하다. 아렌트는 이러한 특성을 들어서 인지 활동과 작업을 연계시켰다. 추론은 두뇌력(지능지수)에 기반을 두고 있으며 필연성을 전제하고, 노동은 신체력에 기반을 두고 있으며 생물학적 필요로부터 벗어날 수 없다. 이러한 점에서 추론능력과 노동력은 비슷한 속성을 지닌다.

"사유능력은 중요한 것이 무엇인지를 질문하거나 그것이 전적으로 존재하는지—그 존재는 항상 당연한 것으로 간주된다—를 질문하지 않고, 그것의 존재가 무슨 의미를 갖는지에 대해 질문한다. 내가 보기에 진리와 의미의 구별은 인간적 사유의 본질에 대한 탐구에 결정적일 뿐만 아니라, 이성과 지성을 구별하는 칸트의 중요한 시도에 나타나는 필연적 결과이기도 하다."(『정신의 삶: 사유』, 57~58쪽)

사유는 진리 추구와 연관된 추론이나 인지와 달리 의미를 추구하는 데 관심을 갖는다. 의미 추구는 일원성을 전제하지 않고 다원성을 전제한다는 점에서 정치적 의미를 지니고 있다. 이제 소크라테스와 플라톤이 사유를 어떻게 정의했으며 그 특징을 어떻게 규정하고 있는가를 살펴본다.

"어느 것도 그 자체가 될 수 없으며 동시에 그 자체를 위한 것이 될 수 없는 하나 속의 둘(two-in-one)인 것이다. 소크라테스는 이것이 사유의 본질이라고 발견했으며, 플라톤은 이를 개념어인 '나와 나 자신 사이의 소리 없는 대화(eme emautō)로 변형시켰다. 그러나 사유활동은 또한 단일체를 구성하며, 하나 속의 둘을 통합한다. 반대로 하나 속의 둘은 외부세계가 사유하는 사람에게 개입하고 사유과정을 중단시킬 때 다시 하나가 된다. 따라서 그가 호명함으로써 항상 하나의 형태로 존재하며 현상세계로 복귀할 때, 그것은 마치 사유과정 자체가 그를 분리시켰던 두 상대자가 동시에 다시 결합되는 것 같다. 실존적으로 표현하자면, 사유는 고독하지만 고립되지 않은 일이다." (『정신의 삶: 사유』, 185쪽)

우정을 유지하는 친구들은 자유롭게 말을 나눌 수 있으며, 우정이 돈독할수록 대화는 더 활발하고 진지하게 이루어질 수 있다. 현상세계에서의 대화가 이러하듯이, 내가 나 자신과 우정을

스위스 남부에 있는 생-모리츠에서 야스퍼스 부부와 함께 찍은 사진(1952).
아렌트는 제2차 세계대전 후 두 번째로 유럽을 방문하면서
당시 스위스 바젤 대학교 교수로 있던 야스퍼스를 만났다.

유지할 경우 사유는 활발하게 진행될 수 있다. 그러므로 사유는 언어행위의 일종이다. 차이점은 행위가 소리 나는 말로 진행되지만, 사유는 소리 없는 말로 이루어진다는 점이다. 현상세계에서 진지한 대화를 나누는 두 사람은 주변 환경에 관심을 쓸 겨를이 없듯이, 나와 나 자신 사이의 대화에 참여하는 상태는 어떠한 것에 '정신 팔린' 상태, 즉 현상세계로부터 이탈한(물러난) 상태다. 사유는 '적막'이 아니라 '분주한' 상태다. 이렇듯 사유하는 사람은 현상세계에서 만나는 동료와 잠시 결별하고 내면의 다른 동료인 나 자신과 대화를 하고자 혼자 있기에 고독한 상태에 있다.

"게다가 내가 혼자서 고독의 대화에 참여하는 동안 인간의 세계, 가장 일반적인 의미로 인류의 다원성으로부터 완전히 분리되지 않는다. 이 인간성, 오히려 이 다원성은 나는 하나 속의 둘이라는 사실에 이미 암시되어 있다. [……]인간이 생각하면서 동시에 행위를 하는 존재, 말하자면 사유가 자신의 행위를 확실하고 분명하게 수반하는 존재라는 깨달음은 인간과 시민을 향상시키는 것이다. 이러한 가정 밑에 깔려 있는 것은 행위가 아닌 사유다. 하나 속의 둘의 대화는 오직 사유에서만 실현되기 때문이다."(『정치의 약속』, 22쪽)

아렌트는 인간적 다원성의 근거를 바로 하나 속의 둘이라는 사유에서 찾고 있다. 이 인용문은 사유와 행위가 근본적으로 분리된 활동이면서 서로 연계되어 있다는 점을 잘 보여주고 있다. 현상세계에서 언어행위 자체가 흔적을 남기지 않듯이, 사유 자체는 자신의 모습을 드러내지 않을 뿐만 아니라 흔적을 남기지 않는다. 따라서 사유 자체는 '무용한' 활동이다. 외부의 자극으로 사유가 중단되었을 때, 사유하는 동안 머릿속에 존재했던 것은 모두 물거품처럼 사라지기 때문이다. 아렌트는 몇 가지 신화를 예로 들어 그 특징을 명백히 설명한다.

"오르페우스는 사별한 아내를 되살리기 위해 지옥으로 내려갔다. 하데스는 아내가 자기를 따라갈 때 절대 뒤돌아보지 말 것을 조건으로 아내를 데리고 가도록 허락했다. 그러나 그들이 생명의 세계에 도달했을 때, 오르페우스는 뒤돌아보았고 아내 에우리디케는 이내 사라졌다. [······]사유하는 일은 페넬로페(오디세우스의 아내)의 뜨개질과 같다. 즉 그녀는 전날 밤 뜨개질한 것을 매일 아침 다시 풀어버린다. [······]내가 어제 행했던 사유는 다시 되살리고자 하거나 할 수 있는 범위에서만, 어제의 사유는 오늘 다시 제기되는 필요성을 충족시킬 수 있다." (『정신의 삶: 사유』, 86, 88쪽)

사유 자체는 결과를 남기지 않지만, 정신활동과 현상세계를 매개하는 것은 바로 언어다. 사유는 말하기 또는 이야기하기 등의 활동적 삶을 통해서 자신을 비로소 현상세계에 드러내며 현상세계의 일부로 바뀌게 된다.

"현상세계에 살고 있는 존재들은 자신을 드러내려는 충동을 가지고 있듯이, 심지어 현상세계로부터 정신적으로 이탈한 이후에도 여전히 현상세계에 속해 있는 사유하는 존재 역시 말하려는 충동을 가지고 있다. 따라서 정신활동은 이렇게 하지 않고는 달리 현상세계의 일부가 되지 못한다."(『정신의 삶: 사유』, 98쪽)

정의지, 반대의지의 분열과 조화

정신활동의 일부인 의지에 대한 이해는 고대 그리스 정치철학의 연구로는 해결될 수 없는 문제다. 자율적인 능력으로서 의지는 기본적으로 중세 신학자들에 의해 밝혀졌다. 아렌트는 정신활동의 모델인 사유와 달리 의지에 대한 연구가 역사적 이해를 필요로 한다고 주장했다. 따라서 아렌트는 『정신의 삶: 의지』를 세 부분으로 구성했다. 그는 의지의 정체성을 부각시키고자 의지의 개념에 대한 근대의 긍정적, 부정적 견해를 먼저 제시하고, 다시 중세시대로 돌아가 의지의 개념이 확립된 과정을 추적했으며, 마지막으로 니체와 하이데거의 입장을 밝히고 있다.

의지활동은 사유활동과 마찬가지로 현상세계에서 진행되지만 현상세계로부터 이탈함으로써 자유롭게 진행된다. 의지는 현상세계로부터 자율성을 지닌다. 정신을 미래로 돌릴 때, 그것은 현상세계와 무관할 수 있다. 의지는 현상세계의 자극에 따라 작동하는 욕망과 다를 수 있다. 사유 능력과 별도로 또 다른 능력이 인간의 정신에 깃들어 있다. 아우구스티누스는 그것이 무엇인가를 고민하면서 그것을 '내면적 인간'으로 표현했다.

"의지가 지니고 있는 문제는 이러하다. 즉 의지는 감각에 부재하고 정신의 재현 능력을 통해 드러날 필요가 있는 것뿐만 아니라 결코 전혀 존재하지 않는 가시적이거나 비가시적인 것들을 취급한다. 우리는 미래로 정신을 돌리는 순간 더 이상 '대상'(objects)에 관여하지 않고 '기투'(projects)에 관여한다. 따라서 그것들이 자발적으로 또는 미래 상황에 대한 기대된 반응으로서 형성되었는지는 결정적이지 않다."(『정신의 삶: 의지』, 13~14쪽)

물론 의지는 사유와 달리 특수성을 지향하며, 현상세계와 밀접한 관계를 유지하고 있다. 따라서 현상세계와 의지 사이의 공간적 거리는 사유의 경우보다 좁다고 할 수 있다.

"인간의 감각기관과 외부세계를 연결시키고 인간의 상이한 정신 능력을 결합시키는 통합력으로서 이 의지는 우리가 지금까지 의지에 대해 지니고 있는 다양한 기술에 전적으로 존재하지 않는 두 가지 특징을 가지고 있다. 이 의지는 실제로 행위의 근원으로 이해될 수 있었다."(『정신의 삶: 의지』, 101쪽)

의지는 정신활동에 머물지 않고 행위를 촉진시킨다. 아렌트에 따르면, 자유의 표현인 의지는 고대 그리스 철학자들에게 사유의 대상이 되지 못했다. 정치적 자유를 누리던 이들은 철학적 자유의 본질적 특성에 관심을 갖지 않았다. 그러나 이들이 활동할 수 있는 정치적 공간이 약화된 이후, 내면적 자유에 대한 관심은 궁극적으로 의지의 정체성을 확인하는 계기를 제공했다. 의지를 개별적·자발적인 정신능력으로 인정하지 않으려는 입장은 기독교 철학에 의해서 수정되었다.

'의지'(The Will)[1]는 본질적으로 대립적인 두 상대자, 즉 의지하기(velle)와 '반대의 의지하기'(nolle)로 구성되어 있다.

"여기서 선택의 자유(*liberum arbitrium*)에 아주 결정적인 선택 능력은 목적에 대한 수단의 신중한 선택에 적용되지 않고 아우구스티누스에게 절대적으로 정의지(*velle*)와 반대의지(*nolle*)에 적용된다. 이 의지는 의지하지 않을 의지와 무관하며, 그것은 의지의 부재를 암시하기에 나는 '의지하지 않는다'로 번역될 수 없다. 반대의지는 정의지 못지않게 적극적으로 이행적이다. 나는 욕구하지 않는 것을 의지한다면, 나는 나의 욕구를 반대로 의지한다."(『정신의 삶: 의지』, 89쪽)

．

모든 사물은 내면적으로 상반된 속성을 동시에 지닐 수 있다. 조화/갈등, 운동(작용/반작용), 관심(사랑/증오)과 같이 상반된 요소를 특징으로 하는 사물이나 상황의 속성을 고려할 경우에, 의지의 대립적 속성은 이해될 수 있다. 대립적 상태에 있는 각자는 이들의 한 속성을 이루고 있다. 이렇듯 정의지와 반대의지는 의지의 두 구성요소다. 사랑을 예로 든다면, 사랑하는 사람과 사랑받는 사람은 다른 주체이면서 사랑 자체를 매개로 연결되는 것과 같다. 의지하기의 대응적 활동은 단순히 의지의 부재(不在)가 아니라 다른 의지다. 각각의 의지는 전체가 아닌 부분적인 특성을 지니고 있다. 이러한 이중성이 의지의 자유와 우연성을 특징 짓는다.

> "분열은 의지 자체 안에서 발생한다. 갈등은 정신과 의지의 분열에서 나타나는 것도 아니고 육체와 정신의 분열에서 나타나는 것도 아니다. [……]문제는 의지하는 동일한 자아가 동시에 정방향과 반대방향으로 의지한다는 것이다. 정방향으로 의지하는 나와 반대방향으로 의지하는 나는 나 자신이다. 나는 전적으로 총체적이지 않고 완전히 반대로 의지하지도 않는다."(『정신의 삶: 의지』, 94쪽)

의지는 단순히 양자 가운데 하나를 선택하는 자유가 아니라 다수 가운데 선택과 관련된 자유를 함의하고 있다. 두 당사자는 항

산드로 보티첼리, 「서재에 있는 성 아우구스티누스」, 1495년경.
아우구스티누스는 아렌트의 저작에서 중요한 위치를 차지한다.
그는 박사학위 논문에서 아우구스티누스의
사랑 개념을 분석했으며, 『정신의 삶: 의지』에서
아우구스티누스를 제1의 의지 철학자로 규정했다.

상 대립적인 상황에 놓일 수 있다. 의지는 이러한 내면적 갈등으로 인해 예외성의 근원이며 정치를 예측 불가능하게 만드는 요인이기도 하다. 이렇듯, 두 당사자는 항상 자립적이며, 상대방으로부터 방해를 받지 않는다. 즉 양자는 각기 어느 하나에 예속되어 있지 않고 자율성을 지니고 있다. 그러나 의지와 반대의지 사이의 갈등은 사랑을 통해 해소된다. 의지는 이 상태에서 비로소 외부로 확장될 수 있는 계기를 갖게 된다.

> "던스 스코투스(Duns Scotus)와 아우구스티누스의 경우 의지의 내적 갈등의 해결책은 의지 자체의 변형, 즉 사랑으로의 변형을 통해서 나타난다. 의지—기능적 작동의 측면에서 짝짓고 결합시키는 행위자로서 나타나는—는 사랑(Love)으로 정의될 수 있다. 사랑은 분명히 가장 성공적인 짝짓기 행위자이기 때문이다. 사랑 속에는 다시 세 가지가 있다. 사랑하는 사람, 사랑받는 사람, 그리고 사랑 [……]사랑은 두 사람을 하나로 짝짓는 어떠한 삶이다."(정신의 삶: 의지』, 102쪽)

사랑으로 변형된 의지는 "영혼의 중심"이며, 자신의 인격을 형성하도록 허용한다. 이러한 인격은 미래의 상이한 기획을 결정하는 능력을 증진시킬 수 있다. 따라서 아렌트는 사람들이 정의를 사랑함으로써 정의로운 사람이 될 수 있다는 점을 강조하고 있다. 이와 같이, 양자 사이의 대립으로 분열된 의지는 사랑을 통해서 자신의 정체성을 유지할 수 있으며, 다른 정신활동과 공조할 수 있게 된다. 갈등의 중단은 마치 베르그송의 표현대로 쿠데타와 같으며, 보상의 대가는 자유다. 그러나 아렌트는 의지의 특성으로 인해 난관에 직면할 수 있다는 점을 고려하고, 그 해결책으로서 판단의 중요성을 부각시키고자 했다.

판단은 상상 속의 타자와 대화하기

'정신의 삶' 3부작 가운데 『사유』와 『의지』는 치밀하면서도 동일한 저술 형태를 취하고 있지만, 집필 예정이었던 마지막 저서의 기본 내용을 담고 있는 『칸트 정치철학 강의』는 치밀하게 구성되지 않아서 완결된 상태로 끝내지 못했다. 그러나 이 저서들에서 아렌트는 판단능력의 자유, 다른 활동에 적대적이지 않은 입장을 유지하고 있다. 특히, 판단을 강요해서는 안 된다는 아렌트의 입장은 기본적으로 판단활동이 현상세계로부터 일정한 거리를 유지하고 있다는 점을 제시하고 있다. 사건의 종결 이후에 비로소 형성되는 판단은 다른 정신활동들과 마찬가지로 현상세계로부터의 물러남(이탈)과 거리감을 필요로 한다.

"판단의 물러남은 철학자의 이탈과 분명히 아주 다르다. 판단은 현상세계를 떠나지 않고 전체를 관조하기 위해 현상세계에 적극적 관여로부터 특권적 위치로 물러선다. 게다가 아주 중요한 것은 피타고라스의 구경꾼들은 관람하는 구성원이지 철학자와 다르다는 점이다. 철학자는 자기 동료집단을 남겨둔 채 떠날 뿐만 아니라, 오히려 감각경험을 표현하는 그들의 불확실한 견해, 속견을 포기함으로써 관조적 삶을 시작한다." (『정신의 삶: 사유』, 94쪽)

그렇다면 특정한 위치에서 이루어지는 판단은 어떠한 정신활동인가? 판단은 내 눈앞에 있는 사람들과 직접 대화를 나누는 것이 아니라 상상 속에 존재하는 다른 사람들과 소리 없이 나누는 대화다. 사유가 나와 자아 사이의 소리 없는 대화라면, 판단은 나이외의 다른 사람들과 소리 없이 나누는 대화이므로 정신활동 가운데 가장 정치적이다. 대화는 둘 이상의 행위자를 전제한다는 점에서 행위의 조건인 다원성을 필요로 하기 때문이다. 아렌트는 1970년에 있었던 일련의 뉴스쿨 강의에서 다음과 같이 칸트의 주장을 인용하고 있다.

"[정신은 기동력을 유지하기 위해 상당한 정도의 느긋함과 융통성을 필요로 한다.] 정신은 이럴 때 대상을 모든 각도에서 새롭게 볼 수 있으며, 그래서 자신의 견해를 미시적인 견지에서 일반적인 견지로 확장시킬 수 있다. 정신은 상상 가능한 모든 관점들을 차례로 채택하고, 동시에 다른 모든 사람의 관찰을 통해 각각의 관찰을 검증한다."(『칸트 정치철학 강의』, 43쪽)

"사람은 다른 사람의 관점에서 생각할 수 있을 때에만 소통할 수 있다. 그렇지 않다면 결코 다른 사람과 의견일치를 볼 수 없고, 또 다른 사람을 이해한다는 식으로 말할 수도 없을 것이다. 사람은 자신의 감정, 자신의 유쾌함과 사심 없는 즐거움에 대하여 소통하면서 자신이 선택한 것에 대하여 말하고, 또 자신과 함께 지낼 수 있다."(『칸트 정치철학 강의』, 74쪽)

아렌트는 이 인용문을 통해 판단의 기본 요소들을 압축적으로 소개하고 있다. 우리는 정치영역에서 다른 사람들의 의견을 이해하기 위해 서로 대화를 나누어야 하듯이, 상상 속에 존재하는 다른 사람의 입장을 이해하기 위해 의견을 서로 교환할 필요가 있다. 아렌트는 다른 사람의 입장에 서기 위해서는 상상력이 필요하다고 주장한다. 여기서 상상력은 과거의 경험을 내 정신에 재현하는 능력, 부재하는 대상을 직관에 의해 재현하는 기능이다. 아울러 아렌트는 판단에는 정신의 확장(enlargement of mind)이 필요하다는 점을 강조하고 있다. 우리는 이를 열린 마음 또는 정신으로 표현할 수 있다. 확장된 사유는 주관적이고 사적인 요소를 제거하는 데 이바지함으로써 불편부당성을 증진시키는 데 기여한다. 칸트는 관찰에서도 정신의 느긋함과 융통성을 강조했는데, 아렌트는 이를 통해 관찰자의 사심 없는 관심의 필요성을 제기했다.

아렌트는 1971년에 쓴 「사유와 도덕적 고찰」에서 판단을 활동적 삶의 관점에서 고찰하고 있으며 여기서 대리적 사유의 중요성을 강조했다. 이 책 제1장에서 정치적 사유, 즉 대리적 사유라고 언급했지만, 정신의 삶이란 관점에서 반성적(성찰적) 판단에 대한 내용을 더 소개하기로 한다. 아렌트는 만년에 한 공간에 있는 대화 상대자의 현실적 판단을 저울질하는 것이 아니라 현존하지 않는 사람들을 상상 속에 현전하게 하는 반성적 판단에 좀더 관심을 가졌다.

판단은 두 가지 정신작용으로 이루어진다. 첫째는 상상력의 작용이고, 둘째는 무엇을 판단하는 실제적 활동인 반성작용이다. 이러한 작용은 모든 판단에 가장 중요한 사심 없는 즐거움, 즉 불편부당성이란 조건을 형성한다. 우리는 상상력을 통한 재현작용 덕택에 반성할 수 있는 기회를 갖게 된다.

"재현작용 가운데 사람에게 감동을 주고 영향을 주는 것만이 [……]옳거나 그르다고, 중요하거나 사소하다고, 아름답거나 추하다고, 또는 양쪽의 중간에 있다고 판단될 수 있다. 따라서 우리는 더 이상 취미가 아니라 판단에 대해 말한다. 비록 판단이 취미 문제처럼 여전히 영향을 주지만, 우리는 이제 재현을 통해 적절한 거리, 거리성이나 비관여 또는 사심 없음을 확립했기 때문이다. 이러한 거리감은 승인하거나 인정하지 않는 요건이며, 무엇인가를 적절한 가치로 평가할 요건이기 때문이다. 우리는 대상을 제거함으로써 불편부당성을 실현할 조건들

을 확립했다."(『칸트 정치철학 강의』, 67쪽)

상상력을 작동시킴으로써 부재하는 것을 내적 감각에 현재화시킬 때, 내적 감각은 나를 즐겁게 하는지 또는 불쾌하게 하는지를 말해준다. 사람들은 즐겁게 하는 것을 수용하지만 그렇지 않은 것은 거부한다. 이것을 선택하는 기준은 소통 가능성, 즉 공공성이며, 이것의 결정기준은 공통감(각)이다.

"우리는 공통감(*sensus communis*) 아래 모두에게 공통된 감각, 즉 판단능력이란 관념을 포함시켜야 한다. 이 관념은 성찰 과정에서 사실상 판단을 인류의 집단적 이성과 비교하기 위해 사유 속에서 모든 다른 사람들의 재현 양태를 설명한다.[……] 만일 우리가 보편적 규칙으로 기여할 수 있는 판단을 추구한다면, 매력이나 감정으로부터 추상하는 것만큼 자연적인 것은 없다."(『칸트 정치철학 강의』, 71쪽)

"칸트에 따르면, 상식(common sense)은 사적 감각(*sensus privatus*)과 구별되는 공동체 감각(community sense), 공통감이다. 이 공통감은 판단이 모든 사람들 속에서 호소하는 것이며, 이 가능한 호소는 판단에 자신의 특별한 타당성을 제공한다."(『칸트 정치철학 강의』, 72쪽)

오감은 신체에 감각기관을 가지고 있지만, 내적 감각인 육감은 이 오감을 종합하며 내가 나를 느끼는 감각으로서 감각기관을 갖고 있지 않다. 우리는 다른 사람의 관점에서 판단할 때 자신의 공동체 감각, 공통감에 이끌려 공동체의 일원으로서 판단을 내린다. 따라서 우리는 판단에 도달하기 위해 이념을 고려해야 한다. 아렌트는 여기서 인간성이라는 이념과 다른 하나로서 예증적 타당성을 제시하고 있다. 인간에 대한 신뢰는 자유로운 판단의 전제조건이다. 여기에서는 예증적 타당성이 강조되고 있다.

"사람은 자신이 가장 훌륭하다고 여기는 테이블을 만나거나 생각하면서 이 테이블은 어떻게 생겨야 한다는 예, 즉 예증적 탁자('예'[example]라는 말은 '어떤 개별자를 선발한다'는 의미의 'eximere'에서 나온 말임)로서 간주할 수 있게 된다. 이 예는 바로 그 개별성 속에서 달리 정의내릴 수 없는 일반성을 드러내는 개별자다."(『칸트 정치철학 강의』, 77쪽)

개별자를 일반 규칙에 종속시키는 결정적 판단과 달리, 반성적 판단은 개별자로부터 규칙을 도출한다. 어떤 사물을 탁자라고 말할 수 있는 능력이 없다면, 우리는 소통할 수 없다. 칸트의 '도식'이라는 직관이 판단에서는 '예'라고 불린다. 예는 개념이나 일반 규칙을 자신 안에 포함하고 있거나 포함해야 하는 개별자다. 반성적 판단에서 예는 우리에게 탁자를 탁자로 알아차리도록 도와

준다. 그러므로 판단은 예증적 타당성을 필요로 한다.

동일성과 차이: 하나 속의 셋

개인의 외적 체험이 현상세계의 일부인 개인의 역사를 구성하듯이, 정신의 삶도 삶이기에 그 역사를 지니고 있다. 비가시적인 정신의 삶의 역사는 주로 철학자들의 언어적 표현과 은유에 의해 기록되었다. 사유는 소크라테스에 의해서, 의지는 아우구스티누스에 의해서, 판단은 칸트에 의해서 각기 집중적으로 조명되었다. 이 활동들은 기본적으로 자율적이며 자체에 내재되어 있는 법칙에 따른다.

> "사유와 의지와 판단은 세 가지 기본적인 정신활동이다. 이들은 서로에게서 파생되는 것이 아니며, 비록 이들은 어떤 공통의 특징을 갖고 있지만 어떤 공통분모로 환원되지 않는다." (『정신의 삶: 사유』, 69쪽)

아렌트는 정신활동들을 하나 속의 셋이라는 은유로 특징화하고 이들의 자율성과 상호 관계를 자세하게 밝히고 있다. 정신의 삶은 동일성과 차이의 원리가 함께 공존하는 삶의 원형이다. 우선 세 가지 정신활동의 특성을 몇 가지 측면에서 대비하고자 한다. 아렌트는 정신의 삶 자체가 자유의 삶이라는 것을 밝히고 있

Chère Hannah,

j'espère que ces lignes Vous trouveront à Montbeliard. Elles sont destinées à Vous dire que je Vous remercie ~~pour~~ de Votre carte du 5, et que je Vous félicite d'avoir mis la main Sur Monsieur. Aussi je Vous prie d'assurer de mes meilleurs amitiés. (Ça, c'est le style de Rika qui est en train de former le mien!)

Son tenu avec gloire, durant plusieurs années, dans l'obscurité d'une Vie errante et ~~cho~~ cachée." (La Rochefoucauld en parlant de Rika.) Je Vous cite cela avec le sourd espoir d'à briter Monsieur.

Votre Vieux

Benjamin

8 juillet 1940
Lourdes (Hautes-Pyrénées)
8 rue Notre Dame

베냐민이 아렌트에게 보낸 서신(1940년 7월 8일).
당시 아렌트는 친구인 클렌보르트의 도움을 받아 프랑스 남부의
몽토방(Montauban)에 있었고, 베냐민은 루르드(Lourdes)에 머물고 있었다.
두 사람은 마르세유에서 만나 함께 망명을 준비했다.

다. 현상세계로부터의 자율성, 정신의 삶에서 '행위자들'의 자율성은 자유가 정신뿐만 아니라 정치의 조건임을 보여주고 있다.

첫째, 세 가지 정신활동은 시간 개념과 관련하여 각기 상이한 시제와 연관된다. 사유는 과거와 미래 사이의 틈새인 '현재'에서 진행된다. 사유는 과거의 경험과 정치적 사건을 지속적인 '현재'로 끌어들이지만, 의지는 자신을 미래로 확장시킨다. 따라서 사유는 순환적 시간 개념에, 의지는 직선적 시간 개념에 기초를 두고 있다. 반면에 (반성적) 판단은 사건이 종결된 이후 진행되기 때문에 과거와 밀접하게 연계되어 있다. 물론 세 가지 정신활동은 각기 심리적인 상태에 영향을 미치는 한 적대적인 입장에 놓이게 된다.

> "우리는 사유할 때, 과거와 미래 사이의 틈새(현재)에서 사유하는 우리가 머무는 장소를 발견한다. 즉 우리는 과거와 미래의 의미를 발견하고, 세계 속에서 다양하고 끝이 없는 인간 실존 문제에 대한 중재자, 판단자, '심판'으로서의 위치를 유지하기 위해 과거와 미래로부터 충분한 거리를 유지할 때, 아울러 수많은 인간적 실존문제의 수수께끼에 대한 최종적인 해결에 도달하지 못하더라도 그것들이 어떤지에 대한 질문에 항상 새롭게 제기할 준비상태를 유지할 때, 사유하는 우리가 머무는 장소를 발견한다."(『정신의 삶: 사유』, 209~210쪽)

"니체가 관찰한 바와 같이, '영원회귀'는 실제로 생성 세계가 존재의 세계에 가장 근접할 만한 것이다. 따라서 그리스인이 원리상 불확정적인 미래의 정신기관이며, 참신성의 가능한 선구자인 의지라는 개념을 갖고 있지 않다는 것은 놀랍지 않다." (『정신의 삶: 의지』, 18쪽)

"역사란 다른 많은 정치용어와 철학용어처럼 그리스어에서 기원한 것으로, '일의 연유를 알기 위해 조사하다'라는 뜻의 *historein*에서 [……]나왔다. 여기서 명사형 *histōr*(말하자면 역사가)'가 나오는데, 이 호메로스의 역사가는 심판관이다. 만일 판단이 과거를 다루는 우리의 기능이라면 역사가는 과거와 관계하면서 판단하는 탐구자다."(『칸트 정치철학 강의』, 5쪽)

둘째, 일반성(보편성)과 특수성의 관점에서 정신활동들이 어떤 것을 지향하는지에 대해 살펴보기로 한다. 세 가지 정신활동은 현상세계로부터 이탈한 상태에서 작동되지만 지향하는 것은 각기 다르다. 사유는 일반성을, 의지는 특수성을 지향하며, 판단은 일반성과 특수성을 결합시키는 기능을 한다.

"신중한 이탈이란 세계로부터의 이탈이 아니라—사유만이 일반화하려는 성향, 즉 특수성과 대비되는 일반성에 대한 특별한 관심 때문에 세계로부터 완전히 이탈하려는 경향을 띤

다—감각에 노출된 세계로부터의 이탈이다."(『정신의 삶: 사유』, 75쪽)

"우리의 맥락에서 의지가 가진 기본적인 난점은 의지가 감각에 부재하지만 정신의 재현능력을 통해 현재화될 필요가 있는 것들뿐만 아니라 결코 전혀 존재하지 않은 비가시적인 것과 가시적인 것을 다루고 있다는 점이다."(『정신의 삶: 사유』, 13쪽)

"판단에서 주된 난점은 그것의 개별자를 사유하는 기능이라는 점이다. 그런데 사유한다는 것은 일반화하는 것을 의미하므로, 판단은 개별자와 일반자를 신비하게 결합시키는 기능이다. 만일 일반자가—규칙이나 원칙, 법으로—주어져서 판단이 단지 일반자 속에 개별자를 귀속시키는 것이라면, 이는 상대적으로 쉬운 일이 된다. 만일 개별자만이 주어져 있고 그것을 위한 일반자를 발견해야 한다면 어려움은 커진다."(『칸트 정치철학 강의』, 76쪽)

두 가지 측면에서 사유, 의지, 판단은 각기 고유한 원칙에 따라 작동되며 심리적 상태에서는 적대적인 관계를 유지한다고 볼 수 있다. 그러나 이들은 독립적이면서도 공존할 수 있는 공통요소를 지니고 있다. 이제부터는 그 특성들을 살펴보기로 한다.

첫째, 세 가지 정신활동을 촉진시키는 원동력이 우정, 사랑, 그리고 관심과 배려라는 측면에서 정신영역은 동일성을 유지할 수 있다. 나와 나 자신 사이의 소리 없는 대화인 사유는 우정으로 실현되며, 정의지와 반대의지 사이의 갈등은 사랑으로 해소된다. 판단은 다른 사람들의 의견을 그들의 관점에서 반성한다는 점에서 타자 또는 공동세계에 대한 관심과 배려를 특징으로 한다. 우정, 관심, 배려는 정치적 함의를 지닌 것이고, 사랑은 사적 의미를 지니고 있는 것으로 규정되기도 하지만, 이들은 모두 '사랑'과 공통점을 지니고 있다.

"당신은 자신뿐만 아니라 그[친구]와 사유의 대화를 수행할 수 있다. 소크라테스는 자기를 역시 일종의 친구라고 말하려고 했다. 이는 여전히 그의 전통에 속한다. [······]나는 우선 나 자신과 대화하기 전에 공통의 대화 주제로 삼으려 했던 모든 것을 검토하면서 다른 사람과 대화하며, 다음으로 나 자신뿐만 아니라 다른 사람과도 대화할 수 있다는 것을 발견한다. 그러나 공통 특징은 사유의 대화가 친구 사이에만 수행될 수 있다는 것이며, 그 기본적 규범인 최상의 법은 사실상 '당신 자신과 모순되지 말라'로 표현된다."(『정신의 삶: 사유』, 189쪽)

"정치에서는 세상에 대한 배려가 자신의 자아에 대한 배려보다 선행한다. 이 자아가 몸이건 영혼이건 간에 말이다. 마키아벨리가 '나는 내 영혼보다 내 고향을 더 사랑한다'고 한 말은 내가 세상과 그 세상의 미래를 내 생명과 내 자신보다 더 사랑한다는 말의 한 변형일 뿐이다."(『칸트 정치철학 강의』, 50쪽)

우리는 행위를 통해서 자신의 정체성을 드러낼 수 있다. 정신 활동은 이와 연관된다. 사유는 자아를 형성하며, 의지는 성격을 형성하는 원동력이다. 그리고 판단은 한 개인의 인간성을 형성하는 중요한 정신 능력이다.

"사유가 관찰자의 역할을 위한 자기를 대비하듯이, 의지는 그것을 모든 특수한 의지 행위를 인도하는 '견디는 나'로 만든다. 의지는 자기의 품성을 형성하며, 따라서 개별화의 원리로서 이해될 수 있는 무엇이다."(『정신의 삶: 의지』, 195쪽)

"야스퍼스는 사려 깊게 말하고 들음으로써 영원히 새롭게 조명되는 이 공간 속에서 편안했습니다. [……]그의 마음속 깊이 내재된 목적은 인간이 지닌 후마니타스가 순수하고 뚜렷하게 나타날 수 있는 '공간을 창조하는' 것이었기 때문입니다. 이러한 사유방식은 언제나 '다른 사람의 생각과 밀접하게 관련되어' 있는 것이어서 아무리 정치적인 것을 다루지 않는다고 해도 정치적인 것이 되게 마련입니다. 그것은 특히 정치적 정신인 칸트의 '확장된 심성'을 강화하고 있기 때문입니다."(『어두운 시대의 사람들』, 79쪽)

이렇듯 정신활동은 개인의 자기(정체성), 품성, 인간성의 형성과 연관되어 있다. 그러나 사유, 의지, 판단은 독립적으로 자신의 고유 원리에 따라 작동되고 외부로는 하나의 형태로 표출된다. 비유적으로 표현하자면, 세 행위자가 각기 독립적으로 활동하면서 공동의 보조를 취하지만, 정신활동에 참여하는 세 행위자는 다른 사람의 눈에 여전히 동일한 사람의 다른 모습일 뿐이다. 정신활동이 이루어지는 내면의 영역은 세 행위자가 자유롭고 평등한 상태에서 차이를 드러내면서도 공동보조를 취하고 있기 때문에 현상세계인 공공영역의 원리를 담고 있다. 즉 정신영역은 내면적 공공영역과 같다.

4

'새로운 시작'은 왜 중요한가

세계와 인간의 탄생, 정치적 탄생, 제3의 탄생

"인간이 행위를 할 수 있다는 사실은 예상할 수 없는 것을 그에게 기대할 수도 있다는 것과 또한 매우 불가능한 것을 그가 수행할 수도 있다는 것을 의미한다. 이것이 가능한 이유는 오직 각각의 인간은 유일하고, 각자의 탄생과 더불어 유일하게 새로운 무엇이 세상에 존재하기 때문이다."

인간은 누구나 태어나고 죽는다

탄생과 죽음은 인간의 유한성을 드러내는 인간조건이다. 인간은 누구나 어딘지 모르는 곳에서 왔다가 다시 어딘지 모르는 곳으로 간다. 인간 생명의 탄생이란 입장에서 볼 때, 탄생은 인간세계에서 삶을 시작한다는 의미를 지니고 있어서 시간적 차원을 지닌다. 생물학적(사실적) 탄생은 또한 어딘지 모르는 곳에서 인간세계로 등장한다는 점에서 공간적 차원을 지닌다. 인간은 누구나 일생에 한 번은 이러한 경험을 하기 때문에, 탄생과 죽음은 우리에게 근본적인 경험이다. 탄생은 시작과 연계되어 있으며, 죽음은 끝 또는 중단과 연계된다. 우리는 탄생(삶)과 죽음이란 양 극단 사이에 서 있는 중간적 존재이기에 인간에 대한 이해에서 두 조건을 고려해야 한다. 그러므로 삶과 죽음은 신, 자유, 불멸성, 존재와 무 등과 더불어 형이상학적 질문에서 중요한 위치를 차지한다.

모든 형태의 '시작'은 어렵다는 특성을 지닌다. 여기서 시작은 단순히 과거의 경험을 반복한다는 행태와 다르며, 자의적이고 모호하며 전례 없고 예기치 않은 것이라는 요소를 지니고 있다. '새로운 시작'은 아렌트의 저작 전체를 관통하는 개념어 가운데 하나다.[1] 그의 저작들에서 '새로운 시작'이란 용어는 '시작' '새로운 것의 시작' '개시' '참신' '출생' '탄생' '프린키피움'(절대적 시작, *principium*) '이니티움'(상대적 시작, *initium*) 등 다양하게 표현된다.

아렌트는 인간의 삶을 이해하는 데 '새로운 시작'이란 개념에 왜 그렇게 집착했을까? 우리는 다양한 유형의 죽음을 경험하고 그 의미를 천착하려는 아렌트의 지적 고뇌에서 그 해답을 찾을 수 있을 것이다. 아렌트는 인간의 삶을 위축시키거나 부정하는 수많은 근대적 현상을 성찰하면서 다양한 유형의 죽음을 극복하고자 '새로운 시작'이란 개념을 끌어들였다. 아렌트의 저작에서 무세계성, 노동하는 동물의 승리, 뿌리 상실감과 잉여성, 전체주의 현상과 같은 근대성의 병리적 현상은 '삶'보다는 '죽음'의 그림자와 더 밀접하게 연계되어 있다. 죽음을 상징하는 정치체제를 이야기하고 있는 『전체주의의 기원』에서는 다음과 같은 말로 끝을 맺는다.

> "역사적 사건이 되기 이전, 시작은 인간의 최고 능력이다. 정치적으로 시작은 인간의 자유와 동일하다. 아우구스티누스는 '시작이 있었고 인간이 창조되었다'(*Initium ut esset homo reatus est*)고 언급했다. 이 시작은 새로운 출생에 의해 보장된다. 그것은 실제로 모든 인간이다."(『전체주의의 기원』, 479쪽)

아렌트는 죽음의 원리가 작동하는 전체주의 정치를 극복하고자 '새로운 시작'을 정치적 개념으로 승화시켰다. 따라서 아렌트의 "이야기들은 정치적 사유에서 새로운 시작이라는 행위일 수 있다."[2] 아렌트의 이야기하기는 전통에 대한 저항을 의미하기 때문이다. 물론 '새로운 시작'은 삶의 다양한 방식에 따라 각기 다른 용어로 표현되고 있다. 아렌트는 태어남이란 인간조건을 포착하기 위해 새로운 시작, 즉 '탄생'[3]을 사용했는데, 이는 진주같이 귀중한 용어다. 새로운 시작은 너무나 포괄적인 일상용어지만, 아렌트는 이 용어의 종교적·세속적 의미, 개인적·사회적·정치적 의미를 분화시켰다.

여기서는 철학적 또는 실존적 차원의 새로운 시작에 대한 논의를 먼저 제시한다. 이어서 우리는 사실적 탄생, 정치적 탄생, 정신적 탄생을 논의할 것이다. 사실적 탄생은 프린키피움에 기반을 두고 있는 제1의 탄생이며, 정치적 탄생은 일종의 제2의 탄생이다. 마지막으로 정신의 탄생은 이론적 탄생으로 규정될 수 있는 제3의 탄생이다.

아렌트는 철학과 신학에 전념하던 젊은 시절(1924~28) 아우구스티누스의 사랑 개념을 연구하면서 신학적·세속적 차원의 '새로운 시작'이 인간의 삶에 어떤 의미를 갖는지를 연구했다. 무국적자로 살던 시절(1933~51)에는 시작 능력을 박탈한 전체주의를 경험하면서 '새로운 시작'을 정치적 개념으로 전환하는 계기를 가졌다. 이러한 전환은 새로운 시작의 '정치화'로 이어진다. 그는 정치이론가로서 성찰적 삶을 연구하던 시기(1951~65)에 새로운 시작으로서 행위의 다양한 양태를 정교하게 조명했고, 만년에는 정신의 삶에 대한 연구를 통해 이를 완성시킨다.

알프레드 드레퓌스 사건의 재판 장면. 프랑스군 참모본부의 유대인 장교였던
드레퓌스는 1894년 말 독일군의 스파이 활동을 했다는 혐의로 기소된다.
아렌트는 이 사건이 인간의 시작 능력을 박탈한 전체주의 이데올로기의
한 요소였던 반유대주의와 연관된다고 보았다.

절대적 시작과 상대적 시작

'새로운 시작'에 대한 아렌트의 이해는 그의 박사학위 논문에서 처음으로 등장한다. 이때 그는 철학과 신학의 관점에서 아우구스티누스의 새로운 시작의 의미를 밝혔으며 만년의 저작에 이르기까지 이 문제를 정치사상의 기저로 삼았다. 그는 포괄적 개념인 '새로운 시작'을 프린키피움과 이니티움으로 구분한다.

"아우구스티누스는 세계와 시간의 시작을 구별하며, 이들은 모두 인간 및 인간의 시작 이전에 존재했다. 그는 전자를 프린키피움이라고 부르고 후자를 이니티움이라고 부른다. 태초(*In principio*)는 우주의 창조와 연관된다.ㅡ'태초에 하느님이 천지를 창조하셨다'(「창세기」 제1장 제1절)ㅡ그러나 이니티움은 영혼, 즉 살아 있는 피조물뿐만 아니라 인간들의 시작과 연관된다."(『아우구스티누스의 사랑 개념』, 55쪽)

"'절대적' 시작과 '상대적' 시작 사이의 차이는 우리가 하늘과 땅의 프린키피움과 인간의 이니티움이라는 아우구스티누스의 구분에서 발견하는 것과 똑같은 현상을 가리킨다."(『정신의 삶: 의지』, 110쪽)

절대적 시작은 창조주의 창조행위로서 유일한 사건이며, 인간

세계의 시작을 통해서 그 절대적 의미를 영원히 간직하게 된다. 절대적 시작은 하늘과 땅의 창조이고, 상대적 시작은 인간의 등장이다. 라틴어 프린키피움은 원리(principle)와 시작(beginning)이란 이중적 의미를 갖고 있다. 이에 해당하는 그리스어 아르케(*arche*) 역시 두 가지 의미를 지니고 있다.

"더 정확히 표현해 시작(*principium*)과 원리가 서로 연계되어 있을 뿐만 아니라 동시에 발생한다는 점을 담고 있다는 것이다. [……]우리가 사용하는 언어도 라틴어 '*principium*'에서 '원리'(principle)의 어원을 이끌어내며, 따라서 정의상 상대적인 인간사 영역에서 절대자라는 달리 해결할 수 없는 문제의 해답을 암시하고 있다. 마찬가지로, 그리스어도 놀라울 정도로 똑같은 이야기를 담고 있다. 그리스어로는 '아르케'(*arche*)이며, '아르케'는 시작과 원리라는 의미를 모두 포함하고 있다. 어떤 후세의 시인이나 철학자도 플라톤이 만년에 거의 무의식적으로 언급한 표현보다 더 아름답고 간명하게 이 일치의 의미를 표현하지 못하고 있다. 시작은 또한 인간에 머무는 신이며 모든 것을 보존한다."(『혁명론』, 214쪽)

아렌트는 아우구스티누스와 마찬가지로 이니티움을 개시자와 동일시했다. 인간은 출생 덕분에 시작 또는 개시자이기 때문에 행위에 참여한다. 이니티움의 실존적 위상은 출생이고, 그 실재화 능력은 시작의 내재적 능력, 즉 프린키피움에 좌우된다. 존재론적·실존적 차원에서 탄생의 경험은 프린키피움과 이니티움에 의해 구성된다. 인간의 시작은 과거의 절대적 시작과 어떤 관계에 있으며, 미래와 어떠한 관계에 있는가?

> "인간은 기억을 통해서 인간적 실존의 두 가지 형태인 '이전'(즉, 자신이 오기 이전의 삶과 앞으로 갈 곳의 삶)을 발견한다. 우리가 알고 있듯이, 기억은 과거를 환기시키고 그것을 다시 정신으로 재현하는 기능을 가지고 있다. 과거는 이러한 재현 과정에서 다른 것들 사이에 그의 위치를 재현하게 하며 미래의 가능성으로 전환된다."(『아우구스티누스의 사랑 개념』, 55쪽)

미래 지향적인 삶은 죽음을 통해서 경험하는 영원한 삶이다. 반면에 하느님에 대한 사랑은 출생을 통해서 경험한 행복한 삶으로 과거와 연계된다. 전자는 욕구와 갈망을 통해서 도달되지만, 후자는 기억을 통해서 도달된다. 아렌트는 과거와 미래를 연결시키는 사랑으로서 아우구스티누스의 이웃사랑을 제시하고 있다. 이러한 사랑은 궁극적으로 선한 삶, 즉 영원한 삶을 대상으로 하고 있다.

생물학적 탄생: 제1의 탄생

아렌트의 '탄생의 철학'은 새로운 시작을 종교적 맥락에서 세속적 맥락으로 전환한다는 점에서 정치적 사유에 중요한 의미를 지닌다. 절대적 시작은 신의 창조로 작동되지만 인간의 지속적인 탄생을 통해서 그 연속성을 유지한다. 신의 창조로 형성된 지구는 이제 인간이 거주하는 '세계'로 전환되었다.

"하여튼 세계 속의 사건은 세계에 거주하는 사람에 의해 부분적으로 구성된다. 그런데 이 세계 자체는 무엇인가? 아우구스티누스는 다음과 같이 대답한다. '세계는 하느님이 만든 이 구조, 즉 천지에 부여된 이름일 뿐만 아니라 세계의 거주자들 또한 세계라 불린다. [……]세계를 사랑하는 사람은 모두 세계라 불린다.' 그래서 세계는 세계를 사랑하는 사람들로 구성된다."(『아우구스티누스의 사랑 개념』, 65~66쪽)

"인간은 태어날 때나 죽을 때, 어디서 와서 어디로 가는지 알지 못한다."(『인간의 조건』, 63쪽)

앞에서도 언급했듯이, 지구는 기본적인 인간조건이다. 그러나 인간은 자연 상태에서 삶을 영위하기 어렵기 때문에 자연환경과 구분되는 인위적인 공간, 즉 세계를 구성한다. 세계는 인간의 출생과 연계된다. 새로운 생명의 탄생이란 어딘지 모르는 곳에서 인간들이 살고 있는 세계에 등장한다는 것을 의미한다.

> "인간의 창조와 더불어, 시작의 원리는 세계에 존재했다. [……]이전에 발생할 수도 있었던 모든 것으로부터 기대할 수 없는 새로운 것이 작동하는 것은 시작의 본질에 속한다. [……] 그러므로 새로운 것은 항상 기적을 위장하고 나타난다. [……] 인간이 행위를 할 수 있다는 사실은 예상할 수 없는 것을 그에게 기대할 수 있다는 것과 또한 매우 불가능한 것을 그가 수행할 수도 있다는 것을 의미한다. 이것이 가능한 이유는 오직 각각의 인간은 유일하고, 각자의 탄생과 더불어 유일하게 새로운 무엇이 세상에 존재하기 때문이다."(『인간의 조건』, 177~178쪽)

공동체(세계) 구성원들의 입장에서 볼 때, 아이의 탄생은 세계적인 사건이다. 공동체는 새로운 생명이 탄생할 때만 그 활력을 유지할 수 있기 때문이다. 이미 공동체에 살고 있는 사람들은 언젠가 그곳을 떠나기 때문에, 새로운 생명이 탄생하지 않는 공동체는 언젠가 사람이 살지 않는 텅 빈 공간으로 바뀔 것이다. 따라서 아렌트는 아이의 출생을 세계적인 사건이라고 표현했다. 새로운 생명의 탄생은 세계의 희망이며, 소멸할 수 있는 세계를 구원하는 사건이다. 아울러 한 아이가 태어나기 이전에 그와 동일한 사람은 세계에 존재하지 않았기 때문에, 그 아이는 이미 살고 있는 사람들에게는 이방인, 특이한 존재로 등장한다. 아렌트는 이 점을 고려하여 아이의 탄생을 '기적'으로 규정했다. 이때 기적은 신적 또는 자연적 예외 현상이 아니라 인간적 현상이다. 이 세계에서는 어느 누구도 동일하지 않기 때문에, 다원성의 근원인 탄생은 사랑과 밀접하게 연계되어 있다.

"사랑은 그 열정 때문에 우리와 다른 사람을 연결시키며 동시에 분리시키는 중간영역을 파괴한다. 그 마력이 지속되는 한, 두 연인 사이에 끼어들 수 있는 유일한 중간적 존재는 사랑의 결실인 자식이다. 이제 연인들을 연계시키고 그들을 공동으로 유지하는 중간적 존재인 자식은 또한 두 사람을 분리시킨다는 점에서 세계의 대면자다. [……]그것은 마치 연인 사이의 사랑이 두 사람을 세계로부터 추방시켰지만, 이제 두 연인을 세계로 복귀시키는 것과 같다. [……]사랑의 목적은 동반자들을 새롭게 극복하거나 공존의 다른 형태로 변형되어야 한다."(『인간의 조건』, 242쪽)

연인 사이의 사랑은 전정치적 성격을 띠고 있다. 두 인격체의 사랑이 깊어지면 깊어질수록 두 사람은 심리적으로 하나 같은 상태가 된다. 이는 두 사람 사이의 거리감이 없어진다는 의미다. 따라서 사람들 사이의 차이와 거리감을 전제로 하는 정치행위와 달리, 두 연인은 사랑하는 순간 세계를 구성하지 못한다. 부부가 된

아렌트가 강의를 듣던 시절의 하이데거.
당시 하이데거는 아렌트가 참여한 강의와 세미나를 준비하면서
저서인 『존재와 시간』의 원고를 집필하기 시작했다.

이들은 자식을 얻게 되었을 때 세계에 다시 관심을 돌리게 된다.

사람들이 살고 있는 세계에 등장한 어린이는 탄생과 더불어 시작을 경험하기 때문에, 어린이는 시작 능력을 갖고 태어난다. 일차적 탄생은 정치적 내용을 지니기에 앞서 인간의 최고 능력이다. 그의 시작 능력은 다양한 방식으로 실현될 수 있는 잠재력이다. 일정 기간 성장한 어린이는 이미 세계에 참여하고 있는 성인들을 모방하지만 자신의 방식대로 모방함으로써 시작 능력을 독특하게 재현한다. 어린이들이 유희에서 벗어나 학습을 시작할 때, 성인들은 그들의 독특한 시작 능력을 기억하고 세계를 형성하도록 그들의 활동을 지원한다.

"우리 모두가 연관되기 때문에 교육학에 떠넘길 수 없는 것은 성인들과 아이들의 일반적인 관계, 좀더 일반적인 정확한 표현으로 탄생성이라는 사실에 대한 우리의 태도다. 즉 우리는 모두 탄생을 통해 세계에 나타났으며, 이 세계는 탄생을 통해 끊임없이 재생된다. 교육은 우리가 세계에 대한 책임을 충분히 맡을 만큼 세계를 사랑할지 결정할 지점이며, 같은 증거로 재생의 경우나 새로운 아이의 출현을 제외하고 불가피하게 나타날 폐허로부터 세계를 구원할 것인지를 결정할 지점이다."(『과거와 미래 사이』, 196쪽)

여기서 아렌트는 생존 자체를 위한 교육이 아니라 세계를 위한 교육의 중요성을 제시하고 있다. 제1의 탄생의 귀중함을 유지하게끔 하고 발현하는 활동은 바로 교육이다. 이렇듯, 아렌트는 교육을 탄생과 긴밀하게 연계시켰다.

정치적(언어학적) 탄생: 제2의 탄생

제1의 탄생은 어딘지 모르는 곳에서 인간세계에 등장한다는 것을 의미한다. 반면에 제2의 탄생은 관심과 배려의 영역인 육아실, 즉 사적 영역에서 동등한 자격을 지닌 사람들이 경쟁하고 공조하면서 자신의 특이성을 드러내는 공공영역으로 이동한다는 의미를 지니고 있다. 제2의 탄생 역시 시간적 차원을 지닌다. 일정한 연령에 도달한 사람만이 헌법에 의해 정치행위자로서 자격을 얻기 때문이다. 어린이가 태어나면서 세계를 경험하듯이, 정치질서에 진입하는 신참자는 일종의 두 번째 출생을 경험하게 된다. 이 신참자는 물론 일정한 교육 과정을 마치고 일정한 연령에 도달한 성인이다.

"우리는 말과 행위와 더불어 인간세계에 참여한다. 이 참여는 제2의 탄생과 비슷하다. 우리는 이 탄생에서 최초의 신체적 현상이라는 적나라한 사실을 확인하고 받아들인다. 이 참여는 노동처럼 필연성에 의해 강요되지 않고, 작업처럼 유용성 때문에 촉진되지도 않는다. 그것은 우리가 동참하기를 기대하는 다른

사람들의 존재에 의해 고무된다."(『인간의 조건』, 176~177쪽)

"정치영역에서 우리는 항상 적절하게 말하자면 교육 연령
을 넘긴 성인과 관계를 유지하며, 정치 또는 공적인 문제의 관
리에 참여하는 권리는 교육이 종결되었을 때 정확히 시작된다.
(개인적이든 집단적이든 성인교육은 인격의 형성 또는 인격의
완전한 발전이나 더 많은 향상과 연관성이 있지만, 젊은 시절
에 획득되지 않아서 공공문제의 참여에 요구되는 기술적 조건
을 제공하는 것이 아니라면 정치적으로 무관하다)."(『과거와
미래 사이』, 119쪽)

'탄생'은 『인간의 조건』의 핵심적인 개념으로서 아렌트의 정
치적 사유에서 중요한 위치를 차지한다. 창조물이라는 신학적 개
념은 '탄생'이란 정치적 개념으로 바뀐다. 탄생은 인간조건의 근
본적 측면으로 부각된다. 노동·작업·행위는 인간적 실존의 가장
기본적인 조건인 탄생에 뿌리를 두고 있지만, 탄생은 세 가지 활
동 가운데 노동과 가장 밀접한 관련이 있다. 노동은 개인의 생명
을 유지하고 종을 유지하는 원초적인 활동이기 때문이다.

"그러나 세 가지 활동 가운데 행위는 탄생이란 인간조건
과 가장 밀접하게 연계되어 있다. 출생에 내재된 새로운 시작
은 세계 속에서 자체를 느끼게 할 수 있다. 신참자는 새로운 것

170

을 시작하는, 즉 행위를 하는 능력을 지니고 있기 때문이다. [……] 더욱이 행위는 특히 정치 활동이기 때문에, 사멸성이 아닌 탄생성은 형이상학적 사유와 구분되는 정치적 사유의 중심적인 범주다."(『인간의 조건』, 9쪽)

노동은 생물학적 조건을 충족시키는 삶으로서 먹는 문제와 관련된 활동이고, 작업은 안정된 삶을 보장하는 객관적 사물세계를 구성하는 활동이다. 그러나 두 가지 활동이 충족된다고 해서 인간다운 삶이 보장되는 것은 아니므로, 정치행위자는 인간다운 삶을 보장받기 위해 공공영역을 필요로 한다. 새로운 것을 시작하고 공동 세계의 측면에서 유리한 입장을 취하려는 능력을 완벽히 실현하려면, 우리는 공공영역을 창조하는 능력으로서 정치적 탄생을 경험해야 한다. 달리 표현하면, 공공영역은 정치적 탄생을 경험할 수 있는 현상공간이다.

"그리스 사상에 따르면, 정치적 조직을 구성하는 인간의 능력은 그 중심이 가정과 가족인 자연적 결사체와 다를 뿐만 아니라 직접적으로 대립된다. 폴리스의 발생은 인간이 사적인 삶 이외에 일종의 두 번째 삶인 정치적 삶을 부여받았음을 의미한다."(『인간의 조건』, 24쪽)

"폴리스를 떠나거나 여기서 추방된 사람은 고향이나 조국을 상실할 뿐만 아니라 자신이 자유로울 수 있는 유일한 공간을 상실한다. [……]폭군의 등장과 함께 자유는 종식되었다. 시민은 자기 집으로 추방되었고, 동료들의 상호 작용이 작동되는 공간인 아고라는 사막화되었다. 자유를 위한 공간은 더 이상 존재하지 않았으며, 그것은 정치적 자유가 더 이상 존재하지 않음을 의미했다."(『정치의 약속』, 119쪽)

인간은 필연성의 제약으로부터 벗어날 때 비로소 행위, 즉 새로운 시작을 수행할 수 있다. 폴리스는 일종의 공공영역이다. 공공영역은 다원성과 자유가 인정될 때 비로소 존재한다. 우선 정치적 탄생과 다원성이란 인간조건의 관계를 살펴보기로 한다. 인간은 출생 덕택에 시작 능력을 지닌 채 특이한 개인으로서 세계에 출현한다. 다원성이란 실재는 삶과 출생의 경험 사이에 존재한다. 행위와 말은 정치적 삶의 경험에 필요할 뿐만 아니라 다원성에 대한 경험을 가능하게끔 하는 활동이다. 따라서 다원성을 경험하지 못할 경우 정치적인 삶은 존재할 수 없으며, 다원성은 인간적 탄생에 좌우된다.

"인간을 정치적인 존재로 만드는 것은 그의 행위 능력이다. 그는 이 때문에 동료들과 함께 모이고 공동으로 활동할 수 있으며, 그가 이러한 능력, 즉 새로운 것을 시작하는 능력을 부여받지 못했다면, 그는 마음속 욕망은 차치하더라도 엄두도 내지 못했을 목표와 기획을 추구할 수 없을 것이다. 철학적으로 말하자면, 행동한다는 것은 출생이란 조건에 대한 인간적인 대답이다. 우리는 출생 덕택에 신참자와 신입자로서 세계에 나타났기 때문에 새로운 것을 시작할 수 있다."(『공화국의 위기』, 179쪽)

다원성은 정치적 삶의 조건이다. 사람들은 이 조건을 통해 다른 사람들의 이미 존재함에 동의하고 다른 사람들의 출생을 인정한다. 정치행위는 공동세계를 위해 인간세계에서 새로운 과정을 시작하는 인간 능력으로서 다원성과 탄생성이라는 조건에 뿌리를 두고 있다. 따라서 정치적 탄생은 세계의 공공성을 존중하고 세계의 미래에 헌신하겠다는 행위자들의 합의를 통해서 명백하게 표현된다. 이러한 태도는 바로 세계사랑이다. 세계사랑은 인간적 다원성으로 구성된 세계에 대한 헌신적 태도다. 따라서 세계사랑은 정치적 탄생이란 경험에서 항상 도출된다. 세계사랑은 세계의 존재를 인정하는 태도일 뿐만 아니라 세계의 지속적인 존재를 위한 약속이기도 하다.

인간은 행위를 위한 무대로서 세계를 존재하게 하고 유지하겠다는 약속 없이 정치적 실재로서 자유를 경험할 수 있는 희망을 갖지 못한다. 인간은 자유를 경험함으로써 인간적 탄생의 정치적 위상을 확인할 수 있다.

"자유의 기적은 시작하는 능력에 내재해 있는데, 이 능력 자

베를린에서 열린 '문화적 자유를 위한 회의'에 참가한 아렌트와 로이터(1955).
당시 아렌트는 『인간의 조건』을 집필하면서 정치적 삶의 조건인
다원성과 인간의 행위로 도출되는 탄생성에 대한 문제를 다뤘다.

체는, 모든 인간은 자신이 태어나기 이전에도, 또 죽은 다음에도 존재하는 세계 속에서 탄생하기에 인간 자신이 새로운 시작이라는 사실에 내재해 있다. [……]만일 정치의 의미가 자유라면, 그것은 이 영역에서 우리가 다른 영역에서는 절대 가질 수 없는 기적을 경험할 수 있다는 것을 의미한다."(『정치의 약속』, 113~114쪽)

모든 행위와 마찬가지로 정치행위는 본질적으로 항상 새로운 것의 시작이다. 그러므로 정치와 자유는 일치한다. 자유라는 정치적 실재는 공동세계를 위해 수행되는 행위에 있다. 정치적 자유에 대한 이해는 행위의 세 가지 난점에 대한 기술을 통해서 잘 드러나고 있다. 여기에서는 행위의 불가역성과 예측불가능성에 대한 내용을 제시한다.

"행위의 사례와 행위의 난관은 완전히 다르다. 여기에서 행위로 시작된 과정의 불가역성과 예측불가능성의 치유책은 다른 가능한 높은 능력에서 나오는 것이 아니라 행위 자체의 가능성들 가운데 하나다. [……]우리의 행위 능력은 우리가 수행한 것의 결과에서 방면되지 않은 채, 즉 용서를 받지 않은 채 우리가 결코 복구할 수 없는 하나의 단일한 행위로 제한될 것이다. 우리는 영원히 그 결과의 희생자로 남게 될 것이다."(『인간의 조건』, 237쪽)

"약속 행위가 적어도 부분적으로 추방할 예측불가능성은 두 가지 성격을 지니고 있다. 그것은 인간 마음의 어두움, 즉 오늘의 이 사람이 내일 어떻게 될지 모른다는 인간에 대한 기본적 불신에서 발생하며, 동시에 모든 사람이 동일한 행위능력을 가진 동등한 사람의 공동체 내부에서는 행위의 결과들을 예견할 수 없다는 불가능성에서 비롯된다. [······]약속 능력은 인간사의 이러한 이중적 어두움을 극복하는 기능을 한다. 그래서 약속 능력은 자기 지배와 그에 따른 타인의 지배에 의존하는 지배 형식의 유일한 대안이다."(『인간의 조건』, 244쪽)

행위의 좌절로 발생하는 난관을 해결하는 또 다른 행위는 용서와 약속이다. 이러한 좌절은 정치와 자유의 연관성을 확인하는데 도움이 된다. 진정 자유로운 행위는 예측할 수도 없고 그 결과를 예견할 수도 없다. 따라서 자유는 정치적 탄생이란 완전한 실재의 근거가 된다. 책임, 약속, 용서는 상호 연계되어 있는 정치행위다. 이에 대한 내용은 제8장에서 자세히 다루기로 한다.

정신의 삶: 제3의 탄생

아렌트는 사유하지 않는 삶을 '살아 있는 죽음'으로 비유한다. 분주한 일상적 삶을 살아가는 사람들이 생각할 기회를 갖기란 쉽지 않다. 일상적인 것을 중단하고 생각으로 응축된 것을 새로 검토하는 능력을 작동시키는 것은 정신의 삶을 영위하는 것이다. 아렌트는 아이히만 재판을 참관하면서 사유하지도 판단하지도 않은 채 체제에 복종한 아이히만의 평범한 악을 목격했다. 이러한 경험은 정치영역에 대한 관심에서 정신영역으로 눈을 돌리는 계기를 아렌트에게 제공했다.

여기서는 정신의 삶과 탄생성의 관계를 중점적으로 다루고자 한다. 아렌트는 감각세계와 정신영역을 연계시키면서 그 예로 소크라테스의 사유에 대한 비유를 제시하고 있다. 즉 소크라테스를 등에, 전기가오리, 산파, 바람에 비유한다.

"첫째, 소크라테스는 등에다. 시민을 각성시킬 어떤 사람이 등장하지 않는다면 '남은 인생 동안 혼돈에 빠지지 않은 채 수면상태에 있게' 될 시민을 자극하는 방법을 소크라테스는 알고 있다. 그는 아테네 시민에게 무엇을 환기하게 했을까? 사유와 고찰에 대해 환기시켰다. 이러한 활동이 없는 삶은 살 가치가 없을 뿐만 아니라 완전히 살아 있는 것도 아니다.

[……]둘째, 소크라테스는 산파다. 그는 『테아이테토스』에서 자신이 불임이기 때문에 다른 사람들을 그들의 사상으로부터 해방시키는 방법을 알고 있다고 말한다. 그는 불임 덕택에 산파에 관한 전문지식을 갖게 되었고, 건강한 자식인지 아니면 임산부가 포기해야만 하는 단지 무정란 같은 자식인지를 판단할 수 있다.

[……]셋째, 소크라테스는 우리가 모르는 것을 알고 있으면서도 그대로 방치하는 것을 꺼려했기에 여전히 당혹감에 빠져 있으며, 전기가오리처럼 자신뿐만 아니라 그와 만나는 어떤 사람도 마비시킨다. 언뜻 보면, 전기가오리는 등에와 반대 경우인 것 같다. 등에는 자극하지만 전기가오리는 마비시킨다.

　[……]소크라테스는 [……]사유활동을 설명하고자 은유(바람이란 은유)를 다음과 같이 사용했다. '바람 자체는 눈에 보이지 않지만, 바람으로 인한 결과는 우리에게 뚜렷이 나타나며, 우리는 어쨌든 바람이 접근하는 것을 느낀다. 우리는 [……] '바람 같은 빠른 사유'를 고려한 소포클레스(「안티고네」)에서 똑같은 은유를 발견한다."(『정신의 삶: 사유』, 172~174쪽)

　수면 또는 무감각 상태의 정신은 죽음과 비슷한 상태다. 사유하지 않는 사람은 몽유병자와 같기 때문에, 등에의 예리한 침은 관습에 얽매여 있는 무감각 상태의 시민을 자극하여 새롭게 생각하는 기회를 준다. 또한 등에는 항상 정신을 활동 상태로 다시 돌리는 역할을 한다. 등에가 사유를 촉진한다면, 전기가오리는 그것을 마비시킨다. 그러나 양자는 실제로 대립적이지 않다. 무엇인가에 몰두해 있는, 즉 무엇인가에 정신 팔린 사람은 주변 환경의 변화를 생각할 여유를 갖지 못한다. 따라서 정신적 마비는 사유활동 자체에 의해 발생한다. 이미 사유활동에 참여하고 정신은

다비드, 「소크라테스의 죽음」, 1783.
소크라테스는 자신을 등에, 전기가오리, 산파로 비유함으로써 관습에 얽매여 있는
무감각 상태의 시민을 자극하여 사유로 인도하고자 했다.

제어하지 않을 경우 스스로 마비되는 상태에 빠진다. 이때 전기가오리의 자극은 사유하는 사람의 활동을 중단시키고 다시 생각하도록 할 뿐만 아니라 그가 생각하는 것과 일정한 거리를 두도록 하는 역할을 한다.

소크라테스의 산파술은 정신의 삶의 잉태를 가장 명백하게 표현하는 은유다. 산파술에 대한 내용은 정신적 경험으로서 불임증과 탄생성의 연계성을 설명하고 있다. 정신적 불임증은 결실 또는 결과를 생산하는 능력의 결핍이다. 사유와 인지 활동은 각기 다른 정신활동이다. 사유는 의미를 탐구하기에 결과와 연관되지 않지만, 인지는 최종적으로 결실, 즉 진리를 남긴다. 그러나 인지를 통해 밝힌 결실은 정신이 만족하지 않는 것일 수도 있다. 이때 정신은 그 의미를 발견하고자 노력한다. 따라서 불임이라는 은유는 의미 탐구로서 사유활동의 특징화를 강화시켜준다. 인지의 결과로 채워진 정신은 다른 것을 생각할 수 없다. 따라서 산파과정은 무정란을 정신에서 제거하는 비판적 사유다. 비판적 사유는 정신의 내재적 출생성에 좌우된다. 그의 정치적 의미는 소통가능성과 공공성이라는 요소에 좌우된다.

소크라테스는 사유활동을 언급하기 위해 사유의 바람이란 은유를 사용했다. 바람은 사유와 연관되고, 숨결은 살아 있는 것과 연관된다. 사유와 바람의 경험은 삶을 창출하고 유지한다. 우리는 눈에 보이지 않는 바람이 피부에 닿을 때 그것을 감각적으로 느낀다. 외부의 자극에 반응하는 것은 살아 있음을 의미한다. 마찬가지로, 사유하는 사람은 사유에 참여하는 순간 자신이 살아 있음을 느낀다. 정신의 가장 감각적인 경험은 비가시적인 사유의 바람에 의해서 형성된 감각, 즉 살아 있다는 감각이다. 바람은 사유와 어떤 관계에 있는가? 바람은 사람들이 만들어 놓은 것을 휩쓸어 가듯이, 사유는 우리가 만들어 놓은 규범이나 기준을 파괴하는 효과를 가질 수 있다. 그러므로 사유활동은 일종의 죽음은 아니다. 오히려 사유활동은 일종의 삶이다. 삶의 장소는 우리의 머리다.

판단은 사유와 의지를 현상세계로 이끈다

이제 의지활동과 탄생의 관계를 살펴보기로 한다. 인간은 새로운 시작을 할 수 있는 능력을 가지고 자유롭게 태어났다. 의지와 자유의 경험은 탄생이란 조건을 공유한다. 의지하지만 행할 수 없기에 무기력하다는 성 바오르의 경험은 복종할 수도 거부할 수도 있다는 자유의 의미를 담고 있다. 칸트는 행위의 근원으로서 의지를 세계 속에서 일련의 계기적인 것들을 자발적으로 시작하는 능력으로 정의했다.

"그는 창조주-하느님의 이미지였다. 그러나 그는 영구적이지 않고 시간적이기 때문에, 능력은 전적으로 미래를 향했다. [……]단수로 창조된 모든 인간은 그의 출생 덕택에 새로운 시작이다. 아우구스티누스가 이러한 사유의 결과를 도출했다면, 그는 인간들을 죽어야 할 존재가 아니라 태어나는 존재로 정의했을 것이며, 의지의 자유를 의지하기와 반대로 의지하기 가운데 자유로운 선택이 아니라 칸트가 『순수이성비판』에서 언급한 자유로 정의했을 것이다. [……]그리고 칸트가 아우구스티누스의 출생의 철학에 대해서 알았다면, 그는 상대적으로 절대적인 자발성의 자유가 인간의 이성과 더불어 인간들이 태어난다는 사실―시간적으로 그들을 선행하는 세계에 계속 등장하는 신참자들―과 잘 어울린다는 것을 인정했을 것이다. 자발성의 자유는 인간조건의 중요한 일부다. 그의 정신적 조건은 의지다."(『정신의 삶: 의지』, 109~110쪽)

여기에 소개된 아우구스티누스의 입장은 몇 가지 특징을 지니고 있다. 그는 의지의 자기 결정적 성격을 강조했다. 이는 인간의 선택이 근본적으로 자유롭다는 의미를 담고 있다. 그리고 그는 신의 명령에 복종하기를 거부하는 의지의 능력을 강조하면서 실존 자체에 "아니오"라고 말하는 의지의 능력을 제안하고 있다. 마지막으로, 인간이 신의 이미지로 만들어졌다는 그의 주장은 각 개인이 새로운 것을 시작할 수 있는 개인이라는 의미를 담고 있다. 이 개별성의 근원이 바로 의지였지만, 아우구스티누스는 이러한 독창적인 통찰을 부각시키지 못했다. 따라서 아렌트는 칸트의 자발성의 자유를 소개함으로써 의지가 자유를 속성으로 한다는 점을 강조했다.

던스 스코투스는 두 번째 의지의 철학자다. 그는 선택의 근본적인 자유, 개별성의 근원으로서 의지의 중요성이란 아우구스티누스의 입장을 수용했다. 그는 여기에 머물지 않고 자유라는 선물을 위해 우연성과 특수성을 수용했다.

> "모든 '나는 의지한다'에는 '나는 할 수 있다'란 뜻이 있으며, '나는 할 수 있다'는 의지활동 자체 외부에 존재하지 않은 '나는 의지한다'에 제한을 설정한다. 의지는 힘이다. 그것은 중요한 것을 성취할 수 있기 때문이다. 그리고 의지에 내재된 이 잠재력은 아리스토텔레스주의자들의 수동적 잠재성(*potentia passiva*)과 대립된다. 의지는 자아가 경험하는 적극적인 [······] 강력한 [······] '나는 할 수 있다'다."(『정신의 삶: 의지』, 142쪽)

아렌트는 스코투스로부터 강력한 '나는 할 수 있다'와 우연적인 것이란 조건을 발견한다. 아울러 이러한 개념들은 정치적 연계성을 지닌다. 정치 행위자는 자발적으로 행동할 수 있으며 '나는 당신이 존재하기를 원한다'(*Amo: volo ut sis*)는 관점에서 자기확신을 갖고 행동할 수 있다. 그러나 자유롭게 태어난 사람은 자유를 즐기면서도 운명론을 선호함으로써 자신의 책임을 회피할 수 있다는 점 때문에, 의지는 난관에 직면하게 된다. 아렌트는 이 난관을 극복하고자 시작 능력 못지않게 중요한 판단 능력에 관심

베를린에 있는 유대인의 예배당 시나고그(Synagogue).
아렌트는 정치적 시온주의를 한때 지지했으나 종교적 시온주의가
인종주의 색채를 띠고 있다는 점에서 이를 수용하지 않았다.

을 돌렸다.

탄생을 공간적 차원에서 정의하자면, 한 영역에서 다른 영역으로의 이동을 의미한다. 정신활동은 바로 영역의 이동 속에서 끊임없이 이루어진다. 즉 현상세계에서 어딘지 모르는 곳으로의 이동이 지속되기 때문이다. 물론 사유와 의지활동 속에서 이동은 여전히 드러나지 않는다. 그러나 판단과 탄생을 연계시킬 때, 이러한 이동은 명백히 나타난다.

판단은 사유와 의지를 행위로 연계시키는 최종적인 역할을 한다. 정신활동은 판단에 이르러 비로소 자신을 드러내기 때문이다. 판단은 사유를 명백히 드러냄으로써 세계에서 입장을 취한다. 사유의 산파 기능은 사유에서 검토되지 않은 내용을 축출하는 것이라면, 이것의 해체 경험은 판단 능력을 형성한다.

"모든 사람들이 다른 사람들이 행하고 믿는 것에 부지불식간에 휩쓸릴 때, 사유하는 사람들은 그러한 일에 참여하는 것을 명백히 거부함으로써 일종의 행위를 하게 되기 때문에, 은폐된 상태로부터 벗어나게 된다. 이러한 긴급 상황에서 사유가 지닌 '축출' 요소(고찰되지 않은 의견의 의미를 부각시키고 이를 파괴하는 소크라테스의 산파술)는 명백히 정치적 함의를 지닌다. 이 파괴는 다른 능력, 판단 능력을 '해방시키는 효과'를 가지기 때문이다. 우리는 어떠한 이유를 가지고 이러한 능력을 인간의 정신 능력 가운데 가장 정치적인 능력이라고 규정

할 수 있다."(『정신의 삶: 사유』, 192~193쪽)

판단은 사유가 현상세계에 나타나도록 허용한다. 판단은 행위영역과 사유영역을 연결시킨다. 판단은 개념적인 것의 영역을 공공영역으로 끌어들이기 때문에 정신의 탄생과 연계되어 있다. 판단의 산물은 세계와 그 구성원들에 관한 이야기다.

사막화된 세계를 비옥한 세계로

인간은 태어나는 순간부터 죽음을 향해 걸어간다. 이 과정은 외형적으로 반복되는 삶이다. 우리의 삶에서 반복은 고통의 한 원인이 될 수도 있다. 이는 삶의 부담이 그만큼 크다는 것을 의미한다.

죽음을 상징하는 전체주의를 조명한『전체주의의 기원』에서는 새로운 시작, 탄생의 의미를 밝힌 문구로 마무리했지만, 정치적 차원의 새로운 시작, 탄생을 조명한『혁명론』은 죽음을 찬양하는 것 같은 문구로 마무리했다. 삶의 부담을 견뎌내는 것은 바로 우리가 가지고 있는 시작 능력일 것이다.

앞에서도 언급했듯이, 탄생의 존재론적 기반에 대한 고찰은 인간의 존엄성뿐만 아니라 고귀성과 연계되어 있으며, 정치적 탄생에 대한 고찰은 공공영역의 귀중함뿐만 아니라 인간의 불멸성을 가능하게 하는 새로운 시작 정신과 연계된다. 제3의 탄생인 정신활동은 일상적 삶의 반복을 극복하는 원동력이 될 것이다.

　자연과 역사의 법칙을 절대화한 이데올로기는 20세기 지구를 사막으로 만들었으며, 종교적 신념에 기초한 도덕 이데올로기의 충돌로 폭력이 상존하는 21세기 국제적 공공영역도 살기 좋은 옥토는 아닐 것이다. "삶이 최고의 선이다"라는 홉스의 명제가 변형된 형태로 존재하는 상황에서 우리가 속해 있는 세계를 옥토로 전환하는 것도 쉽지만은 않을 것이다.

정치의 존재이유가 자유인가

자유의 몇 가지 유형: 차이와 관계

"만일 사람들이 평등하지 않다면 서로를 이해할 수도, 또는 과거의 사람들을 이해할 수 없으며 미래를 계획하거나 장차 올 사람들이 필요로 하는 것을 예견할 수 없다."

다양한 의미를 담고 있는 자유

"우리는 자유로운가?" 이러한 질문은 구태의연하지만, 대다수의 사람들은 여전히 당혹스러워하면서 대답하기가 어려울 것이다. 자유는 너무나 많은 의미를 가지고 있기 때문이다. 외적 제약이 없는 상태를 '자유'라고 이해한다면, 개인적인 삶에 충실한 사람은 자유롭다고 대답할 것이다. 그러나 정치적 문제를 비판적으로 제기하는 과정에서 어려움을 겪는 사람은 진정한 자유를 누리지 못한다고 답변할 수도 있다.

자유에 대한 개념만큼 시대의 흐름을 반영하고 있는 개념은 없는 것 같다. 오늘날 신자유주의가 어떠한 정치이념보다도 우위를 차지하고 있으며 우리의 다양한 삶에 실질적으로 영향을 미치고 있다. 그런데 많은 사람은 신자유주의적 정치질서에 불편함을 토로한다. 이러한 시대에 과연 정치와 자유는 양립하는가? 오늘날 개인적 자유와 정치적 자유는 양립할 수 있는가? 달리 표현하면, '자유는 자유롭지 않다'는 주장은 어떠한 역설을 포함하고 있는가?

아렌트는 인간의 자유를 철학적으로 옹호했다. 그는 전체주의가 인간의 시작 능력뿐만 아니라 자유의 종말을 초래한 정치적 악이라는 점을 주장했다. 전체주의 기원 서평과 관련한 보에글린의 주장에 대한 아렌트의 반론은 이러한 내용을 담고 있다.

"달리 말하면 전체주의는 우리가 과거 이후 목격해왔던 어떤 것보다도 정치적 실재이며 인간적 실재인 자유를 더 근본적으로 붕괴시키는 데 성공했다. 이러한 조건 아래서 변화하지 않는 인간본성을 고수하면서 인간 자신이 파괴되고 있다고 주장하거나 자유가 인간의 본질적인 능력에 속하지 않는다고 결론 내리는 것은 별로 도움되지 않을 것이다."(『이해의 에세이』, 408쪽)

『전체주의의 기원』은 정치적 죽음을 상징하는 정치체제에 대한 '우울한' 이야기하기이지만, 아렌트는 그러한 어두움 속에서도 정치적 자유와 새로운 시작의 중요성을 환기시키고 있다. 그의 주장대로, 전체주의는 자유에 대한 가장 근본적인 부정이다. 그런데 아렌트는 자유주의자도 아니면서 왜 자신의 정치이론에서 자유를 핵심적인 문제로 삼았을까? 달리 말하면, 그는 근대 이후 서구인들이 자유의 진정한 의미를 상실했다고 비판하면서, 정치가 자유와 양립할 수 있다는 비자유주의적 입장을 왜 부각시키고자 했을까? 여기서는 바로 이러한 자유문제를 고찰하는 데 역점을 둘 필요가 있다.

그렇다면 아렌트는 어떤 기준에 따라 자유로 표현할 수 있는 다양한 용어(freedom, liberty, liberation, spontaneity)에 각기 다른 의미를 부여하고 있는가? 다양한 형태의 삶과 활동영역을 구분하는 중요한 기준이 '공과 사'이듯이, 자유를 구분하는 데도 이

기준은 그대로 적용된다. 아렌트는 자신의 저작에서 대부분 사적인 삶과 연관되는 자유를 'liberty' 또는 'liberation'으로 규정하고, 공적 삶과 연관되는 자유를 'freedom'으로 표기한다.[1] 외형적으로 보면, 그는 개인적 자유보다 공적 자유의 존엄성을 더 강조하고 있다.

아렌트는 자유의 공적 측면만을 강조하고 있는가? 활동적 삶과 정신의 삶이 밀접하게 연계되어 있다는 점, 자유로운 정신의 삶이 행위의 근원이 될 수 있다는 점을 고려하면, 우리는 그렇다고 답변할 수 없다. 따라서 우리는 아렌트가 왜 활동적 삶의 관점에서 공적 자유를 그렇게 강조했으며, 정신의 삶이란 관점에서 내적 자유를 왜 강조했는가를 고찰할 필요가 있다.

아렌트의 자유에 대한 이해를 다양하게 고찰할 수 있지만, 여기에서는 네 가지 측면에서 살펴보기로 한다. 첫째, 아렌트는 자유를 경험하는 장으로서 행위를 어떻게 규정하고 있는가? 둘째, 아렌트는 역사 속에서 나타난 정치적 자유를 어떻게 조명하고 있는가? 셋째, 아렌트는 해방과 자유의 차이를 어떻게 규정하고 있는가? 넷째, 아렌트는 철학적 자유와 정치적 자유의 관계를 어떻게 설정하고 있는가?

자유와 행위는 동일하다

아렌트의 정치사상에서 주요 개념들은 서로 연계되어 있다. 예컨대, 노동 개념은 필연성 개념과 연계되어 있고, 두 개념은 또한 사적인 것과 연계되어 있다. 행위와 자유 개념도 마찬가지다. 아래 인용문에서 나타나듯이, 정치와 행위는 자유에 대한 이해 없이 제대로 이해할 수 없다. 행위와 연관된 자유는 정치적 의미를 지니지만, '의지의 자유'는 정신 내면에서 작동되는 내적 자유다.

"우리가 알든 모르든 오늘날에도 인간이 행위 능력을 부여받은 존재라는 사실과 정치문제는 자유문제를 언급할 때 항상 우리 정신에 나타나야 한다. 인간적 삶의 모든 능력과 가능성 가운데 행위와 정치는 적어도 자유가 존재한다는 것을 상정하지 않은 채 생각할 수도 없었던 유일한 것들이기 때문이다. [······]정치의 존재 이유가 자유이고, 자유를 경험하는 장이 행위다."(『과거와 미래 사이』, 146쪽)

"자유가 시작과 동일하다는 생각, 또는 다시 칸트의 용어를 사용하자면 자발성과 동일하다는 생각은 이상하게 들릴 수도 있다. 개념적 사유의 전통과 그 범주에 따르면, 자유는 의지의 자유와 동일시되기 때문이며, 우리는 의지의 자유를 주어진 것들 가운데 선택, 거칠게 표현하여 선과 악 가운데 하나의 선택 정도로 이해하고 있기 때문이다."(『정치의 약속』, 113쪽)

첫 번째 인용문 마지막 문장에서 볼 수 있듯이, 정치, 자유, 행

1789년에 일어난 프랑스혁명.
자유를 얻기 위해 일어난 대도시 시민의 봉기는 엄청난 규모의 힘 때문에
아무도 저지할 수 없을 정도였다. 백주에 최초로 등장한 이 대중은
실제로 가난하고 억눌린 사람들이었다.

위는 서로 분리될 수 없을 정도로 연계되어 있다. 그러나 두 번째 인용문에서는 자유를 자유의지와 동일한 개념으로 취급할 경우, 행위와 자유의 관계는 이차적인 성격을 띤다. 의지의 자유가 주어진 것들 가운데 어느 하나를 선택하는 것이라는 주장에서 자유는 제약의 의미를 담고 있기 때문이다. 아렌트는 아리스토텔레스의 이러한 자유 개념을 수용하지 않고 다른 견해를 택한다.

아렌트는 자유와 행위가 동일한 의미를 갖는다는 입장을 이해시키기 위해 행위를 두 가지 개념, 즉 새로운 시작(탄생성)과 다원성을 연계시킨다. 인간은 출생이라는 단순한 사실을 통해 잠재적으로 자유롭다. 이러한 잠재적 자유는 출생, 아렌트의 표현대로 '탄생성'이란 조건에 존재론적으로 뿌리를 두고 있다.

"출생에 내재되어 있는 '새로운 시작'은 세계에서 느낄 수 있다. 출생한 사람(신참자)은 새로운 것을 시작하는 능력, 즉 행위 능력을 지니고 있기 때문이다. 이러한 시작의 관점에서 행위의 한 요소이며, 출생의 한 요소는 모든 인간 활동에 내재되어 있다. 게다가 행위는 특별히 정치활동이기 때문에, 사멸이 아닌 탄생은 형이상학적 사유와 구별되는 정치적 사유의 중심 범주가 될 수 있다."(『인간의 조건』, 9쪽)

"아우구스티누스가 자신의 정치철학에서 언급했듯이, 시작이 있었고, 인간이 창조되었다. 그 이전에는 어느 누구도 없었다. 이 시작은 세계의 시작과 동일하지는 않다. 이 시작은 무엇인가의 창조가 아니라 어떤 사람의 탄생이다. 인간의 창조와 더불어 시작의 원리는 세계 자체에 존재했다. 이것은 인간이 창조되었을 때 자유의 원리가 창조되었다고 말하는 다른 방식이다."(『인간의 조건』, 177쪽)

인간은 자유롭게 출생한 덕택에 세계에서 새로운 시작을 재현할 수 있다. 아렌트는 '시작'과 '새로운 것의 시작'이 상호 연관되어 있다는 전제에서 행위의 경이로운 특성을 도출했다. 이 세상에 태어난 사람은 누구나 독특하게 활동할 수 있기 때문에, 인간은 예기치 않은 것을 시작할 수 있다. 아렌트의 경우, 시작 능력은 행위 속에서 구체화된다. 자유로운 행위는 새로운 시작으로 항상 나타나기 때문에, 이는 동기나 목표에 의해서도 제한되지 않을 정도로 무제한적이다. 새로운 시작으로서 행위는 개별 행위의 동기나 목적을 넘어서며 목적-수단의 틀에서도 이해될 수 없다.

"완전히 자의적인 척도를 자체적으로 지닌다는 것은 시작 자체의 본질에 속한다. 시작은 인과 관계의 신뢰할 만한 고리, 즉 각각의 결과가 즉시 미래 발전의 원인으로 바뀌는 고리로 구속되지 않을 뿐만 아니라 실제로 그것은 유지해야 할 어떤 것도 지니고 있지 않다."(『혁명론』, 207쪽)

행위와 탄생성을 연계시키는 내용을 담은 이 인용문에서는 자유가 마치 고립된 개개인의 특징인 것처럼 취급되었다. 이제 동료들의 협력을 필요로 하는 행위를 고찰하기 위해 다원성과 행위를 연계시킬 필요가 있다. 다원성은 평등과 차이라는 두 가지 요소로 이루어져 있다. 아렌트에 따르면, 인간은 동등하게 태어나지 않았지만, 공공영역에 참여함으로써 평등을 성취할 수 있다.

"만일 사람들이 평등하지 않다면 그들은 서로 이해하지 못하고 자신들 앞에 태어난 사람들도 이해할 수 없으며 미래를 계획하거나 장차 올 사람들이 필요로 하는 것을 예견할 수 없다." (『인간의 조건』, 175쪽)

행위는 평등한 상태에서 비로소 제대로 발현된다. 사람들은 평등하지 않을 경우 서로를 충분히 이해할 수 없기 때문이다. 이런 의미에서 자유와 평등은 밀접하게 연계되어 있다. 또한 행위는 다원성에 내재된 차이의 존재 상태에서 제대로 발현될 수 있다. 사람들 사이에 차이가 없다면, 의사소통은 불필요하기 때문이다.

따라서 평등과 인간의 차이는 자유를 전제한다. 인간의 자유는 개개인이 공동의 위상을 유지할 경우에만 나타난다. 공공영역은 모든 개개인에 내재된 자유의 능력을 인지하고 실현하는 공동의 존재 양식에 대한 신념을 공유하는 공간이다. 자유는 바로 공공영역을 구성하는 기본 요건이다. 이와 같이, 자유는 행위와 동일한 의미를 갖는다.

그런데 아렌트의 행위 개념은 매우 역설적이다. 주도하는 것은 개개인의 행위다. 자유는 개개인이 공동으로 활동하고 새로운 것을 시작할 때에 이르러 존재한다. 따라서 인간의 다원성이 행위의 기본 조건이라는 점을 고려할 때, 인간의 자유 능력은 다원적인 현상공간에서만 나타날 수 있다. 이러한 전제 조건을 고려한다면, 새로운 것을 시작하는 개개인의 능력은 축소될 수도 있다.

아렌트는 자유의 역설을 경험했다. 예를 들면, 사람들이 자유의 본질을 행사할 때, 그들은 무기력한 희생물과 같은 지점까지 자신을 얽어매는 인간관계망을 창조하지 않을 수 없다. 따라서 아렌트는 행위를 두 가지로 규정한다. 자유는 지속되는 것을 중단시키며, 새로운 것을 시작한다. 자유는 행위와 마찬가지로 필연성의 반복적인 순환을 단절시키는 것이다. 행위의 이러한 역설적 성격 때문에, 우리는 공공영역에서 자유의 존재를 의심하지 않을 수 없다. 이러한 이유 때문에 아렌트는 정치의 존재이유로 자유를 포함하고 있다.

"게다가 자유는 정확히 말해서 정의, 권력, 평등과 같이 정치영역의 많은 문제와 현상 가운데 하나일 뿐만 아니라 위기나 혁명 시에 종종 정치행위의 직접적 목적이 된다. 자유는 사람들이 전적으로 정치조직에서 함께 사는 이유다. 정치적 삶 자체는 자유 없이는 무의미하다."(『과거와 미래 사이』, 146쪽)

미국에 망명하면서 아렌트가 받았던 시민증.
아렌트는 『전체주의의 기원』을 출간한 후
미국 시민권을 얻으면서 18년간의 무국적 생활을 청산하고
정치적 자유를 향유할 수 있게 되었다.

역사 속에서 살펴보는 정치적 자유

아렌트는 근대성이 진정한 정치에 대한 이해를 결여하고 있다고 생각했다. 예컨대, "최소한으로 통치하는 정부가 가장 통치를 잘한다"는 유명한 경구는 자유와 정치가 대립될 수 있다는 근대적인 의미를 담고 있다. 따라서 아렌트는 진정한 정치의 가능성을 폄하하고 정치영역을 파괴하는 근대성으로부터 탈피하기 위해 다음과 같이 문제를 제기했다.

> "자유문제는 정치문제에서 더욱 중요하다. 어떠한 정치이론도 이 문제가 어두운 숲으로 몰아넣은 사실에 무관심할 수 없다. 이 숲에서 '철학은 자신의 길을 잃어버렸다.' [……]이러한 혼돈이 야기된 이유는 다음과 같다. 자유 현상은 전적으로 사유영역에 나타나지 않고, 자유 또는 그 반대 개념도 나와 나 자신 사이의 대화에서 경험되지 않으며, 이 과정에서 위대한 철학적·형이상학적 문제는 나타나지 않는다. 이러한 점에서 우리가 이후 철학적 전통의 기원을 고찰하겠지만, 이 전통은 인간의 경험에 주어진 [……]자유의 이념 자체를 왜곡시키고 있다."(『과거와 미래 사이』, 145쪽)

자유와 정치의 관계에 대한 아렌트의 이해는 이러한 비판적 문제제기에 기반을 두고 있다. 그는 고대부터 근대에 이르기까지 정치적 자유의 역사적인 모델을 추적하고 있다. 여기서는 고대 그리스-로마의 경험, 근대와 현대의 혁명 등에서 나타나는 정치적 자유의 경험이 지니는 의미를 살펴보기로 한다.

먼저 아렌트는 정치적 삶의 모델로서 폴리스를 선택했다. 그에 따르면, 폴리스는 진정한 자유를 구현했으며, 정치가 실제로 무엇인지를 우리에게 보여주고 있다.

"정치 현상으로서 자유는 그리스 도시국가들이 형성되던 당시에 나타났다. 헤로도토스 이래 자유는 시민이 지배받지 않는 조건 아래에서 함께 생활하는 정치 조직, 지배자와 피지배자를 구분하지 않는 정치 조직의 한 형태로 이해됐다. '비지배'라는 개념은 '이소노미'(*isonomy*)라는 용어로 표현되었다."(『혁명론』, 22쪽)

"폴리스 사람들의 공동생활을 다른 형태의 인간적 공동생활과 구별하는 것—그리스인에게 아마도 가장 익숙했던 것—은 바로 자유다. 이것은 정치영역이 인간적 자유—자유로운 삶—를 가능하게 만드는 수단으로 이해되었음을 의미하지 않는다. 자유롭다는 것과 폴리스에서 산다는 것은 어떤 의미에서는 동일하다. […]따라서 그리스적 의미의 '정치'는 자유를 중심으로 이루어진다. 여기서 자유는 소극적으로는 지배와 피지배가 아닌 것으로 이해되며, 적극적으로는 사람들만이 창조할 수 있는 공간이며 또한 이들이 각기 동료들과 함께 활동하는 공간으로 이해되었다."(『정치의 약속』, 116~117쪽)

그리스인은 삶의 필연성으로 제약을 받지 않는 공간에서 다른 사람들과 공유하고 함께 삶을 영위함으로써 자유를 경험했다. 자유와 필연성은 대립된다. 자유는 사적 영역으로부터 해방된 사람들이 지니는 요소였다. 폴리스라는 공공영역은 자유와 평등의 영역이었다. 아렌트는 그리스 시대의 자유 모델에만 그치지 않고 더 나아가 로마 시대의 경험에 대해서도 언급했다.

"권위는 인간이 자신의 자유를 보유한 채 행하는 복종을 함축했다."(『과거와 미래 사이』, 106쪽)

아렌트의 경우 로마의 '권위' 개념은 자유의 제약, 인민의 복종이란 의미를 담고 있지 않았다. 그는 권위가 자유를 지속시키는 필요조건이라고 생각했다. 권위는 정치공동체를 가능하게끔 하기 때문에 자유를 보존하고 유지하는 데 기여한다는 것이다. 서구의 권위 개념의 뿌리는 전통, 종교, 권위를 내세우는 로마의 삼위일체다. 서구에서 정치적 권위의 상실은 전통의 상실과 제도화된 종교적 신념의 약화를 수반했다. 이러한 삼위일체는 로마의 건국과 밀접하게 연계된다.

"공화정 초기부터 실제로 제국 시대의 종말까지 로마 정치의 핵심에는 무엇인가가 설립되면 그것은 모든 미래 세대에 구속력을 가진다는 의미에서 건국의 성스러움이 자리 잡고 있다."(『과거와 미래 사이』, 120쪽)

로마인의 경우 정치의 본질은 로마 건국을 보존하는 것이었다. 전통, 권위, 종교는 모든 새로운 시작과 연계되어 있기 때문이다. 종교(religion)는 과거로 '연계시키다'(re-ligare)라는 뜻이다. 종교는 로마에게 연속성·지속성·항구성을 부여했다. 권위(auctoritas)는 건국 정신을 '보완하고 확장하는'(augere) 것을 의미했다. 전통(tradatio)은 과거를 후세에 '물려주는' 또는 '상속한다는' 의미를 지니고 있다.

"권위를 가진 사람들의 가장 두드러진 특징은 그들이 권력을 갖고 있지 않다는 것이다. 권력은 인민에게 있고, 권위는 원로원에게 있다. 원로원이 정치적 결정에 첨가시켜야 하는 확장, 즉 권위는 권력이 아니기 때문에, 그것은 우리에게 신기하게도 파악하기 어렵고 비가시적인 것 같다."(『과거와 미래 사이』, 122쪽)

물론 로마의 권위에 기초를 둔 체제는 그리스의 폴리스처럼 자유가 인정되는 정치를 유지하지는 못할 수 있다. 권위에 기초를

1787년 라델피아 헌법제정회의.
아메리카 식민지 전체는 독립전쟁과 독립선언에 이어 헌법제정에 참여했다.
미국 건국 선조들은 「독립선언서」의 정신에 기초해 헌법제정회의를 개최하고
연방 헌법을 제정했다.

둔 정부는 불평등에 기반을 두고 있지만, 폴리스는 시민의 평등에 기반을 두고 있기 때문이다. 아렌트는 권위에 기반을 둔 영역의 취약성을 의식했지만 그 영역에서 정치적 자유의 가능성을 여전히 볼 수 있었다.

한편 아렌트는 정치와 자유의 진정한 모습을 근대의 경험에서도 모색했다. 그의 경우 혁명은 정치적 자유가 꽃필수 있는, 새로운 정치영역을 세우려는 행위로 보았다. 로마 제국의 몰락 이후 근대 서구인들은 혁명을 경험하면서 새로운 시작은 바로 자유를 통해 가능하다는 것을 깨달았다.

"혁명을 통해 전면에 부각된 것은 이러한 자유로움의 경험이다. 그것은 고대 그리스와 로마에서는 매우 흔한 일이었기 때문에 확실히 서구인의 역사에서 새로운 것은 아니지만, [……]어떤 식으로든 혁명에 참여했던 사람들에게 새로운 경험은 동시에 새로운 것을 시작하는 인간의 능력에 대한 경험이다. [……]참신성의 파토스가 존재하고 참신성이 자유의 이념과 연계된 곳에서만, 우리는 혁명에 대해 언급할 수 있다."(『혁명론』, 27쪽)

아렌트는 혁명의 주요 동인은 자유에 대한 욕구라는 점을 확신했다. 즉 진정한 정치혁명은 자유를 확립하고 보호하는 혁명이다. 혁명과 정치적 자유는 밀접하게 연계되어 있다. 그렇기 때문에, 아렌트는 비극을 경험하는 혁명에 주목했다. 『혁명론』은 일종의 혁명송이다. 그는 미국혁명과 프랑스혁명을 비교하면서 미국혁명에서 정치와 자유의 근대적 원형을 찾았다.

> "미국혁명의 방향은 자유를 확립하고 지속적인 제도들을 설립하는 데 집중되었다. […]반면 프랑스혁명은 고통의 직접성 때문에 거의 처음부터 이러한 형성 과정에서 일탈해 다른 방향으로 전개되었다."(『혁명론』, 87쪽)

아렌트는 불행하게도 이후에 일어난 혁명들은 거의 프랑스혁명 모델을 따르고 있다고 주장했다. 그러나 그는 20세기 혁명 가운데 헝가리혁명에서 미국혁명의 모델을 다시 발견했다. 헝가리혁명은 혁명에 대한 아렌트의 관심을 촉진시킨 현대적인 사건이다.

> "로자 룩셈부르크의 '자발적 혁명'과 같은 것이 있었다면 […]우리는 자발적 혁명을 목격할 특권을 가졌다. 아마도 유엔 위원회 앞에서 언급한 헝가리 교수는 옳았을 것이다. '헝가리혁명에서 지도자가 없었다는 점은 역사상 특이했다. 이 혁명은 조직화되지도 않았으며, 집중화를 지향하지도 않았다. 자유에 대한 의지는 모든 행위에서 추진력이었다."(「전체주의적 제국주의: 헝가리혁명에 대한 성찰」, 『정치학지』, 제20권 제1호, 8쪽)

혁명 과정에서 등장한 평의회는 자발적인 자치조직으로서, 자유를 확립하는 데 정치적인 목표를 두고 있다. 역사적으로 평의회는 미국혁명 당시 타운미팅, 1871년에 일어난 파리 코뮌, 1905년과 1917년의 소비에트, 1918~19년 독일의 레테(Räte), 1956년 헝가리혁명 당시 등장한 수많은 평의회가 대표적인 예다. 아렌트는 평의회가 자발적으로 공동의 문제를 해결하려는 행위자들의 진정한 공공영역 모델이라고 생각했다. 평의회는 불행하게도 혁명 과정에서만 잠정적으로 존재하지만, 자유의 새로운 공공영역과 더불어 전적으로 새로운 정부형태를 창출할 수 있기 때문이다.

"혁명의 궁극적인 목적이 자유의 확립, 즉 자유가 출현할 수 있는 공적 공간의 구성이었다면, 모든 사람이 자유로울 수 있는 유일한 가시적 공간, 즉 구 단위의 기초 공화국은 실제로 대규모 공화국의 주요 목적이었다."(『혁명론』, 258쪽)

"평의회는 분명히 자유의 공간이었다. 자유의 공간으로서 평의회는 자신들을 임시적인 혁명 조직으로 간주하는 것을 부단히 거부했으며, 도리어 스스로 항구적인 정부 조직을 확립하려고 노력했다."(『혁명론』, 268쪽)

"두 제도, 즉 정당과 평의회 사이의 갈등은 20세기의 모든 혁명에서 표면화되었다. 중대한 쟁점은 대표성 대 행위 및 참여

사이의 갈등이다. 평의회는 행위 기구이고, 혁명 정당은 대표 기구다."(『혁명론』, 277쪽)

미국혁명에 참여한 사람들은 자유의 확립이라는 공동 목적을 위해 자발적으로 평의회를 구성했다. 이들은 혁명의 목적을 실현하고자 자유롭게 토론하고 논의하여 공동의 행위를 실현하는 데 역점을 두고 있다. 따라서 평의회는 비정상적인 정치적 상황에서 존재하는 정치적 실체이지만 그리스의 폴리스와 마찬가지로 행위와 자유의 공간이다. 혁명 평의회가 폴리스와 다른 점이 있다면, 폴리스는 논쟁적 공공영역의 역사적 모델이고, 평의회는 결사체적 성격을 띤 공공영역의 모델이라는 점이다.

해방, 개인적 자유, 정치적 자유

아렌트는 자유의 유형을 구분하는 데 사적(개인적) 또는 경제적인 차원과 공적(정치적) 차원을 설정한다. 이 기준에 따르면, 해방과 정치적 자유는 명백히 구분된다. 근대 자유주의 사상에 친숙한 우리는 억압으로부터의 해방과 자유를 동일시하는 성향을 지니고 있지만, 아렌트는 억압으로부터의 해방은 개인적 자유(liberty)이지 정치적 자유는 아니라고 주장한다.

"해방과 자유는 같지 않다고 말하는 것은 진부한 표현일지 모른다. 해방이 자유의 조건이기는 하지만 결코 자동적으로 자유로 이어지는 것은 아니다. 해방에 내재된 자유 개념은 소극적일 수밖에 없다. 따라서 해방의 의도 역시 자유에 대한 욕망과 다르다."(『혁명론』, 22쪽)

주인의 지배에 예속되어 있는 사람이나 적빈에 예속되어 있는 사람은 자유롭지 못하다. 신체적인 필요와 다른 사람의 제약으로부터 해방되는 것은 자유를 획득하기 위한 기본적인 전제조건이다. 따라서 해방과 자유 사이에는 틈새가 있게 마련이다. 해방은 필요의 조건으로부터 벗어난 상태이며, 개인적 욕구와 욕망에 따라 선택하고 활동하는 능력을 의미한다. 따라서 해방에 내재된 개인적 자유는 '소극적'이다. 반면 정치적 자유는 동등한 사람들 사이에서 합의를 창출하는 데 기여하며, 그들이 활동할 수 있는 공간을 필요로 한다.

"우리는 가난과 공포로부터 벗어나려는 주장을 이러한 모든 자유에 첨가할 수도 있다. 그런데 이러한 자유는 물론 본질적으로는 소극적 자유이며, 해방의 결과이기는 하지만 자유의 실제적인 내용 [……]공공문제의 참여, 공공영역의 진입은 결코 아니다. 혁명이 단지 시민권의 보장만을 목표로 했다면, 그것은 자유를 목표로 한 것이 아니라 [……]권리를 침해하는 월권 행위로부터 해방 을 목표로 한 것이다."(『혁명론』, 25쪽)

아렌트는 개인적(또는 시민적) 자유를 사회경제적 정의와 연계한다. 이러한 유형의 정의는 물질적 평등의 추구다. 따라서 시민적 자유는 생존 및 필요의 확장과 필히 연계된다. 아렌트는 정치적 자유가 이러한 종류의 정의 확보와 연계되지 않는다고 생각했다. 결국 프랑스혁명에서 로베스피에르는 정치적 세력인 빈자의 출현과 사회적 악인 빈곤에 눈을 돌림으로써 정치적 자유가 아닌 개개인의 생존 문제와 연계된 시민적 자유를 실현하는 데 관심을 돌렸다.

"우리는 프랑스에서 어떤 거대한 비극이 일어났는지를 알고 있다. 자신의 주인에게서 해방되거나 주인 중의 주인인 필연성으로부터 해방되기를 필요로 했고 바랐던 사람들은 공적 자유를 위한 공간을 확립하길 바랐던 사람들을 성급하게 지원했다. [……]혁명 참가자들은 해방에만 우선적으로 관심을 가졌지 애초에 가장 중요한 임무라고 생각했던 것, 즉 헌법의 기초에는 점차 소홀해진 것이다. [……]그런데도 결코 혁명의 종말을 생각할 수 없었던 로베스피에르의 입장은 '입헌 정부는 시민적 자유에 주로 관심을 가지고 있고, 혁명 정부는 공적 자유에 관심을 가지고 있다'는 확신에 기인하지 않았는가?"(『혁명론』, 129쪽)

이 인용문은 해방, 개인의 자유, 정치적 자유가 기본적으로 상이하면서도 밀접하게 연관되어 있다는 점을 단적으로 보여주고

폴란드계 유대인 로자 룩셈부르크. 그는 1919년 스파르타쿠스 동맹의
봉기 때 암살되었다. 아렌트는 어릴 때부터
어머니로부터 그의 정치적 역할에 대한 이야기를 들었고,
'자발적 혁명'의 교훈을 얻었다.

있다. 아렌트의 이러한 해석은 역사적 사건에 담긴 보편적인 의미를 드러내고 있다.

개개인이 필연성의 제약으로부터 해방되고 자유로운 삶을 보장하려는 욕구는 시민적 자유와 연관된다. 억압으로부터 해방되려는 사람은 자유롭지 못하다. 그들은 필연성에 따라서 행동하고 있기 때문이다. 마찬가지로 인간적 공존을 가능하게 하는 정치적 자유가 확립되지 않을 경우 개인의 자유를 확보할 수 있는 기회는 존재하기 어렵다. "자유는 자유롭지 않다"는 역설적인 명제는 정치적 자유가 개인의 자유보다 선행하며 더 중요하다는 점을 내포하고 있다. 따라서 공동으로 활동하는 능력인 자유보다 개인의 권리를 먼저 획득하려는 시도는 마치 마차 뒤에 말이 있는 상태와 같다. 자유의 공간이 형성되어 있지 않을 경우, 개개인은 자신의 권리를 공동으로 주장할 수 있는 기회를 갖지 못할 것이기 때문이다.

이렇듯 아렌트는 공적 자유를 확립하기도 전에 시민적 자유를 확립하고자 한 프랑스혁명가들의 실패를 통해 정치의 본질이 자유의 확립이라는 점, 정치적 자유와 시민적 자유의 차이를 제시하기 위해 정치와 사회경제적 관심을 명백히 구별했다.

의지의 자유와 정치적 자유 사이에서

아렌트는 의지의 자유와 정치적 자유를 대비시킨다. 정치와 연관된 자유는 의지 현상은 아니므로 내적 자유와 혼동되어서는 안

된다. 철학자들이 찬양했던 내적 자유는 아렌트의 경우 정치와 무관하다. 정치적 자유는 개인이 아닌 다른 사람들, 동료 시민들과 연관된다. 그렇다면 철학적 자유와 정치적 자유에서 자유 개념은 상이한 두 가지 변형인가? 그들은 동전의 양면인가? 내적 자유는 정치적 자유와 어떠한 관계인가?

아렌트는 내적 자유와 정치적 자유의 발생적 근원의 차이를 명백히 부각시키고 있으면서도 양자의 상호보완성을 인정한다. 사유의 고독과 행위의 공동성이라는 이분법은 아렌트의 자유 개념에서 매우 중요하다. 그는 자유가 현상공간인 공공영역에서 발현되는 공동 행위에서만 발견될 수 있다고 생각했기 때문이다. 그는 자유란 나와 나 자신 사이의 대화가 진행되는 내면적 영역에서는 발견되지 않는다고 주장하지만, 인격의 자유롭고 특이한 현상을 확인하는 과정에서 사유를 끌어들이고 있다. 즉 그는 정치적 악행에 참여한 아이히만의 무사유에 직면하여 사유활동에 악행을 저지하는 무엇인가가 있다고 생각했다.

그렇다면 자유에 본질적인 행위와 사유 개념 사이에 어떤 연관성이 있을까. 아렌트는 "우리는 우리가 행하고 있는 것을 사유해야 한다"고 주장함으로써 사유와 행위를 연결하고 있다. 아이히만이 생각하며 행동했다면 그렇게 평범하게 섬뜩한 악을 범하지 않았을 것이다. 악의 원인은 아이히만의 우매함이 아니라 그가 사유하지 않은 탓이다. 아이히만은 당 지도부의 명령을 자기 판단의 대체물로 삼았기 때문에 생각 없이 악행에 참여했다.

"우연히 발생하거나 관심을 끄는 모든 것을 결과나 특이한 내용에 관계없이 검토하는 습관, 즉 사유활동 자체는 악행을 자제하도록 하는 조건들에 포함될 수 있지 않을까? 아니면 악행에 맞서는 실제적 '조건'이 될 수 있지는 않을까?"(『정신의 삶: 사유』, 5쪽)

사유하지 않는 사람은 몽유병자와 같다. 그는 행위를 통해서 자신이 누구인가를 드러낼 수 있는 잠재력을 포기한다. 즉 그는 자기 행위의 의미와 그 행위의 중요성을 느끼거나 평가하지 않은 단순한 행태를 보인다. 우리는 새로운 것과 특이한 것의 의미를 좌절시키는 복종 습관으로부터 벗어나기 위해 사유활동에 참여해야 한다. 행태는 반복적인 활동이지만, 사유는 항상 새롭게 시작하는 활동이다. 따라서 사유활동 자체는 자유를 위한 공간을 개방하기 때문에 자유와 관련이 있다. 즉 사유는 시작을 허용하기 위해 삶의 흐름을 중단시킨다.

아렌트는 실제적인 예로 사유가 어떻게 자유의 근원인가를 제시한다. 아렌트는 행위가 발생하기 위해 사유가 우선 물질적인 제약 요소를 제거하고 파괴해야 한다고 주장한다. 사유는 경험이나 사회의 관행이란 실재로부터 정신을 해방시키고 일상의 연속성을 단절시키는 데 이바지한다.

"인간 행위의 특징은 항상 새로운 것을 시작한다는 점이다.

[……]행위를 위한 여지를 만들기 위해서 이전에 존재했던 것은 제거되고 파괴되어야 하며, 이전에 존재했던 것은 변경된다. 우리는 우리가 실질적으로 자리 잡고 있는 곳으로부터 정신적으로 물러날 수 없다면 [……]그러한 변경은 불가능했을 것이다."(『공화국의 위기』, 5쪽)

아렌트는 의지의 자유와 정치적 자유를 대비시키면서도 『정신의 삶』에서는 행위의 적절한 개념은 의지 없이 빛을 발할 수 없다고 주장한다. 그는 의지를 행위의 근원으로, 어쨌든 외부의 강제력에 의해 강요되지 않은 채 시작하는 자유를 인간에 부여하는 개별화의 원리로써 간주하고 있다.

"이 의지는 실제로 행위의 근원으로서 이해될 수 있었다. 의지는 감각의 관심을 인도하고, 기억에 각인된 이미지를 관장하며, 이해를 위한 자료를 지성에 제공함으로써 행위가 발생할 수 있는 기반을 마련한다."(『정신의 삶: 의지』, 101쪽)

"의지는 자신을 제약하는 모든 인과적 동기의 연쇄를 중단시키는 자유로운 자발성의 기관이거나 환상일 뿐이다. 의지는 한편으로는 욕망, 다른 한편으로는 이성과 관련하여 베르그송이 한때 표현한대로 일종의 쿠데타와 같이 움직인다. 물론 이것은 '자유로운 행위가 예외적'이라는 것을 암시하고 있다. 우

214

리가 우리 자신으로 복귀하고자 할 때마다 자유롭다고 하더라도, 우리가 그렇게 의지하고 있는 경우는 거의 발생하지 않는다. 달리 표현하면, 자유문제를 언급하지 않고 의지활동을 다루는 것은 불가능하다.(『정신의 삶: 사유』, 213~214쪽)

아렌트의 저작에서 아우구스티누스는 지속적으로 등장한다. 그는 의지, 자유, 새로운 시작뿐만 아니라 철학적 자유 등 아렌트의 정치적 사유에 중요한 기초를 제공했다. 물론 아렌트는 아우구스티누스의 자유의지를 정치적 자유의 기초로서 수용할 수는 없었다. 의지와 반대의지 사이의 갈등이 결국 의지를 작동할 수 없게 만들기 때문이다. 이러한 갈등은 아렌트의 행위와 자유 이론에 전적으로 부적합하다.

의지가 정치적 자유의 기초가 될 수 없는 또 다른 이유는 의지가 강제와 밀접한 관련이 있기 때문이다. 자유와 강제는 양립할 수 없다. 정치행위를 하는 능력의 형성이 자아와의 내적 투쟁으로 인해 무뎌질 수 없다. 이러한 내적 투쟁은 자아에 의한 자아의 억압, 다른 사람에 의한 자아의 억압을 초래할 수 있다.

"나는 여기서 자유와 인간의 의지 능력을 동일시하는 정치이론의 치명적인 결과를 암시한다. 그것은 우리가 왜 오늘날에도 권력과 억압 또는 적어도 다른 사람에 대한 지배를 거의 자동적으로 동일시하는지에 대한 이유 가운데 하나였다."(『과거

와 미래 사이』, 163쪽)

아렌트는 이러한 역사적인 사례를 루소의 일반의지에서 찾았다. 루소에 따르면, 일반의지는 각 개인의 의지가 다른 사람들의 의지와 동일하게 되었을 때 실현된다. 이때 합의는 다른 사람을 강요하는 사람이 없을 경우 이루기 어렵다. 아울러 루소의 일반의지는 '인간적 다원성'이라는 바로 그 조건에 내재된 의견의 다양성을 희생시키는 대가로 성취될 수 있다. 아렌트는 일반의지를 실현하는 수단이 폭력일 수밖에 없다고 생각했다.

그러나 아렌트는 의지가 정치적 자유와 연관성을 가지고 있다고 주장했다. 의지는 개인에게 행동하는 의미를 제공하며 자아와 성격을 형성하는 데 이바지한다. 의지는 개체화의 원리였다. 의지는 자아의 성격을 형성하는 근원이기 때문이다. 의지는 사람이 자유로운 개인 또는 행위자로서 자신을 구별하는 데 기여할 것이다. 더욱이 미래의 기관인 의지는 새로운 것을 시작하는 능력과 동일시된다. 자유의 본질은 미래에 있다는 점을 고려할 때, 의지는 행위의 전제조건이다.

사유는 보편성과 연결되고, 의지는 특수성과 연결된다. 사유는 일반적인 것을 다루지만, 의지는 우연적인 것을 다룬다. 아렌트는 자유를 긍정하는 문제로서 판단 능력을 고려했다. 판단은 보편성과 특수성을 신비하게 결합함으로써 사유와 의지를 연결시킨다. 판단은 우리에게 특수성의 우연성 속에서 자유를 경험할

216

예루살렘의 법정에서 재판을 받던 시기의 아돌프 아이히만.
아이히만은 사유의 결과 나타나는 양심이 집단적으로 실종된 상황에서,
자신의 행위가 옳고 그른가에 대한 반성을 포기한
무사유의 대표적인 모델이다.

수 있도록 해준다. 판단은 특수한 상황에서 옳고 그른 것을 결정할 수 있다.

사유의 부산물로서 판단은 사유와 행위를 연결시킨다. 즉 우리는 판단을 내려야 행위를 수행하기 때문이다. 그런데 사유는 보편성을 취급하지만, 행위는 특수성과 연계된다. 판단은 특수성을 사유하는 능력이다. 달리 표현하면, 판단하기는 보편성 아래에 특수성을 포섭하는 활동이다.

아렌트에 따르면, 정치는 현상을 판단하는 문제이고, 사람들이 공개적으로 어떻게 나타나야 하는가를 준비하는 단계로서 판단은 사람들이 공공영역에서 자신의 위치를 알 수 있도록 해준다. 우리는 과거의 사건을 성찰함으로써 이러한 조건을 마련할 수 있다. 즉 우리는 반성적 판단을 통해서 판단하는 관찰자 또는 구경꾼이 될 수 있다.

"철학자가 우주를 조화롭게 질서 잡힌 전체로서 볼 수 있는 것처럼, 관찰자만이 전체의 유희를 볼 수 있는 위치를 점유하고 있다는 사실은, 이러한 평가의 기초가 되는 첫 번째 자료다. 전체의 일부인 행위자는 자신의 역할을 수행해야 한다. 그는 정의상 '부분'일 뿐만 아니라 그 궁극적 의미와 전체의 구성자로서만 그 존재의 정당화를 발견하는 특수성과 연계된다. 따라서 직접적인 관여로부터 게임(삶의 축제) 바깥의 관점으로 이탈하는 것은 판단을 위한 조건, 즉 계속되는 경쟁에서 최종적인 조정자가 되는 조건일 뿐만 아니라 유희의 의미를 이해하기 위한 조건이다."(『정신의 삶: 사유』93~94쪽)

"우리는—관여할 필요가 없기 때문에—어떤 광경을 판단할 수 있기 위해서 먼저 광경을 보아야만 한다—관찰자는 행위자에 대해서 이차적이다—고 생각하는 경향이 있다. 그리고 우리에게는 그것을 보는 관찰자가 분명히 존재하지 않는다면 바른 정신으로는 누구도 그 광경 속에 등장하지 않을 것이란 사실을 망각하는 경향이 있다. 인간이 없는 세상은 사막과 같다고 칸트는 확신했는데, 인간이 없는 세계란 그에게는 관찰자가 없는 세계를 의미한다."(『칸트 정치철학 강의』, 61~62쪽)

우리는 과거의 특정한 계기에서 실증되는 인간적 자유의 정의에 대한 성찰을 통해서 세계와 실존적 실재를 수용할 수 있다. 판단은 의미를 사물 세계로 끌어들인다. 이렇듯, 아렌트는 판단과 행위를 연계시킨다. 그는 판단의 성찰적인 차원을 강조하면서도 판단을 활동적 삶에 끌어들였다. 즉 그는 판단을 인간의 자유를 긍정하는 문제의 해결책으로 생각했다. 인간은 판단을 통해 용기 있는 행위에 참여할 수 있으며, 역사적 사건을 기억하고, 자유의 의미를 현재의 삶에 복원시킬 수 있기 때문이다.

권력과 폭력은 대립적인가, 상호 의존적인가

권력의 정당성과 폭력의 정당화 문제

"분노, 그리고 분노가 때때로 동반하는
폭력은 자연스런 인간의 감정에 속하며,
그로부터 인간을 치료한다는 것은
인간을 비인간화하고 인간성을 거세
한다는 의미에 불과할지 모른다."

전통적 사유를 넘어서

아렌트는 『폭력론』에서 20세기를 전쟁과 혁명, 즉 폭력의 세기로 규정했다. 21세기에 들어서도 인종청소와 대량학살, 테러 전쟁 등 폭력은 계속 늘어나고 있으며, 전 세계 어디서든지 나타나고 있다. 아렌트가 살던 시대와 마찬가지로 권력을 폭력으로 쉽게 등식화하는 경향은 여전하다. 그는 이러한 입장에 저항하여 정치를 열렬히 옹호했다.

아렌트가 「정치와 진리」라는 제목의 논문을 집필하던 1965년 미국은 정치적·도덕적 혼돈의 시기에 빠져 들어갔다. 통킹만 사건[1]을 계기로 미국은 베트남 전쟁에 참전했고, 아렌트의 절친한 친구인 한스 모겐소는 미국의 전쟁정책에 대한 항의로 정부 고위직에서 사임했다.[2] 베트남 전쟁 반대운동이 전개되던 이때 아렌트는 시민의 비폭력에 가해지는 행정적인 폭력이 '공화국의 종말'이라는 것을 깨달았다.

1968년은 정치적 사건들이 폭포수처럼 연이어 쏟아진 시기다. 마틴 루터 킹의 암살, 파리 학생시위, 대학생들의 컬럼비아 대학교 점거, 민주당 시카고 전당대회에서의 폭력, 구소련의 체코 침공 등 지구 곳곳에서 폭력이 난무했다. 특히 같은 해 유럽에서 발생한 학생운동은 전 세계 대학교로 확산되었고, 이때 『혁명론』은 학생들로부터 주목을 받았다. 아렌트는 미국 각 대학에서 발생한 학생시위를 관찰하면서 학생과 학생운동에 감명을 받아 『폭력론』[3]을 집필하게 되었다. 그는 학생운동의 도덕적 열정을 높이 평가했다.

"운동의 사회적 공통분모는 문제가 안 되는 것 같지만, 이 세대가 갖는 심리적 특징은 진정 순수한 용기, 놀라운 행동 의지, 그리고 변화 가능성에 대한 적잖이 놀라운 확신인 것 같다."(『폭력론』, 15~16쪽)

그러나 아렌트는 대학들이 법정과 마찬가지로 권력투쟁 밖에 있어야 한다고 주장했고, 대학 및 대학의 책임이 소수 공동체에 예속되는 것에 대해 보수적인 입장을 유지했다.

"학생 반란은 전 세계적인 현상이다. 물론 그 운동 양태는 나라마다, 종종 대학마다 크게 다르다. [……]미국에서 경찰이나 경찰 만행이 본질적으로 비폭력적인 시위(대학교 본관 점거, 연좌농성 등)에 개입되는 곳이면 어디든 학생운동은 심각하게 급진화되었다. 심각한 폭력 장면은 단지 대학 교정에서만 블랙파워 운동의 출현으로 등장했다."(『폭력론』, 18쪽)

아렌트의 저작 대부분이 그러하듯이, 그는 당대 자신의 구체적인 경험에 대한 관찰과 성찰을 바탕으로 『폭력론』을 집필했다. 그는 미국과 유럽의 학생운동, 베트남 전쟁 반전시위단체에서 분출되는 폭력이란 수사적 표현을 지켜보면서 정치와 폭력을 쉽게 동일시하는 입장에 반대했다. 그는 폭력에 점점 더 매력을 느끼는 분위기뿐만 아니라 폭력적인 전략과 이데올로기로 인한 정치적 삶의 왜곡을 목격하면서 정치의 순수성을 옹호하는 데 역점을 두었기 때문이다.

이러한 입장을 비판하는 근원이 된 그의 정치적 사유는 이미 서구 정치사상의 전통에 대한 비판과 밀접하게 연계된다. 서구 정치사상의 전통은 법과 권력, 지배와 피지배의 관계를 규정하고 있다. 즉 권력은 여전히 목적-수단의 관점에서 법을 집행하는 도구로 정의되고, 법은 권력을 견제하는 도구로 나타난다. 정치도 지배와 피지배와 동일시된다. 아렌트는 이러한 전통이 고대와 근대, 좌파와 우파를 통틀어 수용되어왔다고 이해했다.

"정부형태의 전통적 정의가 모든 정치 조직의 본질이라고 상정하는 지배와 피지배, 지배자와 신민의 구분은 본래 사적 삶에서만 유효한 구분이며, 따라서 정치의 조건일 뿐 내용은 아니었다. 철학자들이 실질적인 정치경험을 공식화하고 개념화할 때 이것에 구분을 첨가한 이유는 공공-정치영역 자체의 불변하는 어떤 특성보다 정치에 대한 철학자들의 태도와 [……]더 관계가 있다."(「위대한 전통: 지배와 피지배」, 『사회연구』, 945쪽)

독일의 68혁명. 1968년은 정치적 사건들이 폭포수처럼 연이어
쏟아진 시기다. 아렌트는 프랑스에서 시작된 학생운동이
전 세계 대학으로 확산되는 상황을 보면서 『폭력론』을 집필했다.

정치를 지배와 피지배로 환원시키는 논리는 기본적으로 권력을 폭력과 동일시하는 논리로 연결된다. 지배와 폭력의 연관성은 본질적이다. 아렌트의 전통에 대한 해석에 따르면, 한 가정의 가장이 삶의 필연성으로부터 해방되기 위해 폭력을 사용하듯이, 플라톤적 지배자는 신민을 복종시키기 위해 폭력을 전개한다. 차이점이 있다면, 가장은 전정치적(pre-political) 영역에서 필요할 때 폭력을 사용하지만, 통치자는 정치체에 폭력을 끌어들이며 끝내 정치적 삶을 종식시킨다.

권력과 폭력, 정치와 폭력에 대한 아렌트의 입장은 독특하다. 그는 이러한 입장을 『인간의 조건』과 『혁명론』에서 이미 언급했으며, 이후 『폭력론』을 통해 압축적으로 소개했다. 그는 권력과 폭력의 의미와 관계를 다양한 관점에서 소개하고 있기 때문에, 그의 주장은 오해를 불러일으키기 쉽다. 따라서 우리는 그의 독특한 견해를 이해하기 위해서 세 단계로 나누어 고찰할 필요가 있다.[4] 첫째, 권력과 폭력은 대립적 현상이라는 입장을 고찰한다. 둘째, 권력과 폭력은 정치영역에서 밀접하게 연계되어 있다는 입장을 고찰한다. 셋째, 전면전의 시대 '세계사랑'의 입장에서 폭력을 절제해야 한다는 입장을 고찰한다.

제1명제: 권력과 폭력의 대립성

행위가 '말'과 '새로운 시작'으로 정의되듯이, 아렌트는 권력과 폭력을 구분하는 데 가장 중요한 요소로서 언어행위가 수반되는지를 들고 있다. 권력은 공동으로 활동하는 능력이다. 행위에 참여한다는 것은 공동으로 활동한다는 것을 의미한다. 행위자들은 공동의 목적을 실현하는 과정에서 자신들의 견해와 관점을 제시하고 합의를 도출하는 데 역점을 둔다. 언어행위가 중단될 때, 폭력은 등장한다. 따라서 아렌트는 언어행위가 중단된 상태에서 나타나는 폭력을 한계적인 정치현상으로 규정하고 있다. 인간사에서 폭력현상이 무수히 나타나더라도 정치이론은 폭력현상을 핵심으로 다루지 않는다. 연구 대상인 정치가 기본적으로 언어를 매개로 하기 때문이다.

"권력은 말과 행위가 분리되지 않는 곳, 말이 공허하지 않고 행위가 야만적이지 않은 곳, 말이 의도를 은폐하기 위해 사용되지 않고 실재를 노출시키기 위해 이용되는 곳, 행위가 위반하거나 파괴하지 않은 채 관계를 확립하고 새로운 실재를 창조하기 위해 사용되는 곳에서만 실재화된다."(『인간의 조건』, 200쪽)

"전체주의 정권의 집단 수용소에서 발생한 사례에 비추어보더라도 폭력이 절대적으로 지배하는 곳에서는, 법뿐만 아니라―프랑스혁명에서 나타난 바와 같이, 법은 침묵을 지킨다―모든 사람들과 모든 것들이 침묵을 지켜야 한다. 폭력은 이러한 침묵 때문에 정치영역에서 예외적인 현상이다. 인간이 정치적 존재인 한, 그는 언어능력을 부여받았기 때문이다. [……]여기서 문제의 핵심은 폭력 자체가 말을 할 수 없다는 것이지 언어가 폭력에 직면했을 때 무기력한 것은 아니다."(『혁명론』, 9쪽)

폭력의 반대 개념은 비폭력이 아니라 권력이다. 오히려 비폭력 저항 또는 시민불복종은 폭력 수단에 의존하지 않은 채 권력을 창출할 수 있다. 억압 정권에 저항하기 위해 모인 시위 군중은 공동의 목적을 실현하고자 모였기 때문에 권력을 창출하지만, 진압군은 폭력 도구로 시위 군중을 해산시킬 수 있다.

권력의 창출에서 유일하게 필수적인 물질적 요소는 사람들의 공존이지만, 폭력은 도구에 의존한다. "권력은 총구로부터 나온다"는 마오쩌둥의 주장은 폭력과 권력을 동일시하는 전통적 입장의 다른 표현일 뿐이다. 이러한 주장과 달리, 권력과 폭력은 동일하지 않을 뿐만 아니라 대립적이다.

"러시아 군대의 탱크와 체코슬로바키아인들의 전적으로 비폭력적 저항 사이의 정면충돌은 순수한 상태의 폭력과 권력이 대결한 교과서적 사례다. [……]폭력은 인원수나 여론이 아니라 도구에 의존하며, 폭력의 도구는 이미 언급했듯이 다른 모든 용구들처럼 인간의 저항력(strength)을 증대시키고 배가시킨다. [……]폭력은 항상 권력을 파괴할 수 있다. 이를테면 가장 빠르고 완전한 복종을 가져오는 가장 효과적인 명령이 총구로부터 나올 수 있다. 권력은 결코 총구로부터 나올 수 없는 것이다."(『폭력론』, 52~53쪽)

"권력과 폭력은 대립적 현상이다. 한 사람이 절대적으로 지배하는 곳에 다른 사람은 존재하지 않는다. 권력이 위험에 놓인 곳에서 폭력은 나타나지만, 그대로 내버려둔다면 그것은 권력의 소멸로 끝난다. 이것은 폭력의 대립물을 비폭력으로 생각하는 것이 옳지 않다는 의미를 담고 있다. 비폭력적 권력을 언급하는 것은 실제로 동어반복이다."(『폭력론』, 56쪽)

권력은 언어를 매개로 하여 발현되지만, 폭력은 도구 없이는 행사될 수 없다. 따라서 권력은 다수의 존재에 의존하며, 폭력은 소수에 의존하여 처리될 수 있다. 압도적 다수의 권력은 폭력 사용을 무기력하게 만들 수 있기 때문에, 권력은 폭력을 제압할 수 있다. 아렌트는 「노자가 망명길에 도덕경을 쓰게 된 경위에 대한 성담」 가운데 이 구절이 비폭력과 지혜에 관한 것을 담고 있다고 해석했다. 그는 이 시에 대한 해석에서 흐르는 부드러운 물을 권력으로, 돌을 폭력으로 비유한다.

"흐르는 부드러운 물은 시간이 지나면 힘 있는 돌을 이긴다오. 그대는 단단한 것이 굴복한다는 뜻을 아시겠소."(『어두운

러시아혁명 포스터와 파괴된 스탈린 동상.
러시아혁명을 이끈 스탈린은 좌익 전체주의를 등장시켰다.
이후 스탈린 격하 운동이 일어나면서 그의 흔적을 없애려는 움직임이 있었고,
이런 상황에서 그루지야에 남아 있던 그의 동상 또한 민중에 의해 무너졌다.

시대의 사람들』, 245쪽)

권력은 공공영역과 마찬가지로 사람들이 공동으로 활동할 때만 형성된다는 점에서 가시적인 실체로 존재하지 않는다. 권력은 항상 가능태의 형태로 존재하기 때문이다. 아래 인용문들은 권력의 이러한 특성을 강조하고 있다.

"권력은 공공영역, 즉 행동하고 말하는 사람들 사이에 존재하는 잠재적 현상공간을 존재하게 하는 것이다. 그 용어 자체는 그리스어 가능태(*dynamis*) [……]라틴어 포텐치아(*potentia*) 또는 독일어 마흐트(Macht: '만든다'는 뜻의 '*machen*'이 아니라, '할 수 있다' 또는 '원하다'의 '*mögen*'과 '*möglich*'의 파생어)와 유사한데 [……]권력은 항상 잠재적 권력이다. [……]권력은 함께 행위를 하는 사람들 사이에서 생겨나서 사람들이 흩어지는 순간 사라진다."(『인간의 조건』, 200쪽)

"미국혁명 참가자들은 권력이 정치 이전에 존재하는 자연적 폭력과 대립된다고 생각했다. 그들이 생각하기에, 인민의 약속, 서약, 상호 맹세를 통해 함께 모이고 서로 결속할 때, 그것에만 권력이 존재한다. 호혜성과 상호성에 기반을 두고 있는 권력만이 실질적이고 정당한 권력이다."(『혁명론』, 181~182쪽)

"권력은 언제든지 사람이 모이고 제휴하여 행동할 때 생겨나지만, 그 정당성은 나중에 뒤따라올 어떤 행동에서가 아니라 오히려 최초의 모임에서 유래한다. 정당성은 도전받을 경우 과거에 대한 호소에 기초하지만, 반면에 정당화는 미래에 위치하는 목적과 관련이 없다. 폭력은 정당화될 수 있지만, 결코 정당성을 가질 수 없다."(『폭력론』, 52쪽)

권력은 공공영역을 창출하고 유지하는 데 기여하는 능력으로서 다수의 존재를 필요로 한다. 따라서 권력은 정치영역의 조건인 다원성과 밀접하게 연계된다. 이 경우 권력은 대립 또는 투쟁보다 우정에 기초한 활동이라는 점을 기저로 삼고 있다. 현상인 태양이 낮에 가시적 형태로 존재했다가 저녁에는 가상의 상태로 바뀌듯이, 권력은 현실태로 존재하다가 가능태로 변형된다. 아렌트의 권력은 소유의 대상인 사물의 형태(홉스의 정의)로 존재하지 않는다. 그렇다면 권력은 가시적인 형태를 취하지 않기 때문에 항상 '무용한' 정치적 실재인가? 그렇지 않다.

"내 생각에, 정치과학의 현재 상태에 대한 차라리 유감스러운 성찰은 우리의 전문 용어법이 '권력'(power), '내구력'(strength), '강제력'(force), '권위', 마지막으로 '폭력'(violence)과 같은 핵심 단어들을 구별하지 않는다는 것이다. [……]권력은 행위를 할 뿐만 아니라 공동으로 행위를 하는 인간의 능력에 조응한다. 권력은 결코 한 개인의 소유물은 아니다. 그것은 한 집단에 속하며 그 집단이 함께 모일 때만 존재한다. [……]내구력은 분명히 단일의 무엇, 개별적 실체를 지칭한다. 그것은 하나의 대상이나 사람에 내재된 속성이며 다른 사물이나 사람들과의 관계에서 증명될 수 있는 속성에 속하지만 근본적으로 이들과 분리되어 있다.

[……]특별히 폭력이 강압 수단으로 기여한다면, 우리가 흔히 일상적인 말에서 폭력의 동의어로 사용하는 **강제력**은 용어상 '자연의 강제력'이나 '상황의 강제력'을 위해서, 즉 물리적 또는 사회운동에 의해 노출된 에너지를 지칭하기 위해서 유보되어야 한다. [……]권위는 이러한 현상들 가운데 가장 이해하기 어렵고, 용어로서 아주 흔히 오용되는 것과 연관되며, 인격에 귀속될 수 있다. 또한 권위는 직위, 예를 들어 로마의 원로원(원로원의 권위, *auctoritas in senatu*)이나 교회의 위계적 성직 [……]에 귀속될 수 있다.

[……]마지막으로 **폭력**은 그 도구적 특징을 통해 구별된다. 현상학적으로, 폭력은 내구력과 가깝다. 폭력의 도구들은 다른 용구들처럼 그 마지막 발전단계에서 자연적인 내구력을 대체할 수 있을 때까지 그 자연적인 내구력을 배가시키려는 목적으로 설계되고 사용되기 때문이다."(『폭력론』, 43~46쪽)

아렌트는 권력과 유사한 개념들을 대비시킴으로써 권력의 특성을 부각시켰다. 그는 권력을 내구력, 강제력, 권위, 폭력과 구별했다. 이들 가운데 권력과 폭력은 자연 현상이 아니라 인간적 현상이다. 차이점은 권력이 목적 자체이지만 폭력이 목적–수단의 범주에서 작동된다는 점이다. 아래 인용문은 프랑스혁명 참가자들이 권력과 폭력의 근본적 차이를 이해하지 못하고 정치영역에 참여한 비극적인 결과를 언급하고 있다.

"프랑스혁명 참가자들이 모든 권력은 인민에 있다고 언급했을 때, 그들은 권력을 정치영역 밖에 근원과 기원을 갖고 있는 내구력으로 이해했다. 이 내구력은 혁명을 통해서 폭력 자체로 노출되었으며, 허리케인처럼 구체제의 모든 제도를 휩쓸어갔다. 그것은 [……]모든 유대와 정치조직 밖에 있는 다수의 폭력이 누적된 결과로 인식되었다. 자연상태의 존재로 전락한 주민들이 겪은 프랑스혁명의 경험들은 다수의 배가된 신체적 물리력이 불행의 압박 아래서 제도화되고 통제된 어떤 권력도 거부할 수 없었던 폭력과 더불어 분출할 수 있었는가를 명백히 보여주었다."(『혁명론』, 181쪽)

마지막 인용문은 권력과 폭력이 대립된 수많은 역사적인 예시 가운데 하나다. 프랑스혁명 과정에서 나타나듯이, 한 개인이나 사물의 속성인 내구력으로 이해된 폭력은 프랑스 공공영역을 유린하고 파괴했기 때문에 권력과 대립된다. 지배와 피지배를 정치로 이해하던 전통은 혁명 과정에서 여전히 유지되었기 때문에, 권력이 새로운 정치질서를 형성하는 데 성공하지 못하고 폭력으로 변질되었다.

권력과 폭력은 서로 연계된다

권력은 정당하지만 폭력 또한 정당화될 수 있다는 명제, 즉 권력과 폭력은 서로 연계된다는 아렌트의 주장에 관심을 돌릴 필요가 있다. 이제부터 『폭력론』을 중심으로 폭력의 정당성을 옹호하는 다양한 주장에 대한 아렌트의 비판을 고찰하고, 다음으로 권력과 폭력의 상호 연관성에 대한 그의 입장을 소개한다. 『공화국의 위기』에 수록된 「폭력론」은 『혁명론』에서 혁명적 사건들과 연관시켜 기술한 내용 가운데서도 폭력에 초점을 맞추어 압축적으로 서술한 소책자이다.

아렌트는 자신의 『폭력론』에서 상이하지만 서로 연관된 이론적 명제들을 비판적으로 조명하고 있다.[5] 첫째, 폭력이 정치적인 것의 핵심 부분으로서 권력과 동일하다는 명제다. 둘째, 폭력이 본래 가치 있는 것으로 취급되어야 한다는 명제다. 셋째, 폭력이 인간적인 삶, 특히 정치적인 삶의 불가피하고 지속적인 요소라는 명제다. 넷째, 폭력의 수용 가능성은 목적과 상이한 기원과 연관된다는 명제다. 이러한 명제들은 서로 연관되어 있다.

"마르크스의 이론과 철학이 전반적으로 기반을 두고 있는 기둥인 세 가지 명제는 [……]이러하다. 첫째, 노동은 인간의 창조자다. 둘째, 폭력은 역사의 산파다(그리고 마르크스의 경우 역사는 과거의 정치 행위이기 때문에, 이것은 폭력이 행위를 효과적으로 만든다는 의미를 지닌다). 셋째, 다른 두 가지와 외견상 모순되지만 다른 사람을 예속하는 사람은 어느 누구도 자유롭지 않다."(「카를 마르크스와 서구 정치사상의 전통」, 『사회연구』 제69권 2호, 2002, 287쪽)

　"20세기 초에 마르크스주의와 베르그송의 생의 철학을 결합시키려고 했던 조르주 소렐은 [……]최근 실존주의와 마르크스주의를 혼합한 사르트르와 기묘하게 유사하다. 그런데 소렐은 총파업이란 유명한 신화보다 더 폭력적인 것을 결국 제안하지 못했다. 오늘날 우리는 총파업을 오히려 비폭력적 정치의 영역에 속하는 것으로 생각하기 때문이다.

　50년 전 소렐은 레닌과 러시아혁명에 대한 열광적인 찬동에도 불구하고 이러한 온건한 제안으로 인해 파시스트라는 명성을 얻게 되었다. 사르트르는 파농의 『대지의 버림받은 자들』 서문에서 『폭력에 대한 성찰』의 소렐보다 훨씬 더 폭력을 미화하면서 [……]여전히 '소렐의 파시스트 발언'을 언급한다." (『폭력론』, 12쪽)

"파농은 [……]인민들이 '삶이란 끝없는 경쟁이라는 것', 폭력이란 삶을 구성하는 요소라는 것을 깨닫는다고 논평하면서 자신의 폭력 실천에 대한 찬양으로 결론짓는다. [……]삶에 대한 찬양은 폭력에 대한 찬양과 동일하지 않은가? 하여튼 소렐은 60년 전에 이러한 노선을 따라 사유했다.

[……]그는 다음과 같이 주장했다. 부르주아지는 계급투쟁에서 자신의 역할을 수행할 에너지를 상실했다. 그러므로 [……]프롤레타리아가 폭력을 사용하도록 설득되었을 때만 유럽은 구원받을 수 있을 것이다. [……]폭력은 생명력과 특히 그 창조성의 발현으로 찬양되었다. 소렐은 베르그송의 생명의 약동(*élan vital*)에 고취되어 생산자를 위해 설계된 창조성의 철학을 목표로 삼았으며 논쟁적으로 소비자 사회와 그 사회의 지식들에 대항했다."(『폭력론』, 69~70쪽)

폭력 예찬론자인 파농과 소렐은 폭력 자체를 위해 폭력을 미화하는 성향을 띤 대표적인 사람들이다. 소렐은 혁명을 확산시키고 부르주아지와 투쟁하는 과정에서 전략적으로 폭력을 미화했다. 그는 폭력의 유용성을 주장할 때 폭력의 '연극적' 요소를 부각시켰다. 즉 혁명가들은 행동 의지를 실현하고 구질서를 가능한 한 완벽하게 파괴하며 새로운 것을 창조하기 위해 대변동을 초래하는 투쟁의 신화(예컨대, 생디칼리스트들의 파업이나 마르크스의 파국적 혁명)에 의해 고무되어야 한다는 것이다. 이 신화가 만들어

이데올로기와 테러를 기반으로 한 나치 전체주의. 아렌트에 따르면
테러와 폭력은 동일하지 않다. 테러는 폭력이 모든 권력을 파괴하면서도
완전한 통제를 유지하고 있는 경우에 나타나는 통치형태다.

낸 에너지는 또한 전술적 강제력, 프롤레타리아 파업의 실질적 계기를 촉진시킨다.

소렐과 파농은 폭력의 정당화에 대해서 아렌트적 의미의 정당성과 필연성을 환기시킨다. 이들의 경우엔 정치와 폭력의 도구성이 직접 연계되지만, 아렌트의 견해는 군사 전략과 정치 사이의 엄격한 구별에 입각해 형성된다. 아렌트의 경우, 정당화되는 폭력은 정치혁명 자체에 조응하는 게 아니라 전쟁이나 해방에 조응한다. 따라서 소렐이나 파농과 아렌트의 견해에는 차이가 나타날 수밖에 없다.

소렐, 파농, 사르트르 등은 폭력의 '정당성'을 주장하지만, 이와 다른 차원에서 나타나는 폭력의 예를 지적하기로 한다. 폭력이 인간의 삶에 내재하는 근본적 요소라는 몇 가지 주장을 들 수 있는데, 물론 여기서 폭력의 대상은 인간이 아닌 자연이다.

"침해와 폭력이라는 이 요소는 모든 제작에 존재하며, 인공물의 창조자인 제작인(*homo faber*)은 항상 자연의 파괴자다." (『인간의 조건』, 139쪽)

"그러나 폭력이란 요소가 제조, 제작, 생산 활동, 즉 사람들이 자연과 직접 대면하는 활동에 불가피하게 내재되어 있다는 것은 우리의 맥락에서 볼 때 연관성이 매우 높다. 이러한 활동들은 일차적으로 인간을 상대로 하는 행위나 말과 같은 활동과

구분된다."(『과거와 미래 사이』, 111쪽)

아렌트는 자연과 문화, 단순한 삶과 진정한 삶, 필연성과 자유, 그리고 제작(*poiesis*)과 행위(*praxis*)를 구분하고 있다. 인간은 폭력이나 기술을 통해서 삶의 필연성에 응할 수 있다. 폭력과 기술은 필연적으로 무언의 기술과 연계된다. 이 경우, 폭력은 자연을 대상으로 한다. 그러나 제작 활동의 폭력과 달리, 분노에서 표출되는 폭력의 대상은 인간이다.

"분노, 그리고 분노가 때때로—늘 그런 것은 아니지만—동반하는 폭력은 자연스런 인간의 감정에 속하며, 그로부터 인간을 치료한다는 것은 인간을 비인간화하고 인간성을 거세한다는 의미에 불과할지 모른다."(『공화국의 위기』, 161쪽)

멜빌의 소설『선원 빌리 버드』에서 현대판 예수인 빌리 버드가 보이듯이, 순수한 도덕적 열정 때문에 분노가 발생하고 그것이 정치영역의 원리로 적용될 경우 정치영역은 심각하게 유린되고 손상된다. 그러나 부정의에 직면했을 때 분노하지 않는 것은 인간다움을 포기하는 것과 같다. 그것은 세계에 대한 열정의 결핍, 즉 정치적 무관심의 표현일 것이다. 따라서 인간의 공격 본능이나 폭력 성향을 동물적 본능으로 환원시키려는 사유는 인간을 동물과 동일시할 수 있는 오류를 범하기 쉽다. 부정의에 대한 분노가 폭력을 초래한 역사적 사례는 폭력이 자연적 현상이 아닌 인간적 현상이라는 점을 보여주고 있다.

이미 앞에서 권력과 폭력이 대립적인 정치현상이라는 점을 밝히고자 했다. 그러나 권력과 폭력은 밀접하게 결합될 경우에 대립적인 현상이라기보다 오히려 모든 정치적인 관계에 내재된 현상으로 인정될 수 있다.

"권력은 정치공동체의 존재 자체에 내재되어 있기에 정당화를 필요로 하지 않는다. 권력이 필요로 하는 것은 정당성이다. 보통 이 두 용어를 동의어로 취급하는 것은 오늘날 복종과 지지를 동일시하는 것 못지 않게 왜곡되고 혼란스럽다. 정당성은 도전받을 때 과거에 대한 호소에 기반을 두지만, 정당화는 미래에 다가올 결과와 연관된다. 폭력은 정당화될 수 있지만, 결코 정당하지 않다.

[……]권력과 폭력은 상이한 현상이지만 통상 함께 나타난다. 이들이 결합되는 곳에서는 어디든, 우리는 권력이 일차적이고 지배적인 요소라는 것을 발견하고 있다. 그러나 우리가 순수한 상태의 권력과 폭력을 다룰 때 상황은 전적으로 상이하다. 예를 들면 외국의 침략과 정복의 경우다."(『폭력론』, 52쪽)

아렌트는 권력이 진정한 정치를 실현하는 데 중요한 원동력이라는 점을 밝히고 있지만, 정치영역에서 폭력이 존재한다는 점을 부정할 수 없었다. 양자의 연관성은 시작이나 자유와 연계된 곳만큼 밀접하게 연계되는 곳은 없을 것이다. 아렌트는 권력과 폭력의 관계를 '정당성'과 '정당화'라는 맥락에서 논의했다. 이는 두 현상이 같지 않으면서도 서로 연계되어 있다는 점을 밝히고 있다.

"새로운 시작이라는 의미에서 변동이 발생하는 곳, 완전히 다른 정부 형태를 구성하기 위해 폭력을 사용하는 곳, 즉 새로운 정치체를 형성하고자 폭력을 사용하는 곳, 억압으로부터 해방되는 궁극적인 목적을 적어도 자유의 확립으로 상정하는 곳에서만, 우리는 비로소 혁명에 대해 언급할 수 있다."(『혁명론』, 28쪽)

"폭력이나 권력은 자연적인 현상, 즉 생명과정의 발현이 아니다. 그것들은 인간사의 정치영역에 속하는 것으로 행위 능력, 즉 새로운 것을 시작할 수 있는 능력에 의해서 보증되는 인간의 특성이다."(『폭력론』, 79쪽)

정당성은 사람들이 함께 모여서 공동으로 행위를 할 때 발생한다. 명예, 덕, 공포가 행위의 촉진 원리이듯이, 공동의 목적을 실현하려는 행위는 이미 정당성을 내포하고 있다. 반면 폭력 도구의 목표 지향적 성격은 미래에 나타날 목적의 관점에서 그 유효성을 추구한다. 아렌트는 이를 '정당화'로 표현했다. 폭력 자체가 정당한 것이 아니므로 그 정당화는 실현될 목적과 연계된다.

그렇다면 정당화되는 폭력의 궁극적 목적은 무엇인가? 그것은 바로 '새로운 시작'과 '자유'일 것이다. 언어를 통한 문제 해결의 노력이 더 이상 유효성을 갖지 못하는 곳에서 자유를 회복할 수 있는 방법은 기존 질서를 해체하는 것이다. 강압적인 구조나 제도를 해체할 때 폭력이 수반되지 않을 수 없다. 억압질서의 해체와 새로운 질서의 등장이 가능한 곳에서 폭력은 정당화되며, 정당화된 폭력은 기본적으로 자유와 권력의 재탄생을 가능하게끔 하는 데 기여할 수 있다. 따라서 권력과 폭력은 대립적인 현상이면서도 연계되어 있으며, 경우에 따라 함께 나타난다.

"왜냐하면 아메리카의 열세 개 식민지 전체가 무장 봉기와 독립선언에 이어 헌법제정을 동시에 [……]자발적으로 추진했기 때문이다. 따라서 자유를 위한 조건은 독립 투쟁, 즉 해방 전쟁과 신생 주들이 헌법제정을 하던 사이에는 시간적 격차와 충돌이 없었고, 중지 기간도 거의 없었다. 미국혁명이 종결되기 전에 '위대한 드라마의 첫 번째 장', 즉 '마지막 미국 전쟁'이 종결되었다 하더라도, 완전히 상이한 혁명 과정의 두 번째가 거의 동시에 시작되었고, 전쟁 기간 내내 나란히 진행된 것도 사실이다."(『혁명론』, 139~140쪽)

해방 전쟁과 혁명이 거의 동시에 진행되는 과정에서 나타난 폭력은 자유의 확립이란 목표를 실현하는 데 이바지했다. 따라서 폭력 자체는 정당하지 않지만 새로운 정치질서를 형성하는 데 기여했다는 점에서 정치적인 것의 범주 밖에 존재하지는 않았다. 그러나 프랑스혁명의 경우는 이와 달랐다. 아렌트는 혁명 초기와 혁명 과정에서 나타나는 혁명 정신의 퇴조를 통해서 권력과 폭력의 관계를 설명하고 있다.

"자유를 얻기 위한 인민의 봉기와 완전히 뒤범벅되었음에도 시민들의 봉기는 그 큰 규모의 엄청난 힘 때문에 아무도 저지할 수 없을 정도였다. 그리고 백주에 출현한 이 대중은 실제로 가난하고 억눌린 이들이었으며, 이전 시대에는 줄곧 어둠과 치욕 속에 몸을 숨기고 있었던 사람들이었다."(『혁명론』, 41쪽)

"로베스피에르는 위선과의 전쟁을 위해 독재를 공포정치로 바꿨다. 이 시기의 두드러진 특징은 통치자들의 자기숙청이었다. 청렴한 사람들이 일으켰던 테러가 바스티유 감옥의 함락과 여성들의 베르사유 행진으로 시작되고, 3년 후 9월 대학살로 막을 내린 인민 봉기의 결과, 즉 대공포―프랑스에서는 테러와 공포를 모두 'terreur'라고 한다―로 잘못 간주되어서는 안 된다."(『혁명론』, 95쪽)

뮌헨을 방문할 당시의 아렌트(1958).
아렌트는 죽음의 관점에서 인간을 이해하려는
하이데거와는 달리 삶의 관점에서 인간을
이해하려는 마음으로 『인간의 조건』을 출간했다.

"이론의 관점에서 볼 때, 프랑스혁명에서 인민의 신격화는 법과 권력을 모두 동일한 근원에서 도출하려는 시도의 불가피한 결과다. […]루소나 로베스피에르의 '일반의지'는 여전히 법을 생산하기 위해서만 작동할 필요가 있는 신적인 의지다." (『혁명론』, 183쪽)

앞의 세 인용문은 자유의 확립과 새로운 시작으로서의 혁명의 정신이 퇴색하는 과정을 압축적으로 담고 있다. 빈곤이라는 사회문제, 그리고 정부의 강제적 도구라는 수단을 통해 권력과 합법성을 구성하는 정치 문제를 해결하려는 시도는 폭력을 혁명 정치의 소용돌이로 끌어들였다. 이 경우 폭력은 행위가 아닌 제작으로서 정치행위에 해당되기 때문에 권력의 창출에 이바지하지 못했다. 행위와 제작은 분명히 다른 특성을 지닌 인간적 활동이다.

폭력 사용의 억제

우리는 정치영역에서 권력과 폭력이 불가피하게 상호 연계된다는 아렌트의 주장을 통해 그가 폭력을 예찬하고 있다는 인상을 받을 수 있다. 이와 달리, 그는 현대 전면전을 경험하면서 폭력의 정당화에 대해 고도로 절제하려는 입장을 유지했다. 전쟁과 혁명은 공통으로 폭력을 수반하지만, 현대의 전면전은 인류의 생존을 위협하기 때문이다.

"이론적 수준에서 보더라도 전쟁의 정당화는, 물론 조직화된 전투만큼 오래되지는 않았지만 상당히 오래전부터 이루어져 왔다. 정상적인 과정에서 진행되는 정치적인 관계가 폭력의 영향권에 속하지 않는다는 확신도 전쟁을 정당화하는 명백한 전제조건에 포함된다."(『혁명론』, 2쪽)

"그러므로 전쟁론과 혁명론은 폭력의 정당화를 취급할 수 있을 뿐이다. 정당화는 그 정치적 한계를 구성하기 때문이다. 대신에 이러한 정당화가 폭력 자체의 정당화나 미화에 도달한다면, 그것은 더 이상 정치적이지 않고 반정치적 의미를 갖는다."(『혁명론』, 10쪽)

아렌트는 전쟁이 정치적 관계의 산물이라는 점에 동의하면서도 정치와 전쟁의 문법이나 논리가 근본적으로 상이하다고 생각했다. 전쟁은 자유나 해방의 가능성을 형성하려는 의도를 담고 있다고 하더라도 정치의 의미와 다르다. 전쟁이 국가정책의 하위 개념으로 인정되던 시대에 클라우제비츠는 전쟁이란 다른 수단을 통한 정치의 연속이라고 주장했다.[6] 아렌트는 클라우제비츠의 주장에 동의하면서 섬멸전과 관련하여 그의 주장에 한계를 설정하고 있다.

"전쟁이 협상의 최후수단이라면 전쟁의 목표는 협상이 중단된 지점에서 결정되고, 보장된 모든 군사행동은 사실 다른 수단을 사용해 정치를 연장하는 것이다. 말할 것도 없이 이제 중요한 것은 협상의 문제가 결코 되지 않았던 것, 즉 한 국가와 그 민족의 존재 자체다. 전쟁이 적대적 상대편을 주어진 것으로 간주하여 그와 공존하려 하지 않고, 또 강제력으로 그들 사이의 갈등을 종식시키는 것만을 추구하지 않을 때, 바로 이 지점에서 전쟁이 처음 진정으로 정치수단이 되기를 중단하고 정치가 규정한 한계를 넘어서 정치 자체를 섬멸하기 시작한다." (『정치의 약속』, 159쪽)

아렌트는 『전체주의의 기원』에서 전체주의라는 새로운 정부 형태가 총체전(total war)의 정치 형태, 즉 다른 수단을 통한 전쟁으로서 정치라는 것을 제시했다. 그러나 아렌트는 이러한 주장에 머물지 않고 다음과 같이 주장한다. 즉 적대국들의 갈등을 해소하거나 공존을 유지하는 수단으로 강제력을 사용하지 않는 전쟁은 더 이상 정치수단이 될 수 없다는 것이다. 모든 인간관계를 파괴하는 '체계적인' 테러와 마찬가지로, 그는 전체주의의 총체전이 인류의 생존을 위협한다는 점을 강조한다. 그의 주장대로, 총체전은 중요한 군사 목표를 파괴하는 데 만족하지 않고 인간들 사이에서 발생하는 전체 세계를 기술적으로 파괴하기 때문이다. 핵전쟁 역시 지구라는 인간조건뿐만 아니라 인위적 공간인 정치 영역을 근본적으로 파괴하기 때문에 섬멸전과 같은 성격을 지니고 있다.

　"20세기에 전쟁은 정치적 기운을 제거하는 '강철의 폭풍'(윙거)도 아니고 '다른 수단을 이용한 정치의 연속'(클라우제비츠)도 아니다. 전쟁은 세계를 '사막'으로 만들고 지구를 생명이 없는 물질로 만드는 괴물 같은 파국이다."(『정치의 약속』, 191쪽)

　전쟁이 정치적 관계의 산물이라고 하더라도, 핵전쟁으로 인한 절멸의 망령은 전쟁에 대한 클라우제비츠의 주장이 더 이상 타당하지 않다는 점을 보여준다. 아래 문장은 전쟁과 평화의 관계에 대한 아렌트의 명백한 입장을 잘 드러내고 있다.

　"전쟁의 목적—두 가지 의미에서 말하는 목적—은 평화이거나 승리다. 그러나 평화의 목적은 무엇인가? 해답은 없다. 기록된 역사 속에서 전쟁 시기가 평화 시기보다 거의 항상 오래 지속되었다고 하더라도, 평화는 절대자다. 권력도 목적 자체이기에 같은 범주에 속한다."(『폭력론』, 51 ;『공화국의 위기』, 150쪽)

　전쟁과 폭력은 특정한 목적을 실현하는 수단이다. 폭력 행위 속의 모든 것은 목적-수단의 범주를 중심으로 이루어지기 때문이다. 반면에 평화 자체는 권력과 마찬가지로 정당하다. 아렌트

히틀러를 실패작으로 묘사한 일러스트.
히틀러는 모든 인간관계를 파괴하는 체계적인 테러처럼
인류의 생존을 위협하는 총체전을 벌여 제3제국을 이룩하려는
망상을 가졌던 실패작이다.

는 전쟁과 평화의 관계가 권력과 폭력의 관계와 마찬가지로 대립되면서 상호 연계되어 있다고 주장한다. 이러한 점을 고려하면, 아렌트는 『영구 평화론』에 나타난 칸트와 마찬가지로 일종의 특이한 평화주의자로 평가될 수 있다.

그러나 아렌트는 칸트와 달리 범세계적 연방제도(federated structure)를 구성하기 위한 어떠한 형태의 제도적 틀을 제시하지 않았으며, 이러한 세계가 영구평화로 이어진다고 믿지는 않았다.

> "칸트의 경우 미래의 평화와 화해를 불가능하게 만드는 전쟁에서는 어느 것도 불가능하다고 했다. 마찬가지로 야스퍼스 철학의 함의를 고려할 때 인류에게 실제로 존재하는 유대를 거스르는 정치에서는 아무것도 이루어질 수 없다. 이 말은 결국 전쟁이 정치적 수단의 병기고에서 배제되어야 한다는 것을 의미한다. 핵전쟁의 가능성은 전 인류의 존재를 위협하기 때문이며, 모든 전쟁은 수단의 사용이나 영역에서 아무리 제한적이라고 하더라도 인류에게 즉시, 직접적으로 영향을 미치기 때문이다."(『어두운 시대의 사람들』, 93쪽)

아렌트의 세계시민적 구상은 상당히 신중한 면을 담고 있다. 그는 어느 누구도 한 나라의 시민이면서 세계시민이 될 수 없다는 전제 아래 인류의 인간적 공존을 가능하게 하는 조건인 다원성의 지구적 확장을 주장했다. 따라서 보편적 상호 합의의 틀에 기초한 전 세계적 연방구조는 범세계적 공화정이 아니라 공화정들 사이의 자발적인 결사다. 그렇기에 아렌트는 인간적 다원성을 부정하는 "일종의 에스페란토어로 말하고 사유하는 세계시민은 자웅동체(hermaphrodite) 못지 않은 괴물일 것이다"[7] 라고 주장했다. 아렌트는 정치행위가 국내적 차원에서 인간적 다원성을 보장하듯이 국제적 차원에서 국가와 민족의 다원성을 보장하는 데 이바지해야 한다는 점을 강조했다.

7

전통과 혁명적 변동은 공존할 수 있는가

서구 정치사상과 정치행위의 전통

"키르케고르, 마르크스, 니체는 단절이 일어나기 바로 전 단계인 전통의 끝에 서 있다. 그들의 직계 선배는 헤겔이었다. 헤겔 그가 바로 최초로 세계사 전체를 하나의 연속적인 발전으로 본 사람이다."

전통과 현대인의 삶을 재조명하다

역사적 경험은 단순히 과거의 영역에 머물지 않고 기억을 통해 현재의 삶 속에서 재현될 뿐만 아니라 미래에도 그 영향을 미친다. 역사적 전통은 우리의 삶을 구성하고 이해하는 중요한 실재이며, 한편 현재의 정치적 삶을 인도하는 지표가 되기도 하고 걸림돌이 되기도 한다. 아렌트는 서구 전통의 상실을 경험하면서 현재의 관점에서 전통의 다양한 의미를 재조명했다.[1] 즉 그는 전통의 단순한 부활이 아니라 진정한 정치의 복원과 정치적 사유의 확장에 초점을 맞추어 전통을 비판적 재조명했다.

"로마인 이전에 전통과 같은 그러한 것은 알려지지 않았다. 이들과 더불어 전통은 과거를 경유하는 안내자이자 새로운 세대가 부지불식간에 세계와 자신의 경험을 묶어서 이해하게 하는 연결고리가 되었다."(『과거와 미래 사이』, 25쪽)

"과거가 전통으로 전해지는 한, 그것은 권위를 지닌다. 권위가 역사적으로 나타나는 한, 그것은 전통이 된다. 발터 베냐민은 자신의 생애에 발생한 전통의 단절과 권위의 상실을 회복할 수 없다는 사실을 알았고, 과거를 취급하는 새로운 방식을 발견해야 한다고 결론내렸다."(『어두운 시대의 사람들』, 193쪽)

아렌트는 자신의 저작에서 '새로운 시작'과 '전통'의 관계를 다양하게 조명한다. 새로운 시작은 사유나 행위에 대한 기존의 틀에서 벗어난다는 점에서 보존보다는 변화와 친화성을 갖는다. 신화적 사유에서 철학적 사유로 전환은 정신활동의 영역에서 새로운 시작이다. 그리스인의 철학적 사유는 이후 서구인들의 지적 전통을 마련하는 기초가 되었다. 반면 정치적 경험은 역사 속에서 정치행위를 인도하는 좌표로서 권위를 지니며 정치적 전통으로 구체화된다. 전통은 회상 속에 살아 있으며, 이야기 속에 살아 있다. 이야기하기는 과거에 존재하던 새로운 시작을 현재에 다시 드러내게 함으로써 우리를 과거와 연결시켜준다.

"인간의 행적은 기억되지 않을 경우 지구상에서 가장 쓸모없고 가장 빨리 사라질 수 있는 것이다."(『과거와 미래 사이』, 84쪽)

아렌트는 역사적 경험 가운데 귀중한 것, 즉 새로운 시작을 망각으로부터 구원하고자 노력했다. 그의 경우 "새로운 시작 그 자체는 우리가 존중해야 할 전통과 동일하다."[2] 정치혁명으로서 새로운 시작에 대한 이야기하기는 혁명의 상실된 보고를 현대에 부활시키는 데 이바지하고 있다. 그러나 아렌트는 20세기의 새로운 정치적 사건의 의미를 탐구하는 과정에서 정치사상의 전통을 비판적으로 해석했다. 즉 사상적 전통은 결코 새로운 정치현상을 설명하고 이해하는 데 쓸모가 없다는 것이다.

　"전체주의는 비교를 무시한다는 점에서 전대미문의 정부다. 전체주의는 정부의 본성에 대한 정의가 서구 정치사상—한편 합법적이고 입헌적인 또는 공화적인 정부, 그리고 다른 한편으로는 무법적이고 자의적이며 폭군적인 통치—의 태동 이후 기초해왔던 대안을 파괴했다."(『이해의 에세이』, 339쪽)

　"이것이 참이라면, 전적으로 전례 없는 새로운 전체주의 조직 형태와 행위 과정은 인간이 함께 생활하면서 겪을 수 있고, 공적 문제에 관심을 가질 수 있는 몇 가지 기본적 경험에 의존해야만 한다. 전체주의의 지배, 즉 전체주의 정부형태의 새로움이란 관점에서 그 정치적 표현을 발견하는 기본적 경험이 있다면, 이것은 어떠한 이유든 이전 정치체의 기초로서 기여한 적이 결코 없는 경험임이 틀림없다."(『전체주의의 기원』, 461쪽)

　"연속적인 역사의 관점에서 볼 때, 우리 전통의 실마리는 더 이상 전통의 범주를 통해 이해될 수 없었던 전체주의 제도와 정책의 출현과 단절되었다."(「카를 마르크스와 서구 정치사상의 전통」, 『사회연구』, 280쪽)

망명 이후 다시 독일을 방문한 아렌트(1955).
아렌트는 1950년 초반 서구의 지적 전통에 대한
글을 발표했다. 그러면서 전통의 해체를 통해
새로운 정치적 사유의 기회를 마련하려고 노력했다.

첫 번째 인용문은 전체주의에 대한 이해가 서구 정치사상의 전통에서 연역될 수 없다는 점을 강조한다. 두 번째 인용문 역시 전체주의 정부가 서구의 정치적 전통과 연계되지 않는다는 점을 강조하고 있다. 아렌트의 경우 전체주의 등장은 전통의 단절을 의미한다. 따라서 그는 인과론적 원리에 기반을 두고 있는 사상적 전통에 의존하지 않고 이야기하기 방식으로 전체주의의 요소들과 그 결정화 과정을 독자에게 제시하고자 했다. 전체주의를 경험하면서 전통의 무기력함을 확인한 아렌트는 새로운 정치현상을 이해하는 과정에서 어느 누구보다도 전통에 대해 상당히 회의적인 입장을 유지했다.

"이제 어떤 의미에서 이러한 상황은 미지의 땅 위를 버팀목 없이 자유롭게 이동하기 위해 기둥이나 버팀목뿐만 아니라 기준이나 전통도 필요없는 새로운 형태의 사유를 촉진할 수 있는 장점일 수 있었습니다. [……]진리의 기둥은 정치질서의 기둥이었으며, 세계는 연속성과 항구성을 보증하기 위해 그러한 기둥을 필요로 합니다."(『어두운 시대의 사람들』, 10쪽)

전통의 해체는 새로운 정치적 사유의 기회를 제공할 수 있다. 여기에서 기둥은 상징으로서 전통을 의미한다. 한번 붕괴된 전통은 복원 작업에도 불구하고 그 본래의 위상을 회복하기 어렵다. 아렌트는 전통이 붕괴된 시대를 살아가는 현대인이 무엇에 의존하여 역사적 또는 정치적 사건의 의미를 이해할 것인가라는 의문을 제기했다. 이는 아렌트가 자신의 저작에서 밝히고자 했던 근본적인 질문들 가운데 하나다. 앞에서도 언급했듯이, 그 해답을 모색하는 과정은 바로 정치적 사유 능력을 증진시키는 것이다.

이렇듯, 아렌트는 자신의 저작에서 한편으로는 전통을 긍정적으로 이해하면서도 다른 한편으로는 회의적으로 조명하고 있다. 전자를 강조하는 아렌트는 보수주의자로, 후자를 강조하는 아렌트는 진보주의자로서 모습을 드러낸다. 전통에 대한 아렌트의 이중적 태도는 단순히 학문적인 편이성에서 나오는 것인가? 그렇지는 않다. 그는 계승할 전통과 버릴 전통을 각기 다른 방식으로 밝히고 있기 때문이다.

> "전통은 과거를 시대순으로 정돈할 뿐만 아니라 무엇보다도 체계적으로 정돈한다. 전통은 긍정적인 것과 부정적인 것, 정통과 이단, 의무적이고 연관된 것과 무관하거나 단지 흥미로운 의견이나 자료의 집합을 분류하기 때문이다."(『어두운 시대의 사람들』, 198~199쪽)

새로운 시작은 과거로의 복귀

'전통'에 해당되는 영어 'tradition'의 어원은 '물려주다' '넘겨주다' '돌려주다' '전승하다'라는 의미의 라틴어 동사 *'trado'*에서 파생된 명사 '*traditio*'다. 정치적 의미의 '전통'은 새로운 시작으로서 건국이란 정치행위와 밀접하게 연계되어 있다. 로마인은 건국 정신의 계승을 정치적 '전통'으로 규정했고, 그리스 철학 정신의 계승을 정신적 전통으로 규정했다. 따라서 철학적 전통이란 표현보다 정치적 전통이란 표현이 선행적으로 사용되었다.

"전통은 선조들의 증언을 한 세대에서 다른 세대로 물려줌으로써 과거를 유지했다. 이들은 처음으로 성스러운 건국을 증언했고 창조했으며, 따라서 수세기에 걸쳐 자신들의 권위를 통해 그것을 보완했다. [······]이때 사상과 이념의 문제에서 정신적 전통과 권위의 개념은 정치영역에서 유래하며 따라서 본질적으로 파생적이다."(『과거와 미래 사이』, 124쪽)

전통은 새로운 시작과 선택적 관계를 유지한다. 피상적으로 보면, 새로운 시작은 '중단'과 연계되는 것 같고 전통은 '연속성'과 더 친화성을 지니고 있는 것 같다. 아렌트는 이러한 해석에 머물지 않고 전통을 로마인의 정치적 경험과 연계시키고 그 의미를 부각시켰다. 로마의 삼위일체론은 전통의 이러한 특성을 잘 드러내고 있다.

"'religion'(종교)이라는 용어는 원래 로마적 의미로 이해해야 한다. 따라서 라틴어 'pietas'(경건)가 로마 역사 최초의 영원한 도시의 건국과 다시 연결된다는 의미를 포함하고 있듯이, 그들의 경건함은 그들을 최초로 결속시킨다는 의미의 '*religare*'에 포함된다.

[……]어의적으로 '*augere*'(늘리고 증대시키다)에서 유래한 용어인 '*auctoritas*'(권위)는 건국 정신의 생명력에 의존했기 때문에 선조들이 수립했던 기초를 건국 정신에 입각해 증대하고 확장하는 것이 가능했다. 무제한적으로 계속되는 이러한 증대와 그 내재적 권위는 전통, 즉 시초에 형성된 원리의 계승과 끊이지 않는 후계자들의 계보를 통해서만 형성될 수 있었다.

[……]건국 행위에서 동시에 발생한 권위, 전통, 종교의 일치는 로마 역사에서 처음부터 끝까지 기본이 되었다."(『혁명론』, 199, 202쪽)

이렇듯, '전통'은 건국 정신의 계승이라는 의미에서 정치적 의미를 담고 있다. 건국, 증대, 보존은 밀접하게 연계되어 있다. 전통의 관점에서 볼 때, 새로운 시작은 과거로의 복귀를 의미한다. 물론 이러한 시작은 인간사의 영역에서 진행되는 '재건'이지 '절대적 시작'은 아니다.

"베르길리우스에 따르면, 로마는 트로이의 부활이며, 로마 이전에 존재했던 도시국가의 재건이었다. 따라서 시간의 연속성 자체와 기억 능력 [……]에 의해서 요구된 연속성과 전통의 아렌트와 야스퍼스가 주고받은 서신.
아렌트는 1933년 독일 망명 이후 종전까지의 기간을 제외하고 1926년부터
야스퍼스가 서거하던 1969년까지 지속적으로 서신을 교환했다.

실은 단절되지 않았다."(『정신의 삶: 의지』, 212쪽)

선조들이 물려준 것을 보존하는 정치행위는 신성한 의무이며, 최초와 연결하는 것은 종교적 함의를 지니고 있다. 로마인은 전통을 신성한 것으로 생각했다. 이러한 전통은 로마 공화정에서 제국으로 바뀐 이후에도 여전히 유지되었다. 로마인의 건국 경험은 전통과 권위 개념에 영향을 미쳤다. 로마인은 건국을 존경했기 때문이다. 그러나 그들의 정치적 경험은 정치사상의 전통에 영향을 미치지는 못했다.

아렌트는 로마의 경험에만 의존하지 않고 새로운 시작으로서 행위와 전통의 관계를 조명했다. 그는 행위(action)에 해당하는 라틴어 'ager'(시작하다)와 'gerere'(낳다)를 그리스어 'archein'(시작하다, 이끌다)과 'prattein'(이루다, 달성하다)과 연결하면서 행위가 새로운 시작의 의미를 가지고 있다고 지적했다. 연속성의 중단으로서 새로운 시작은 인간 행위의 본질이다. 행위는 행위자와 전통을 연결하는 실을 단절할 수 있기 때문이다. 아렌트는 이러한 해석을 통해 행위의 본질을 그리스의 정치적 경험에서 복원시켰다.

이제 정신적 전통에 대해 언급하기로 한다. 정치사상의 전통에 대한 아렌트의 비판적 고찰 역시 정치행위의 의미를 복원하는 데 맞춰져 있다. 정치사상의 전통은 소크라테스의 죽음에 대한 플라톤의 정신적 대응으로 형성되며, 로마인은 이것을 정신적 전통으로 수용하게 되었다. 아렌트는 그리스 사상이 정신적 전통으로 자리 잡게 된 경위를 다음과 같이 지적하고 있다.

"예수의 재판과 유죄판결이 종교사에서 전환점이었듯이 정치사상사에서 똑같은 역할을 한 소크라테스의 재판과 유죄판결을 계기로 철학과 정치 사이의 심연은 역사적으로 열렸다. 소크라테스의 사망이 플라톤으로 하여금 폴리스의 삶을 단념하게 했으며, 동시에 소크라테스 가르침의 기본사항을 의심하게 했을 때, 우리 정치사상의 전통은 시작되었다."(「철학과 정치」,『사회연구』, 73쪽)

"로마가 독특한 사건으로서 건국을 신성화하지 않았다면, 그리스 철학을 포함한 그리스 문명은 [……]결코 전통의 기초가 될 수 없었을 것이다. 정확히 말하자면, 우리의 전통은 의심할 여지없고 권위적이며 결속력 있는 사상의 기초로서 그리스 철학에 대한 로마의 수용으로 시작된다. 로마는 이러한 수용 때문에 철학, 심지어 정치철학을 발전시킬 수 없었으며, 따라서 자신의 특별한 정치적 경험을 적절하게 해석하지 않은 채 남겼다."(『정치의 약속』, 54쪽)

아렌트는 이러한 전제 아래 정신적 전통이 중세를 거쳐 근대로 이어지는 과정을 여러 논문에서 밝히고 있다. 전통의 단절이나 붕괴는 '새로운 시작'으로 이어질 수 있지만, 아렌트는 전통에 대한 19세기의 저항이나 20세기의 여파가 역사의 단절을 야기하지는 않았다고 주장한다. 앞에서도 언급했듯이, 그는 전통의 단절을 전체주의의 등장과 연계시키고 있다.

정치철학 전통의 시작에는 정치에 대한 플라톤의 경멸이 존재한다는 아렌트의 비판적 해석은 정치 또는 행위의 고유성과 고귀성을 부각시키려는 의도를 담고 있다. 정치사상의 전통에 대한 아렌트의 비판은 1954년 노트르담 대학교 강의를 위해 마련한 일련의 강의록에 뚜렷하게 나타난다.[3]

"이러한 그리스의 폴리스 이전의 과거는 모든 유럽 언어에 아직도 살아 있는 그리스 정치용어의 근원이다. 그러나 그리스의 정치적인 삶이 쇠퇴하기 시작할 순간에 시작된 정치철학의 전통은 폴리스를 중심으로 한 이러한 초기의 경험들을 형상화하고 범주화할 수 없었다. 그 결과 우리가 사용하는 '정치'(politics)라는 말은 바로 이러한 독특한 정치적 삶의 형태에서 파생되어 그것을 지칭하면서 일종의 보편적 타당성을 얻었다."(『정치의 약속』, 45쪽)

"정치철학의 전통은 불행하고도 운명적으로 그 시작부터 정치적인 일, 즉 인간이 함께 살아가는 곳이라면 어디에나 존재하는 공통의 공공영역과 관련된 행위에서 그것이 갖고 있는

독일에서 프랑스로 망명하기 직전의 아렌트(1933).
『라헬 파른하겐』을 마무리했던 아렌트는 이를 계기로
유대인으로서 자신의 정체성을 자각하기 시작했다.

모든 품위를 제거했다. 아리스토텔레스의 말에 따르면, 정치는 그 자체로 목적을 지니지 않고, 목적에 도달하는 수단이다." (『정치의 약속』, 82쪽)

전통의 어원은 정치행위의 고귀성을 기저로 삼고 있다. 로마인은 고귀한 정치행위, 건국 정신을 계승하는 전통을 유지했다. 이때 전통은 진정한 정치행위와 연계되기 때문에, 아렌트는 로마인의 전통을 부각시켰다. 반면에 아렌트가 정치의 고귀성을 폄훼시킨 정치철학의 전통을 비판한 것은 독자에게 정치행위의 고유성을 이해할 수 있는 정치적 사유 능력을 제시하려는 데 있다.

정치행위와 정치적 사유는 새로운 시작이란 점에서 공통점을 지닌다. 정치행위로서 새로운 시작은 사유의 대상이다. 정치적 사유는 특정한 정치적 사건이 우리의 삶에 어떤 의미를 갖는지 스스로 질문하고 그 해답을 찾는 정신활동이다. 그러나 과거의 경험은 상상력의 덕택에 사유과정에서 재현되기 때문에, 정치적 사유는 기억하지 않으면 잠시 존재했다가 사라질 '무용한' 활동을 재현하는 데 기여할수 있다. 이렇듯, 과거는 기억을 통해 현재에 재현될 수 있다.

미국혁명과 정치적 전통의 부활

아렌트는 근대 혁명에 관심을 갖고 연구하기 이전에 헝가리혁명의 발발 소식을 듣고 이를 성찰할 수 있는 기회를 가졌다. 그는 헝가리혁명이 20세기 발생한 수많은 혁명과 달리 정치혁명이라는 것을 깨닫게 되었다. 이러한 이해는 「전체주의적 제국주의: 헝가리혁명에 관한 성찰」(1958)에 담겨 있다. 또한 그는 1959년 프린스턴 대학교에서 개최된 「미국과 혁명정신」이란 주제의 세미나를 계기로 근대 혁명을 심도 있게 연구했고, 이를 『혁명론』으로 출간했다.

아렌트는 헝가리혁명을 계기로 혁명을 연구하기 시작했지만, 새로운 시작으로서의 혁명을 천착하기 위해 근대를 넘어서 고대까지 관심의 영역을 확장시켰다. 이러한 성찰에서 핵심적인 정치 개념은 역사적으로 발현된 새로운 시작, 자유, 전통 등이다. '전통'은 계승 또는 물려줌이란 의미를 담고 있어서 '연속성'이란 이미지를 강하게 드러내지만, 혁명은 '중단'과 '새로운 시작'이란 이미지를 더 강하게 드러내고 있다. 외형적으로 보면, '전통'은 '고대'와 더 연계되며, 혁명은 '근대'와 연계된다. 정치현상으로서 전통은 로마의 건국행위와 연관되지만, 혁명은 전통에 도전하는 근대에 처음으로 등장했기 때문이다.

19세기 식민지 이주자들은 영국 정부의 부당한 통치에 맞서기 전에는 영국 신민이 된 것을 자랑스럽게 생각했다. 그러나 이들은 식민지 모국의 부당한 통치에 저항해야만 하는 상황에 이르러 새로운 시작이 정치행위라는 것을 깨달았다. 아렌트는 새로운 시작으로서의 행위라는 역사적 범례를 그리스와 로마의 정치적 경험에서 찾았을 뿐만 아니라 근대혁명, 특히 미국혁명에서 찾았다.

"그들 자신은 망명자로서 그곳(아메리카)에 정착한 게 아니고 식민지 이주자로서 도착했다. 영국과의 갈등이 결과적으로 불가피하게 된 마지막 순간까지, 그들은 모국의 정치적 권위를 인정하는 데 어려움을 겪지 않았다."(『정신의 삶: 의지』, 206쪽)

"실험에 대한 열망, 동시에 절대적 참신성, 즉 새로운 정치질서에 대한 확신은 분명히 식민지인의 정신에는 존재하지 않았지만, 150년 후 혁명을 주도할 수 있었던 사람들의 정신에는 확실히 존재했다."(『혁명론』, 171쪽)

"전통과 권위에 대한 우리의 이해는 [……]18세기 위대한 혁명에서만 존재했던 건국이라는 정치행위에 그 기원을 두고 있다."(『정치의 약속』, 59쪽)

미국혁명 참가자들은 건국 임무를 수행하기 위해 역사에 주목했다. 권위, 전통, 종교라는 정치적 삼위일체는 로마 건국과 직접 연계되듯이, 이들은 새로운 시작으로서 건국을 수행하기 위해 로마의 건국에 눈을 돌렸다. 새로운 시작으로서 전통과 혁명의 연관성은 미국혁명에서 나타난다.

"그것이 어떠하든 아니면 어떠했든, 미국인이 베르길리우스 치세의 대주기(*magus ordo saeclorum*)를 새로운 정치질서(*novus ordo saeclorum*)로 바꾸기로 결정했을 때, 그들은 '로마를 새롭게' 건국하는 문제가 아니라 일종의 '새로운 로마'를 건국하는 문제였다는 점을 인정했고, 서양 정치와 영원한 도시의 건국을 다시 연결하는 끈이 [……]다시 재생될 수 없다는 점을 인정했다."(『혁명론』, 213쪽)

이때 건국 선조들은 로마의 건국 신화를 통해서 자유가 해방의 자동적 산물이 아니며, 구질서의 종말도 필연적으로 새로운 질서의 시작이 아니라는 점을 깨달았다. 그들은 "자유의 심연"에 직면했다. 이 심연은 연계되지 않는 새로운 사건이 시간의 연속체에 갑자기 끼어들 때 형성되는 틈이다. 따라서 새 질서의 확립에 참여하는 사람들은 절대적 시작 이외에 의존할 것을 갖고 있지 못했다. 그러나 절대적 시작은 시간성의 계기를 폐지하기 때문에 정치행위의 근거로서 기능하지 못한다.

그렇다면 미국의 건국 선조들은 시작에 내재된 난관을 어떻게 해결하려고 했을까? 인간의 시작은 인간사 영역에서 지속적으로 이어진다. 미국 건국 역시 이러한 시작에 기반을 두고 있다.

"이 혁명은 갑자기 발생한 것이 아니라, 공동 심의에 참여한 사람들이 맺은 상호 맹약의 위력으로 이루어졌다. 건국이 이루

미국혁명에 참여한 정치가 해밀턴과 미국 제4대 대통령 매디슨.
두 사람은 몽테스키외의 다른 견해에 관심을 가졌다.
즉 공화국 연맹은 소규모 공화국들이 단순한 동맹에 자신들을
양도하는 대신 새로운 정치체제인 연맹공화국을 구성할 수 있다는
조건 아래 대규모 국가들의 문제를 해결할 수 있었다.

어졌던—한 건축가의 위력이 아니라 다수의 결합된 권력에 의해—숙명적인 몇 년 사이에 빛나게 된 원리는 서로 연계된 상호 약속과 공동 심의라는 원리였다."(『혁명론』, 215쪽)

원리는 곧 시작과 같은 의미를 가지고 있다. 물론 이러한 시작은 절대적 시작이 아니라 인간의 행위를 통해서 이루어진 시작이다. 상호 약속과 공동 심의는 시작의 원리였다. 그들은 시작의 원리를 초월적 영역에서 찾지 않고 정치행위에서 찾았다. 이렇듯 미국혁명 참가자들은 혁명 과정에서 제기되는 절대자 문제를 자신들의 행위에서 찾음으로써 혁명에서 비롯된 난관을 극복하고자 했다.

미국혁명 참가자들은 자유를 지속적으로 유지하려는 수단을 로마에서 찾았다. 순수한 혁명은 사실 새로운 시작이라기보다 부활이라고 할 수 있다. 로마의 경우, 권위는 선조들이 수립했던 기초를 건국 정신에 입각해 키우고 확장하는 것을 의미하며, 건국 정신을 해석할 수 있는 원로원에 있다.

물론 미국 헌법은 그 권위를 사법부에 부여했고, 이제 권위는 입법부가 아닌 헌법 정신을 해석하는 사법부로 옮겨갔다. 차이가 있다면, 로마에서 권위의 기능은 정치적인 조언을 하는 데 있지만, 미공화국에서 권위의 기능은 사법적이며 해석을 한다는 데 있다. 미국 헌법의 진정한 권위는 수정과 확장이 가능한 내재적인 능력에 있다. 따라서 미국 헌법의 수정조항들은 미공화국의 건국 정신을 확장하고 증대시킨 결과라는 점을 고려할 때, 건국 정신을 해석하는 능력은 사법부에 부여될 수밖에 없었다.

반면에 새로운 권력 개념은 혁명보다 훨씬 오래전에 등장했다. 물론 혁명이 발생하지 않았다면, 새로운 권력 원리도 살아남을 수 없었을 것이다. 아렌트의 권력은 공동으로 활동하는 능력이다. 미국의 경우 권력은 모든 자치조직, 모든 식민지 군과 구에서 실현되었다. 혁명 전에 아메리카에서 식민지인들의 정치행위는 권력 형성에 이바지했고, 권력은 약속과 서약이라는 새로 발견된 수단을 통해서 유지되었다. 그러나 아렌트는 미국이 혁명 전통을 유지하지 못하는 역사적 망각으로 인해서 혹독한 대가를 치루고 있다는 점을 역설함으로써 혁명 전통의 상실에 대해 비관적인 입장을 보이고 있다.

"그 결과 미국의 권력과 권위는 오래전부터 미국 시민들 사이에 증오와 경멸의 대상이 되었던 부패하고 타락한 정치체제를 지원하는 데 이용되었다."(『혁명론』, 219쪽)

미국은 과거 제3세계 국가들의 쿠데타를 지원하거나 권위주의 정권을 지지하는 대외정책을 추진해왔다. 이러한 대외정책은 자유와 새로운 시작이란 혁명 전통과 정면 대립된다. 미국은 이러한 대외정책 때문에 많은 국가의 국민으로부터 비난의 대상이 되어왔다. 아렌트는 이러한 대외정책을 혁명정신의 퇴조로 규정했다.

프랑스혁명, 정치사상의 또 다른 전통을 만들다

17세기 프랑스의 철학자 콩도르세는 자유를 목표로 하는 정치적 사건에만 '혁명'이란 용어를 적용할 수 있다고 언급했다. 프랑스혁명은 분명히 혁명 초기에는 새로운 시작과 정치적 자유의 확립을 목표로 했다. 이러한 새로운 시작은 루이 16세와 시종 사이의 대화에서도 뚜렷이 나타난다.

"우리가 듣기로는, 루이 16세가 '이것은 반란이 아닌가'라고 외치자, 라 로슈푸코가 '폐하, 아닙니다. 이것은 혁명입니다'라고 말하며 왕의 말을 교정했다. [……]바스티유의 소요가 반란이라고 선언했을 때, 왕은 음모와 권위의 도전을 자의대로 처리할 권력과 다양한 수단을 주장했다. 이에 대해 라 로슈푸코는 이미 일어난 것이 바뀔 수 없으며 왕의 권능을 벗어나는 일이라고 답한다."(『혁명론』, 41쪽)

이 대화는 혁명이 '중단'이며 '새로운 시작'이라는 의미를 압축적으로 담고 있다. 그러나 이후 혁명들은 대부분 사회 문제를 정치의 수단으로 해결하는 방식으로 전환함으로써 정치의 목적을 실현하는 데 실패했다. 자유의 확립이 아니라 '풍요' 또는 '인민의 행복'이 혁명의 목표가 되었다. 이러한 뒤바뀜은 정치가 목적-수단의 관점에서 이해된다는 점을 보여주고 있다.

"헝가리혁명을 제외하고 모든 혁명은 프랑스혁명의 예를 따랐으며, 폭정이나 억압에 대한 투쟁에서 빈곤과 적빈이라는 막강한 강제력을 선용하기도 또는 악용하기도 했다."(『혁명론』, 108쪽)

플라톤 이래로 인간사를 이해하기 위해 초월적 절대자들을 상정하려는 전통은 끊임없이 지속되어왔다. 혁명 이전의 과거와 건국 이후라는 미래 사이에서 진행되는 현재로서의 혁명 과정은 과거와의 중단을 지향하면서도 과거의 영향으로부터 자유롭기 어렵다.[4] 프랑스혁명 과정에서 신의 권능을 부여받은 '절대군주'는 무오류적 '인민'으로 대체되었다. 정치-존재론적 입장에서 볼 때, 인민도 초월적인 위상을 지니는 존재다. 혁명 이전의 과거는 혁명 과정에 반영되었다.

"이론의 관점에서 볼 때, 프랑스혁명에서 인민의 신격화는 법과 권력을 모두 동일한 근원에서 도출하려는 시도의 불가피한 결과였다. 절대 왕정이 '신성한 권리'에 기반을 두고 있다는 주장은 세속적 지배권을 전지전능할 뿐만 아니라 우주의 입법자이기도 한 신의 이미지, 즉 하나님—그의 '의지'가 곧 '법'이다—의 이미지에 입각해 해석했다."(『혁명론』, 183쪽)

로베스피에르는 혁명과정에서 자유의 확립과 빈곤 문제 해결

274

1789년 7월 14일 바스티유 감옥이 함락되던 장면.
루이 16세가 "이것은 반란이 아닌가"라고 외치자
라 로슈푸코는 "아닙니다, 폐하, 이것은 혁명입니다"라며
왕의 말을 교정했다는 일화도 유명하다.

이라는 두 가지 목표 가운데 빈곤 문제에 눈을 돌림으로써 혁명 과정을 유린했다. 그는 혁명 이전에도 순수한 도덕주의자로서 빈자들의 고통에 많은 관심을 가지고 있었고, 이 경제적 난관을 정치적으로 해결하기 위해 절대적 선을 폭력 사용의 명분으로 삼았다.

"혁명 참가자들이 행위를 시작해야만 하는 바로 그 순간에 절대자를 사적으로 찾고자 한다는 흥미로운 사실은 적어도 부분적으로 서구인들의 오래된 사유 습관에 영향을 받았을 것이다."(『혁명론』, 208쪽)

"이 시작에 내재된 문제에 대한 로마 당대의 해결책은 아마도 스키피오에게 원래 의미의 공적인 것, 즉 공공영역을 구성하는 또는 오히려 재구성하는 숙명적 순간을 위해 **독재를 확립**하라고 요청한 키케로의 유명한 호소에 가장 잘 드러나는 듯하다. 이 로마의 해결책은 로베스피에르에게 '자유의 폭정'이라는 영감을 제공한 실제적 근원이었으며[……]."(『혁명론』, 208쪽)

그러나 로베스피에르는 로마의 독재자와 달리 원시적 범죄를 다시 근대 유럽의 정치 무대에 도입함으로써 새로운 시작으로서의 정치행위를 혁명적 소용돌이에 익사시켰다. 그는 1793년 혁명과정을 주도하면서 경제 문제를 폭력적인 방법으로 해결하기 위해 절대자를 정당화했다. 그는 드러낼 수 없는 절대적 선(the absolute goodness)을 드러내려는 의도로 자신이 설정한 '위선자들'에게 적나라한 테러를 가함으로써 공공영역을 심각하게 유린했다. 따라서 그는 미국혁명 과정에 영향을 받았으면서도 혁명과정을 실패할 수밖에 없는 방향으로 이끌었다.

로베스피에르, 마라, 당통을 중심으로 하는 급진공화파는 자유의 확립이란 정치적 목표에서 벗어나 경제 문제에 눈을 돌림으로써 혁명을 필연성, 폭력과 연계시키는 유산을 잉태했다. 로베스피에르는 자유의 폭정을 상퀼로트의 권리에 내맡김으로써 혁명의 목표를 인민의 행복으로 바꾸었다. 이러한 전환은 프랑스혁명뿐만 아니라 이후의 혁명에서도 반복되는 불행한 전통이 되었다. 프랑스혁명 과정을 관찰하면서 역사의 필연성이란 개념을 정립한 헤겔의 역사적 사유는 이후 아렌트가 혁명을 이해하는 기준이되었다.

도약, 전도, 뒤집기로 전통에 도전하다

아렌트는 플라톤과 아리스토텔레스의 가르침으로 시작된 정치사상의 전통이 마르크스에 이르러 종말을 고했다고 주장한다. 인간사의 동굴에서 살아가는 삶과 이데아의 진리가 발산하는 빛 가운데 살아가는 삶, 활동적 삶과 관조적 삶, 그리고 신의 도성과 지상의 도성이란 이분법은 현실 정치의 경험을 이해하는 기준이 되어왔다. 이러한 전통은 인간이 행위를 하는 동물이라는 점을 높이 평가하고 있지 않다. 근대에 이르러 새로운 것을 경험한 '위대한' 반항자들은 바로 키르케고르, 마르크스, 니체다.

"키르케고르, 마르크스, 니체는 단절이 일어나기 바로 전 단계인 전통의 끝에 서 있다. 그들의 직계 선배는 헤겔이었다. 헤겔, 그가 바로 최초로 세계사 전체를 하나의 연속적인 발전으로 본 사람이다.

[……]역사적 연속성의 끈이 바로 전통의 첫 번째 대체물이었던 것이다. 가장 상이한 가치, 가장 모순된 사상과 상충되는 권위는 대부분 [……]실제로 전통 자체를 부정하기보다는 모든 전통의 권위를 부정하도록 고안된 하나의 단선적이고 변증법적으로 일관된 발전과정에 포함되었다. 키르케고르, 마르크스, 니체는 과거의 철학사를 변증법적으로 발전된 하나의 총체로 본다는 점에서 헤겔주의자들이다.

[……]그들은 어떠한 형태의 권위에 인도되지 않은 채 용기 있게 사유한 첫 번째 사람들이다. 그러나 그들은 좋든 나쁘든 여전히 위대한 전통의 범주적 틀에 구속되었다."(『과거와 미래 사이』, 28쪽)

아렌트는 이들을 통해서 전통의 파괴적 왜곡을 목격했다. 키르케고르는 회의에서 신념으로 도약함으로써 이성과 믿음 사이의 전통적 관계를 뒤집고 왜곡시켰다. 그의 경우 주요 문제는 이성의 효험과 신의 존재를 근본적 회의로 빠뜨린 근대 과학과 회의론의 등장이었다. 마르크스는 형이상학을 역사철학으로, 철학자를 역사가로 바꾼 헤겔 이후 이론에서 행위로 도약했다. 그의 경우 주요 문제는 행위에 대한 철학의 오래된 우위적 태도에 근본적으로 의문을 제기하는 노동사회의 출현과 역사의식의 탄생이다.

니체는 초월적인 이데아 영역에서 삶의 감각성으로 도약함으로써 전통에서 벗어나려고 시도했다. 그의 경우 주요 문제는 초월적이고 무시간적인 기준에 대한 고대적 신념을 치명적으로 침식시킨 모든 윤리적·종교적·예술적 이상의 상대화다. 아렌트에 따르면, 전통에 대한 이들의 도전은 불길한 유사성을 지닌다.

"키르케고르는 [……]종교에 대한 근대 과학의 공격을 종교 내적 투쟁으로 변형시켰다. [……]마르크스는 철학에서 정치학으로 도약했을 때 변증법이론을 행위로 끌고 들어와 정치 행위를 더 이론적으로 만들었고 오늘날 우리가 이데올로기라고 부르는 것에 이전보다 더 의존하게끔 했다. [……]니체의 전도된 플라톤주의, 생에 대한 강조는 [……]일반적으로 허무주의라고 불리는 것으로 귀결되었다."(『과거와 미래 사이』, 29~30쪽)

키르케고르는 이성적 동물로서 인간을 고통받는 인간으로 묘사했으며, 마르크스는 인간의 인간성을 인간의 생산력 또는 활동력으로 규정했다. 반면에 니체는 생의 생산력과 힘에의 의지를 강조했다. 이들은 철학적 전통에 대응하여 도약, 전도, 개념 뒤집기를 시도했다. 그러나 이들은 전도 과정에서 여전히 전통적 사유의 이분법에 의존하고 이를 재생산했다. 즉 이들의 전도는 플라톤이 동굴의 우화에서 제시한 정신의 전환에 기반을 두고 있다.

이들 가운데 마르크스의 입장을 좀더 살펴보기로 한다. 아렌트는 마르크스가 우리 시대 사람은 아니지만 우리가 안고 있는 난관에 이미 관심을 가졌던 위대한 사람이라고 평가했다. 그럼에도 아렌트는 그의 사상이 좌익 전체주의에서 악용되었다는 점을 인정했다.

"따라서 마르크스는 우리를 전통으로 다시 연결시키는 고리를 제공하는 것 같다. (그는 자신이 전통에 도전하고 있으며, 그것을 뒤바꾸고, 이론적-해석적 분석에서 역사적-정치적 행위로 도피한다고 생각했을 때에도) 그는 우리가 여전히 다시할 수 있는 것보다 더 확고하게 전통에 뿌리를 두고 있기 때문이다."(「카를 마르크스와 서구 정치사상의 전통」, 『사회연구』, 282쪽)

"사실 그것(마르크스의 가르침)은 마르크스가 몇 가지 근본적인 측면에서 헤겔보다도 더 전통과 밀접하게 연계되어 있다는 것을 시사한다. 그러므로 마르크스의 가르침에서 혁명적 요소는 실제 혁명에서 야기된 종말에 대한 그의 안목에 단지 피상적으로 포함된다. 혁명의 실질적 결과는 그에 따르면 그리스 도시국가와 연계된 삶의 이상과 오히려 이상하게 일치한다."(「카를 마르크스와 서구 정치사상의 전통」, 『사회연구』, 283쪽)

마르크스는 정치사상의 전통을 재해석하면서 전통의 종말을 고했을 때 일종의 의식적인 반란을 시도했다. 그는 세계를 해석하기만 하고 변화시키지 않는 철학의 비효율성에 도전했다. 따라서 그는 활동적 삶을 이론적인 삶보다 우위에 두고자 함으로써 전통에 도전했지만, 여전히 전통의 틀 속에서 이러한 것을 시도했다. 마르크스 시대의 전통은 아직 해체되지는 않았다.

"마르크스가 헤겔의 역사철학(『논리학』을 포함한 헤겔의 철학적 저술 전체가 한 가지 주제, 즉 역사만을 가지고 있음)에서 도출한 결론은 다음과 같다. 행위 또는 실천은 전통 전체와 반대로 사유의 반대가 결코 아니므로 사유의 참되고 실질적인 도구이며, 정치는 철학의 품위 아래서 무한히 존재하는 게 아니라 본질적으로 철학적인 유일한 활동이다."(『정치의 약속』, 92쪽)

폴란드 바르샤바 근방에 위치한 아우슈비츠 수용소.
히틀러 정부가 계획한 유대인 학살에 사용되었다.
일명 '죽음의 캠프'라 불린 이곳은 지구상에 존재하는 지옥이자
서구 전통의 완전한 붕괴를 상징하는 공간이기도 하다.

전통이 무너진 이후 정치적 사유와 행위의 변화

전통은 그 종언을 고했던 마르크스 이후에도 그 명맥을 유지하다가 20세기 전례 없는 새로운 정치질서, 즉 전체주의의 등장과 더불어 완전히 붕괴되었다. 아렌트는 '죽음의 캠프'(절멸 수용소)에서 전통의 완전한 붕괴를 목격했으며, 이후 시대를 전통을 상실한 시대로 규정했다.

전통의 상실은 다양한 형태의 은유로 표현된다. 그는『어두운 시대의 사람들』에서 이를 '어둠'이란 색깔 은유로, '붕괴된 기둥'이란 건축 은유로, 그리고 '끊어진 실타래'라는 은유로 표현하고 있다.

"우리와 레싱이 살던 시대 사이에 가로놓여 있는 200년 동안 많은 변화가 있었지만 [……](레싱의 은유를 빌리면) '잘 알려진 진리의 기둥'은 당시에는 흔들렸으나 오늘날에는 완전히 파괴되어버렸습니다. 우리는 이러한 기둥을 파괴하기 위해 더 이상 비평이나 현자마저 필요 없게 되었습니다. 우리가 그러한 기둥의 파편 더미 속에 서 있는 것이 아닌지 알기 위해서 다만 우리 주위를 둘러볼 수밖에 없습니다."(『어두운 시대의 사람들』, 10쪽)

"그러나 진리를 건네주는 시간적 형식, 어떤 것이 다른 것으로 이어지는 시간적 형식은 우리에게 어쩔 수 없는 것 같습니다. 아리아드네의 실타래가 없다면 우리는 마치 과거 속에서 무기력하게 방황하면서 전적으로 방향감각을 상실한 기분을 느낄 것입니다. 이처럼 문제가 되고 있는 현대인의 과거와의 전체적인 관련이라는 어려운 문제에 직면해서 야스퍼스는 시간의 계기를 공간적 대체 개념으로 전환시켰습니다."(『어두운 시대의 사람들』, 79쪽)

아렌트는 반유대주의, 제국주의가 정치적 전통을 침식시켰을 뿐만 아니라 최종적으로 전체주의가 전통을 붕괴시켰다고 주장했다. 불행하게도, 붕괴된 서구의 전통은 단순한 수선으로 복원되기 어려운 상태에 이르렀다는 것이다. 물론 전통 붕괴가 초래한 결과는 정치영역의 붕괴였다. 따라서 아렌트는 이러한 시대에 정치적 삶의 근거를 어떻게 확립할 것인지에 대해서 고민했다.

"이러한 사유는 현재에 의해 촉발되며 과거로부터 떨어져 자신의 주변에 모여드는 '사유의 편린'과 같이 작동한다. 바닥을 파헤치고 그것을 드러내는 것이 아니라 귀중하고 신기한 것, 즉 심연의 진주와 산호를 들어올려서 그것을 수면으로 운반하기 위해 바다 밑바닥으로 내려가 진주조개를 잡는 잠수부처럼 이러한 사유는 과거의 심연으로 파고들어간다.
이 활동은 과거를 있는 그대로 부활시키는 것이 아니라 사라진 시대의 재생에 이바지하는 것이다. 이러한 사유를 인도하는 것은 비록 생존이 시대의 폐허에 영향을 받는다고 하더라도 쇠퇴과정이 동시에 결정화 과정이라는 확신, 한 시대 동안 살아있는 것도 가라앉고 용해되어버리는 바닷속 깊은 곳에서 어떤 것이 '현저한 변화'에도 견뎌내고, 언젠가 그것들에게 내려와 삶의 세계—사유의 단편, 귀중하고 신기한 것, 아마도 영원한 근원현상들로서—까지 운반할 진주조개를 잡는 잠수부만을 기다리기라도 하듯이 새롭게 결정화된 형태나 유형으로 존재할 것이라는 확신이다."(『어두운 시대의 사람들』, 205~206쪽)

아렌트는 정치에 적대적인 전통 때문에 역사 속에서 한때 발현되었으나 역사의 퇴적층에 묻혀 빛을 보지 못하는 경험, 그의 표현대로 '상실된 보고(寶庫)'를 발굴하고 이를 새로운 정치적 사유의 기준으로 삼고자 했다. 그의 경우 전통의 해체는 역사 속에서 발현된 정치적 경험 자체로 접근하기 위한 정치현상학적 사유의 결실이다. 달리 표현하면, 그는 전통의 틀 속에 여전히 갇혀 있는 독자를 정치적 사유로 인도하여 현실 정치를 제대로 성찰하는 기회를 제공하고자 전통의 의미를 밝히는 데 남다른 열정을 보였다. 그러한 열정은 『인간의 조건』 『혁명론』 『과거와 미래 사이』 등의 저작에 구체적인 형태로 드러나고 있다.

책임과 용서는 왜 정치행위인가

가해자, 피해자의 역사청산과 화해

"우리가 도덕문제나 법률문제에서
사용하고 있듯이, 양심은 의식과 마찬
가지로 우리 내면에 항상 존재한다.
이 양심은 또한 무엇을 행하고 무엇을
회개할 것인가를 우리에게 말한다.
그것은 자연의 빛이나 칸트의 실천
이성이란 개념으로 바꾸기 이전에
하느님의 소리로 이해되었다."

역사청산에는 늘 책임이 따른다

'책임'이라는 용어는 일반적으로 '도덕'이나 '법'과 연계되어 많이 사용된다. 이때 책임은 개인적 차원과 밀접하게 연계되어 있다. 아렌트는 개인적 책임보다는 집단적·정치적 책임의 의미와 특성을 밝히는 데 역점을 두고 있다. 달리 표현하면, 그는 책임을 정치적 사유의 중심으로 끌고 들어와 그것을 정치행위의 한 형태로 규정했다. 그는 또한 많은 사람들이 종교와 연계시켜 이해하고 있는 '용서' 개념에 정치적 의미를 부여했다.

개인적 범죄의 대가는 처벌이다. 그러나 집단적 범죄의 경우 한 공동체 구성원의 다수가 범죄에 직접적·간접적으로 연계된 당사자들이라면, 이들을 모두 법적으로 처벌하기란 어렵다. 한 민족을 집단적으로 전멸시키는 것은 전체주의적 방식과 같기 때문이다. 역사청산과 관련하여 가해자와 피해자 집단 사이의 문제는 정치적 차원에서 해결되어야 하지만, 집단적 범죄에 대한 정치적 해결책을 찾기란 쉽지 않다.

전후 독일의 책임문제는 행위자와 관찰자가 각기 상이한 정치체제에서 과거의 악행에 대한 집단적 책임을 개념화하는 방식의 틀을 제공한다는 점에서 현대 국제정치에 반영되고 있다.[1] 우리는 과거에 일본의 식민통치를 경험했다. 과거의 정치적 악행과 관련해서 현재 한국인과 일본인은 어떤 입장을 취하고 있는가? 물론 일본인 가운데 과거의 악행에 직접 참여했으나 생존하고 있는 일본인은 거의 없다. 그러나 오늘날 일본인은 제국주의 시대 선조들의 악행에 참여하지 않았다고 하더라도 역사적 과오에 대해서 정치적으로 책임의식을 가져야 한다. 과거의 반성이 지속적으로 현재화되지 않을 때, 책임의식은 존재하지 않기 때문이다. 반성이 없는 곳에서 책임의식이란 존재하지 않는다. 책임의식이 현실에서 다양한 형태로 표출될 때, 정치적 용서와 화해는 비로소 이루어진다.

『예루살렘의 아이히만』에서도 소개되고 있듯이, 1942년 유대인 집단학살을 최종적으로 결정한 반제(Wannsee) 회의 별장은 오늘날 독일 나치의 역사적 과오에 대한 반성과 책임을 상징하는 장소가 되고 있다. 즉 이곳은 역사적 사건을 현재화하는 기념물이 되고 있다.

전쟁이 종결된 직후, 야스퍼스와 아렌트는 독일의 책임 문제에 공감하면서도 비판적인 입장을 유지했다. 아렌트는 야스퍼스로부터 '독일의 책임 문제'에 대한 원고를 받은 직후 스승에게 보낸 편지(1946년 8월 17일)를 통해 남편인 블뤼허의 주장뿐만 아니라 몇 가지 주요 내용을 다음과 같이 언급했다.

"당신께서 나치의 정책을 범죄(형사범죄)로 규정했는데, 저는 이게 문제가 된다고 느낍니다. 나치 범죄는 법의 한계를 파열시킨 것 같습니다. [……]이러한 범죄는 온갖 형사범죄와 달리 모든 법체계의 한계를 넘어서고 이를 붕괴시킵니다. [……]

당신께서 말씀하시는 형이상학적 죄책은 세상의 어떤 판관도 실제로 더 이상 인정할 수 없는 '절대자'를 포괄할 뿐만 아니라 (클레망소가 '영혼의 문제가 전체의 문제'라는 말로 표현하는) 공화국의 정치적 기초인 유대도 포괄하고 있습니다."(『한나 아렌트-카를 야스퍼스 서간집』, 54쪽)

개인의 범죄와 법적 책임, 집단적 범죄와 정치적 책임은 역사청산을 이해하는 데 중요한 기준을 제공한다. 아렌트의 주요한 정치적 개념에 대한 심층적 연구는 일찍이 이루어져왔지만, 책임과 용서 개념은 오히려 뒤늦게 주목을 받아 왔다.

정치적 책임은 가해자들의 후손이 수행하는 정치행위이지만, 용서는 피해자 집단의 후손들이 수행하는 정치행위다. 이러한 점 때문에 아렌트는 『인간의 조건』에서는 용서의 개념을, 『책임과 판단』에서는 주로 책임 개념을 언급하고 있다. 책임과 용서는 그 행위주체의 차이에도 불구하고 서로 연계되어 있다.[2]

자기와 세계: 도덕과 정치

우리는 현상세계 속에서 활동적 삶과 정신의 삶을 영위한다. 활동적 삶은 다른 사람들의 시선에 드러나지만 정신의 삶 자체는 드러나지 않는다. 정신의 삶은 현상세계로부터 이탈한 순간 진행되면서도 현상세계와의 연관 속에서 진행된다. 그러나 이러한 삶이 자아에 대한 관심에 집중되는지, 아니면 세계에 대한 관심에 집중되는지는 근본적으로 다른 문제다. 전자는 사적 또는 개인적 차원을 띠지만, 후자는 공적 또는 정치적 차원을 띤다.

"인간의 활동에 대한 도덕적 고려의 중심에는 자기가 있으며, 활동에 대한 정치적 고려의 중심에는 세계가 있다. 우리가 도덕명령의 종교적 의미와 출처를 제외시키면 소크라테스의 명제가 남는다. '나쁜 일을 하느니 그것을 감내하는 것이 낫다.'"(『책임과 판단』, 153쪽)

"데카르트 이후 근대 철학에서 가장 지속적으로 나타나는 추세들 가운데 하나이며 이것이 아마도 철학에 기여한 가장 독창적인 측면은 영혼이나 인격 또는 인간 일반과 구별되는 자아에 대한 배타적 관심이며, 세계와 다른 인간에 대한 모든 경험을 인간과 그 자신 간의 경험으로 환원시키려는 시도다."(『인간의 조건』, 254쪽)

소크라테스의 명제는 나 자신의 일치 상태를 강조한다. 그러나 일상적 삶에서 겉으로 드러난 나와 내면에 존재하는 자기를 일치시키는 것은 쉬운 일이 아니다. 이는 세속적 측면에서 자기 정체성을, 종교 차원에서 영혼의 순수성을 유지한다는 의미를 지니고 있다.

시카고 대학교에서 강의하던 시절의 아렌트(1966).
세계에 대한 무관심은 행위와 언어를 통해 공동으로 경험한
세계의 상실을 의미한다. 아렌트는 이러한 상태를 세계소외 또는
무세계성으로 규정한다.

그러나 사람마다 관심의 대상은 다르다. 나와 자아의 동일성을 유지하는 사람은 좋은 사람으로 이해되지만, 세계에 관심을 갖는 사람은 훌륭한 시민이다. 이러한 차이에도 불구하고, 훌륭한 사람은 자신이 살고 있는 세계에 무관심하거나 이를 폄하하지 않는다.

우리는 세계와 접촉을 상실할 때 실재감을 상실한다. 세계에 대한 무관심은 행위와 언어를 통해 공동으로 경험한 세계의 상실을 의미한다. 아렌트는 이러한 상태를 세계소외 또는 무세계성으로 규정한다. 세계소외는 역사 속에서 다양한 형태로 나타났다. 소크라테스 이후 철학은 관조에 함몰되어 현상에 등을 돌림으로써 세계소외를 초래했다. 아렌트는 기독교 정신 역시 세계소외의 한 형태로 규정했다. 근대 이후 자아에 대한 과도한 관심은 세계소외의 또 다른 유형으로서 대중사회에서 더욱 심화되었다.

그렇다면 아렌트는 자기에 대한 관심 자체를 부정적으로 이해했는가? 그렇지 않다. 자기와 세계에 대한 관심은 서로 연계되어 있기 때문이다. 사유와 판단을 수반하지 않는 삶이 악행을 야기할 수 있다는 아렌트의 지적에도 나타나듯이, 개인적 삶과 정치적 삶은 다르면서도 서로 연계되어 있다.

사유는 나와 나 자신 사이의 소리 없는 대화이므로, 사유하는 사람은 자기 자신에 관심을 갖게 된다. 우리는 사유하는 동안 세계에 대한 무관심이 아니라 세계에 깊숙이 관여한다. 따라서 사유하지 않음은 세계에 대한 무관심을 의미하며 '살아 있는 죽음'의한 형태로서 특정한 상황에서 악행의 중대한 요인이 될 수 있다.

　그렇다면 자기에 대한 관심을 도덕과 연계시키고, 세계에 대한 관심을 정치와 연계시키는 주장이 어떠한 의미를 지니는가? 도덕과 정치의 관계에 대한 아렌트의 지적은 이 질문에 적절한 해답을 제공할 것이다.

　"'이웃을 당신 자신과 같이 사랑하라', '네 자신에게 행해지기를 원하지 않는 것을 다른 사람에게 행하지 마라', '당신의 행위 격률이 모든 인지 가능한 존재에게 일반 법칙이 될 수 있는 방식으로 행동하라'는 칸트의 유명한 주장처럼, 모든 특별한 교훈과 명령을 압축하고 있는 몇 가지 도덕적 명제는 모두 자기를 자체의 기준으로서 [……]수용한다."(『책임과 판단』, 76쪽)

　"마키아벨리의 경우 여러분이 판단하는 기준은 자기가 아니라 세계다. 그 기준은 전적으로 정치적이다. [……]그는 자기 영혼의 구원보다 플로렌스에 더 많은 관심을 가졌으며, 세계보다 영혼의 구원에 더 많은 관심을 갖는 사람은 정치로부터 탈피해야 한다고 생각한다."(『책임과 판단』, 80쪽)

　"우리가 이러한 구분에서 항상 복잡하고 모호한 역사적 상황을 제거한다면, 그 구분은 마키아벨리가 다음과 같이 언급했을 때의 내용과 궁극적으로 같다. '나는 내 영혼보다 조국을 더 사랑한다.' 링컨의 경우 '공직'과 '개인적 소망' 사이의 불일치가 도덕적 신념의 결핍을 암시하지 않듯이, 국가와 영혼 사이의 불일치는 마키아벨리가 무신론자이며 영원한 구원과 저주를 믿지 않았다는 것을 암시하지 않는다."(『공화국의 위기』, 61쪽)

인용문에도 나타나듯이, 아렌트는 순수윤리와 정치윤리를 구분하고 개인적 미덕이 정치적 악덕이 될 수 있다는 점을 강조했다. 즉, 사적 영역과 공공영역의 미덕은 구별되어야 한다는 것이다.

아렌트는 사적영역 또는 사회영역의 미덕으로 동정·연민·형제애·박애를, 정치영역의 미덕으로 우정·연대·존중·세계사랑을 강조했다. 그는 몇 가지 도덕적 명제에 대한 해석을 통해 이 관계를 명백히 제시하고 있다.

칸트의 정언명령은 삶의 일반 원리로 인정된다. 이 원리가 정치영역에 적용되었을 경우, 정치영역은 유지되기 어렵다. 칸트의 정언명령을 준수하는 사람은 정치윤리와 일정한 거리를 두어야 한다. 나와 나 자신 사이의 일치를 강조하는 사람은 곧 훌륭한 사람이다. 그러나 훌륭한 인격자 역시 공동체의 구성원으로 활동해야 하기 때문에 정치에 참여해야 한다. 훌륭한 시민은 정치영역의 윤리를 존중해야 한다. 아렌트는 훌륭한 사람이면서도 훌륭한 시민이 될 수 있는 가능성을 무시하지 않았는데, 이를 대표할 만한 사람이 바로 소크라테스다.

언급한 바와 같이, 자기에 대한 관심은 도덕과, 세계에 대한 관심은 주로 정치와 연계되어 있다. 자기와 세계, 도덕과 정치의 관계에 대한 아렌트의 입장은 독특하다. 이러한 차이를 이해할 때 개인적 책임과 집단적 책임에 대한 아렌트의 입장을 이해할 수 있다. 다시 말하자면, 개인적 책임은 법적·도덕적 문제이지만, 집단적 책임은 정치적 문제다.

죄의식과 책임의식에 대해 질문하다

개인의 악행과 집단의 악행은 어떤 차이가 있는가? 각각의 경우 책임은 어떤 성격을 띠는가? 아렌트는 1945년 『유대인 전선』에 기고한 논문 「조직화된 범죄와 보편적 책임」 이외에 여러 편의 논문에서 역사청산과 관련된 범죄와 책임 문제를 어떻게 해결할 것인지에 대한 자신의 독특한 입장을 제시했고, 특히 『예루살렘의 아이히만』에서도 이 문제를 언급하고 있다. 이 과정에서 그는 개인적 책임과 동정, 집단적 책임과 용서를 서로 연계시키면서 고찰하고 있어서 동료 유대인들로부터 많은 비난을 받았다. 이러한 문제를 고찰하기에 앞서 죄의식과 책임의식의 관계를 살펴볼 필요가 있다.

"모든 사람이 죄를 범했다면, 결국 어느 누구도 처벌될 수 없다. 그러한 범죄는 단순한 현상, 즉 책임 구실을 동반하지 않기 때문이다. 처벌이 범죄자에게 요구할 권리라면―그리고 이

아렌트의 남편 블뤼허가 교수로 있던 뉴욕 시 인근의 바드 대학교.
그는 제임스 케이스 학장의 초청으로
교수직을 얻은 후 서거할 때까지 이곳에서 재직했다.

러한 기준은 수천 년 동안 서양인의 정의 의식과 권리 의식의 기초가 되어왔다—범죄는 죄의식을 포함하며, 처벌은 범인이 책임을 지는 사람이라는 것을 증명한다."(『이해의 에세이』, 121~122쪽)

양심이 집단적으로 실종된 상황, 즉 모든 사람이 유죄인 상황에서 죄의식은 존재할 수 없다. 죄의식이 없는 경우 책임의식뿐만 아니라 정의감도 존재하지 않는다. 아렌트는 이를 전제로 하여 모든 사람이 범죄에 가담했다면 이들을 모두 재판에 회부할 수 있는가라는 질문을 제기하고 자신의 입장을 밝혔다. 그는 모든 사람을 처벌하려는 구상이 유대인을 절멸시키고자 했던 전체주의적 방식을 다시 독일인에게 적용시키는 것과 같다고 생각했다. 나치의 복수에 대응한 연합군의 또 다른 복수는 세계를 결국 파멸시키는 것과 다르지 않기 때문이다. 그는 다음의 심문 내용을 통해 개인적 범죄와 집단적 범죄를 해결하는 방식은 다르다는 점을 명백히 밝히고 있다.

"당신은 수용소에서 사람들을 살해했습니까?
예.
당신은 가스로 다른 사람들을 살해했습니까?
예.
당신은 그들을 산 채로 묻었습니까?

그런 일이 가끔 있었습니다.

희생자들은 유럽 전역에서 선발되었습니까?

그렇다고 생각합니다.

당신은 그들을 살인하는 데 도움을 주었습니까?

절대 아닙니다. 저는 수용소에서 봉급담당자였습니다.

[……]

러시아인이 당신을 교수형에 처할 것이라는 사실을 알고 있습니까?

(눈물을 흘리면서) 그들이 왜 그래야 하는가요? 제가 무엇을 잘못했나요?"(『이해의 에세이』, 121~122쪽)

아렌트는 독일인이 자신들의 행위를 부정하고 회피하는 게 책임 회피이며 부정이라는 것을 명백히 이해했다. 그는 앞의 심문 내용을 통해 독일인의 범죄 행위에 대한 법적 책임과 정치적 책임을 동일시할 수 없다고 생각했다. 전체주의 지도자들은 모든 사람에게 전쟁이나 대량학살에 어떠한 형태로든 참여를 강요했다. 따라서 두 가지 형태의 책임을 동일하게 취급할 경우 정상적인 사람과 범죄인을 구분하는 경계는 없어진다. 법정은 우연히 조직화된 범죄에 참여한 사람과 상관의 명령에 따라 행동한 사람을 구별하고, 이들의 참여 정도와 역할을 재판에서 고려해야 한다. 피의자는 한 개인으로 법정에 출두하며 행위 여부에 따라 재판을 받는다.

지금까지 집단적 범죄와 책임, 개인의 범죄와 처벌의 관계를 간단히 고찰했다. 아렌트의 책임 개념은 독자들에게 생소하며 때로는 혼돈을 야기했다. 그는 책임 개념을 명료하게 정의하지 않은 채 책임 개념에서 법적·도덕적 의미를 제거했기 때문이다. 책임 개념에서 법적 의미를 제거하려는 정치적 사유는 가해자의 책임과 피해자의 용서를 이해하는 데 중요한 통찰력을 제공한다.

"내가 여기서 추적하고 있는 것은 한편 정치적(집단적) 책임, 다른 한편 도덕적·법적(개인적) 책임 사이의 더욱 명료한 구분선이며, 내가 주로 염두에 두고 있는 것은 행위의 도덕적, 정치적 고려와 도덕적·정치적 기준이 충돌하는 그러한 빈번한 경우다."(『책임과 판단』, 150~151쪽)

개인이 자율적인 존재로 인정되는 곳에서 개인의 악행은 도덕적, 법적 책임과 연관된다. 그러나 당사자들이 특정한 사회정치적 집단이나 민족 집단의 대표자로 취급되는 곳에서 집단적 범죄는 정치적 책임과 연관된다. 이러한 점을 고려하면서 범죄와 책임 문제에 대한 아렌트의 입장을 고려할 필요가 있다.

양심, 사유, 악에 대한 새로운 시각

개인적 책임은 양심에 기반을 두고 있다. 양심이 곧 개인적 책임 능력이라는 점을 고려할 때, 양심에 대한 아렌트의 이해는 독특하다. 아렌트는 양심을 집중적으로 부각시키고 있지 않지만, '양심' 문제는 그의 저서에서 일관되게 제기되고 있다. 달리 표현하면, 그의 선악이론에서 양심-사유-악이란 세 범주는 지속적으로 핵심을 형성하고 있다. 『예루살렘의 아이히만』에서 무사유와 악의 관계가 부각되고 있지만, 우리는 악과 양심의 관계에 대한 아렌트의 입장을 이해하지 않은 채 무사유와 악의 관계를 이해하기 어렵다.

서구의 전통에서 양심은 두 가지 형태로 이해된다. 하나는 관례적으로 작동하며 일반적 규범이나 법에 의해 영향을 받아서 항상 존재하는 양심이고, 다른 하나는 사유의 부산물로 나타나는 양심이다.

"우리가 도덕문제나 법률문제에서 사용하고 있듯이, 양심은 의식과 마찬가지로 우리 내면에 항상 존재한다. 이 양심은 또한 무엇을 행하고 무엇을 회개할 것인가를 우리에게 말한다. 그것은 자연의 빛이나 칸트의 실천이성이란 개념으로 바뀌기 이전에 하느님의 소리로 이해되었다."(『책임과 판단』, 186쪽)

여기서 양심은 도덕적·법적 측면과 연계되어 있다. 양심, 즉 개인적 책임이나 자기책임은 우리가 물려받은 도덕적 규범이나 우리가 태어난 사회의 특수한 법에 의해 결정되지 않는다. 아렌트

방탄유리로 차단된 피고석에서 재판을 받던 아이히만.
아이히만은 증언을 통해 국가의 의무에 충실했기에 양심에 따라
임무를 수행했다고 주장했다. 그러나 그는 사유 능력을 상실했기에
소크라테스적 의미의 양심에 따라 행하지 않았다.

는 이러한 유형의 양심에 관심을 갖고 있지 않았다.

아렌트는 아이히만의 재판 과정을 참관하면서 그가 현실 순응주의자라는 것을 알았다. 아이히만은 사회 환경이 자신에게 부과하는 것이 아무리 극단적이라도 이를 여과 없이 수용했기 때문이다. 달리 표현하면, 아이히만은 지도자의 명령을 법으로 생각하고 이것을 준수하고자 했다. 무엇보다도, 아렌트는 재판과정에서 양심에 따라 의무를 수행했다는 아이히만의 주장에 직면하면서 양심 문제를 성찰하는 기회를 가질 수 있었다.

"판결문에 나오는 말처럼 '양심의 소리에 자신의 귀를 가까이할' 필요가 그에게는 없었다. 그것은 그가 양심이 없어서가 아니라, 그의 양심이 '자기가 존경할 만한 목소리와 함께', 자기 주변에 있는 사회의 존경할 만한 목소리를 더불어 말했기 때문이다. 그의 양심을 불러일으키는 외부의 목소리가 존재하지 않았다는 것이 아이히만의 주장 가운데 하나였다."(『예루살렘의 아이히만』, 126쪽)

"히틀러의 땅의 법은 비록 살인이 대부분의 사람들의 정상적인 욕구와 성향에 반한다는 것을 대량학살 조작자가 아주 잘 알고 있다고 하더라도 양심의 소리가 모든 사람에게 '너는 살인할지어다'라고 말하기를 요구한다."(『예루살렘의 아이히만』, 150쪽)

아이히만의 양심은 도덕성과 합법성의 융합에 기반을 두고 있기 때문에, 그의 양심은 기대되는 방식으로 작동하지 않았다. 따라서 아렌트는 양심, 자기책임 능력은 우리가 물려받은 도덕적 규범이나 우리가 태어난 사회의 특별한 법에 의해 결정되는 것이 아니라고 생각했다. 아렌트는 여기에서 양심의 두 번째 모델을 끌어들이고 있다.

"내가 뭘 겁내? 내가 겁이 나는가? 곁에는 아무도 없다네.

리처드는 리처드 편이지. 그래 나는 곧 나란 말일세.

여기에 살인자라도 와 있단 말인가? 물론 아니지. 내가 바로 그라네.

그럼 도망쳐야 해. 뭐! 내가 내게서 도망치겠다고?

그럴 무슨 대단한 이유라도 있나.

내 복수가 무서워서. 뭐! 내가 내게 복수를?

슬프도다! 나는 나 자신을 사랑한다네. 무슨 이유로?

안 되지 안 돼, 난 내가 마음에 든단 말이야.

아! 아니, 슬프도다! 나는 오히려 나 자신을 증오한다.

나 자신이 저지른 증오스러운 행적 때문에.

나는 악한이라네. 아직도 나는 거짓말을 하니, 내가 아니다.

에이, 바보 같으니, 제 이야기를 좋지 않게 말하는 게 어디 있담.

집어치워, 아첨하는 것은.

[……]

그런데 한밤이 지나자 이 모든 것은 매우 다르게 보였다. 리처드는 귀족 무리에 가담하기 위해 자신의 동료를 피하면서 다음과 같이 말했다.

'양심은 겁쟁이들이 사용하는 말에 지나지 못해.
원래 강자를 위협하기 위해 꾸며낸 말이야.'

항상 내면에 존재하는 이러한 양심과 달리, 소크라테스가 언급한 양심은 사유할 때만 내면에 나타난다. 셰익스피어의 『리처드 3세』에 등장하는 살인자들이 양심─항상 존재하지 않는 것─을 두려워하듯이, 그(소크라테스)는 양심을 두려워한다.
여기에서 양심은 리처드의 경우처럼 범죄로 촉발되거나 소크라테스의 경우처럼 검토되지 않은 의견으로 촉발된 추후사고(성찰)로 나타난다. [……]사람들이 이 양심에 두려움을 갖게 하는 것은 그가 집에 올 경우 그를 기다리는 목격자의 존재에 대한 기대다."(『정신의 삶: 사유』, 189~190쪽; 『책임과 판단』, 185~186쪽)

인용문에서 동료로 표현된 양심은 『고르기아스』에 대한 아렌트의 해석에서 뚜렷하게 드러난다. 소크라테스에 따르면, 나와 나 자신은 서로 적대자가 되기를 원하지 않아야 한다. 나와 나 자신을 항상 일치시키려는 욕구가 작동되지 않을 경우, 누구나 적대 상태를 피하기 어려울 것이다. 따라서 "악행을 하기보다 이를 감내하는 것이 오히려 더 좋다"는 소크라테스의 입장을 유지하려면 사유활동이 이루어져야만 한다. 달리 표현하면, 사유활동은 나와 나 자신 사이의 조화를 통해서 진행되며, 사유의 부산물인 양심은 나와 나 자신이 공동으로 이해한 상태다.

이러한 상황은 현실세계의 사례를 통해서 이해할 수 있다. 나는 다른 사람들과 의견을 달리 할 경우 그들과 결별할 수 있다. 그러나 나와 나 자신이 의견을 달리할 경우, 나는 자신으로부터 벗어나기 어렵다. 우리는 내부의 적과 매일 서로 접촉하면서 살 수도 있으며, 아울러 양심에 역행하는 활동을 할 때 나 자신과 친근한 관계를 유지하지 못할 뿐만 아니라 대화마저 나눌 능력도 상실한다.

이렇듯, 아렌트는 '자기모순'(소크라테스) 또는 '자기비하'(칸트)를 피하려는 욕구와 양심을 연계시키고 있다. 사유의 부산물이며 특수한 것들을 판단하는 경험인 양심은 사유를 세계에 드러내는 데 기여한다. 양심을 통해 드러나는 사유는 기존의 모든 기준, 가치, 또는 인정되는 행위규칙을 거부할 수 있다.

이제 책임에 대한 성찰에서 제기되는 칸트적 판단 모델의 내용을 검토하기로 한다. 양심은 자율적이면서 합리적으로 특수한 것들을 판단하는 능력이며, 아울러 자신의 과거를 변화시키고 새로

독일의 작가 게르트루트 폰 르포르와 카를 야스퍼스,
정치가 테오도르 호이스, 아렌트(왼쪽부터).
독일 출판서적상협회는 1958년 야스퍼스에게 평화상을 수여했다.
이 자리에 참석한 아렌트는 '카를 야스퍼스: 찬사'라는 주제로
야스퍼스를 위한 기념 연설을 했다.

운 길을 찾는 인간의 능력을 표현한다. 우리는 양심을 통해 개인적 특이성을 드러낸다.

사유과정은 인간이 복수로 존재한다는 의미를 지니고 있다. 옳고 그름을 판단하는 능력을 포함해 나와 나 자신이 대화를 행하는 능력은 규범의 기초가 된다. 비법률적 의미의 책임 있는 활동, 양심에 따른 활동은 우리가 인간의 존엄성을 확보하는 것, 즉 인간다운 위상을 유지하는 것과 연관된다.

아렌트는 아이히만이 명백하게 악한 인간도 아니고 도덕적 의미를 전적으로 결여한 사람도 아닐 뿐만 아니라 악한 괴물도 아니라는 주장 때문에 자신의 동족들로부터 위협적인 비난을 받았다. 아렌트의 이러한 이해는 아이히만의 악행에 대한 '용서'를 의미하는가, 아니면 사유하지 못하고 판단하지 못하는 아이히만에 대한 동정인가? 아렌트는 아이히만을 용서할 수는 없었지만 개인적 처지를 동정했다. 아렌트의 경우, 용서는 정치적 의미를 지니지만, 동정은 개인적인 것이기 때문이다.

"동정은 용서에 가장 근접한 개념이다."[3] 용서의 소극적 표현으로서 해석될 수 있는 동정은 사실 정치적으로는 '연민'으로 일반화된다. 동정은 다른 사람의 고통을 함께 하려는 감정지만, 연민(pity)은 불특정 다수의 고통을 함께 하려는 추상화된 감정이다. 범죄와 동정의 관계를 이해하는 경우를 소개하기로 한다.

법적 처벌로 고통을 받는 사람에 대한 동정의 의미는 "죄는 미워해도 사람을 미워하지 말라"는 속담에 함축적으로 담겨 있다.

아이히만의 재판과정을 참관한 아렌트는 아이히만이 평범한 시민임에도 불구하고 왜 정치적 악행에 참여하게 되었는지, 즉 상황적 요인을 사회 구조적·심리적 관점에서 분석했다.

아이히만은 자신의 악행 때문에 당연히 처벌받아야 하지만, 아렌트는 무사유로 인해 범죄에 참여한 아이히만을 동정하고 있다. 유대인 동족을 죽음으로 몰아넣은 아이히만에 대한 아렌트의 입장은 마치 베르 선장에 대한 빌리 버드의 동정과 흡사하다. 베르 선장은 빌리 버드를 법적으로 처벌하면서도 도덕적으로 그를 동정했다.

"빌리 버드는 동정에 대해 이와 똑같이 주목하는 순간—이때의 동정은 자신을 파멸시킨 사람이 자신에 대해 느끼는 격정적인 고통을 감내하는 파멸한 인간의 동정이다—자신의 생애를 마감했으며, 선장의 판결에 대한 주장을 마감했다. '신이여, 베르 선장에게 축복을!' [……]만약 미덕이 자신이 악행을 하느니 이를 감내하는 것이 더 낫다고 주장하는 데 주저하지 않는다면, 동정은 다른 사람이 고통받는 것을 보느니 차라리 자신이 고통을 당하는 편이 더 마음 편하다는 것을 너무나 순수하고 진지하게 말하면서 미덕을 초월할 것이다."(『혁명론』, 81쪽)

개인이 악행으로 맡게 되는 책임은 법적·도덕적 처벌로 종결된다. 명령에 대한 복종만이 생존과 연관되는 극단적인 상황에서 비자발적으로 범죄에 참여한 사람은 양심의 왜곡으로 처벌을 받겠지만, 그의 고통에 대한 제삼자의 동정은 가능하다. 이와 반대로, 빌리 버드는 절대적 선을 유지하겠다는 양심 때문에 정치의 의미를 이해하지 못한 채 살인이라는 범죄를 행했다. 정치에 대한 이해의 부재로 야기된 범죄는 응징의 대상이지만, 순수한 동기를 지닌 사람의 고통을 동정하는 것은 처벌과 다른 문제다.

집단적 책임, 세계사랑, 용서는 새로운 시작이다

도덕적·법적 기준은 공통적으로 개인 및 그의 활동과 항상 연계되지만, 정치적 책임은 그렇지 않다. 정치적 책임은 개인적 책임과 다르며, 용서와 마찬가지로 새로운 시작으로서 행위의 한 형태이다. 아렌트는 집단적 책임에 대한 자신의 관심을 다음과 같이 언급했다.

> "나는 '집단적 책임'이란 용어가 언제 처음 사용되었는지에 대해서는 알지 못하지만 이 용어의 적실성과 일반적인 관심이 법률적 또는 도덕적 난관과 다른 정치적 난관에서 비롯된다고 지적했다."(『책임과 판단』, 148쪽)

아렌트는 집단적 책임의 특성을 대리성과 비자발성으로 규정하고 있다. 시민은 자신의 행위와 무관하게 집단적 책임을 진다. 조직의 일원으로 범죄에 직접 참여한 사람은 범죄의 대가(처벌)를 치름으로써 자신의 최초 활동을 종결시킨다. 그러나 범죄에 관여하지 않은 후손들이 자신의 이름으로 수행하는 정치적 책임은 그 공동체에 살고 있는 시민의 지속적인 관심사가 되어야 한다. 정치적 책임은 집단적이면서도 대리적 성격을 띠고 있다.

> "집단적 책임을 위한 두 가지 조건은 제시되어야 한다. 나는 내가 행하지 않은 것에 대해 책임을 져야 한다. 나의 책임 근거는 나의 자발적 행위가 해체시킬 수 없는 집단의 구성원[……]이어야 한다. [……]이러한 의미에서 우리는 선조들의 공적으로 보상을 받듯이 선조들의 죄에 항상 책임을 진다. 그러나 우리는 물론 도덕적으로나 법적으로 그들의 악행에 가책을 느끼지 않으며 그들의 행위를 우리의 공적으로 귀속시킬 수 없다."(『책임과 판단』, 150쪽)

범죄는 의도된 행위의 결과이지만, 책임은 범죄에 참여하지 않은 후손들의 행위이기 때문에 비자발적이다. 관련 집단의 구성원이 집단적 책임을 회피하는 극단적인 방식은 자신의 공동체를 떠나는 것이다. 따라서 집단적 책임은 귀속과 어떤 수행을 필요로 한다.

정치행위로서 집단적 책임은 공적 의미를 지니고 있기에 다른 사람들에 의해 들리고 노출되는 정치적 현전(presence)을 특성으로 한다. 현전은 시간적·공간적 차원을 지닌다. 귀속과 행위는 시간적으로 연계되는데, 행위는 공동세계의 존재를 필요로 한다.

사람은 행위에 의해 구성된 인간관계망에서 살기 때문에, 선행하는 법과 무관하게 수행되는 새로운 시도는 행위에 선행하는 것과 연관된다. 행위자는 행동하는 순간 공공영역에 속할 경우에만 자신의 행위와 말에 책임을 지게 된다. 완전히 새로운 행위에 대한 행위자의 책임은 공동체의 선행적 행위에 대한 책임과 무관하다고 볼 수 없다.

귀속은 두 가지 형태로 나타난다. 하나는 수동적 또는 자연적 귀속이며, 다른 하나는 적극적 또는 정치적 귀속이다. 아렌트는 가우스와의 대담에서 다음과 같이 언급하고 있다.

"우선 한 집단에 귀속된다는 것은 자연적 조건이다. 당신은 당신이 태어난 어떤 형태의 집단에 속한다. 그러나 당신이 의미하는 방식의 집단에 귀속된다는 것, 즉 두 번째 의미로 조직화된 집단에 참여하고 이를 형성한다는 것은 완전히 다른 문제다. 이러한 형태의 조직은 세계와 관계가 있다."(『이해의 에세이』, 17쪽)

아렌트는 자연적 귀속이 정치적 귀속으로 전환되어야 한다는 점을 다음과 같이 강조하고 있다.

"실재에 대한 인간의 감각은 사람들이 자기 존재의 단순한 수동적 소여성을 실재화하라고 요구한다. 이러한 실재화는 단순한 소여성을 변화시키기 위해서가 아니라 그렇지 않을 경우 어떻든 수동적으로 감내해야 할 것을 명료화하고 완전히 존재하게 하려는 데 있다."(『인간의 조건』, 208쪽)

자연적 또는 수동적 귀속과 능동적 또는 정치적 귀속은 근본적으로 다르다. 유대인성이나 독일인성에 기초해 형성된 연대감은 자연적이고 수동적이며 탈정치적이지만, 책임은 이러한 소여성(所與性)을 표명하는 정치행위로 구체화된다. 달리 표현하면, 자연적 소여성은 행위를 통해 공개되고, 행위는 이전의 행위에서 유래하는 귀속과 고통을 반영한다.[4]

과거의 악행이 이야기를 통해 후손에 제대로 전달될 때 책임의식은 현재와 미래에도 지속적으로 발현될 수 있다. 악행에 참여하지 않은 후손이 선조의 악행에 책임을 진다는 것은 후손들에게 고통이 될 수 있다. 우리가 태어나기 이전 선조들이 형성한 인간관계망은 우리의 새로운 시작, 행위와 연관되므로, 공동체에 귀속된다는 것은 고통을 당연히 수반한다. 달리 표현하면, 행위는 인간관계망 속에서 발생하기 때문에, 고통받는 것은 이러한 망에 포함된다는 것을 의미한다.

이제 집단적 책임에서 '용서'[5] 개념에 대한 논의로 전환한다. 그런데 책임과 용서는 공통적으로 정치행위에 속하면서 예기치

블뤼허, 철학자 글렌 그레이와 함께. 아렌트는 1962년에
그레이를 만난 자리에서 제2차 세계대전 당시 참전한 경험을
바탕으로 쓴 그의 저서 『전사들』을 높이 평가했다.

않게 수행되지만 차이점을 지니고 있다. 책임은 가해자의 후손들이 수행하는 정치행위이지만, 용서는 피해자들의 후손들이 수행하는 정치행위다.

책임과 용서는 그 행위 주체의 차이에도 불구하고 이들 사이의 상호관계와 이해를 전제한다. 상호 이해와 실천을 가능케 하는 공통 요소가 바로 세계사랑이다. 따라서 용서 개념을 언급하기에 앞서 세계사랑에 대한 아렌트의 입장을 고찰한다.

세계에 대한 관심이 판단, 즉 대리적 사유의 필요성을 요구하듯이, 우리가 행하지 않은 행위에 대한 대리적 책임은 동료들과 공동으로 삶을 영위해야 하기 때문에 지불해야 하는 대가다. 세계에 대한 헌신적인 관심과 태도가 형성되지 않을 경우, 대리적 책임의 필요성에 대한 진지한 사유와 행위는 형성되기 어렵다. 따라서 대리적 책임을 촉진시키는 원동력은 바로 세계사랑, 세계에 대한 관심이다.

아렌트는 '세속적인 것'에 대한 열망으로서 세계사랑을 '세계의 복지'에 대한 냉정하고 헌신적인 사랑으로 바꾸었다.[6] 시민의 세계사랑은 정치적 판단의 확장된 심성, 열린 마음과 일치한다. 판단은 단순한 자기 관심을 넘어서 다른 사람들의 다양한 관점을 정신에 재현하는 데 기여하기 때문에, 공통감 또는 공동체 의식은 다른 사람들의 관점을 고려하는 경험적 기초로 기여한다.

앞에서 언급한 바와 같이, 세계사랑은 용서를 통해서 보완될 수 있다. 새로운 시작으로서 세계사랑이 사막과 같은 공간을 인

314

간화된 옥토로 바꾸는 데 이바지하듯이, 정치현상으로서 용서 역시 공동체를 회복시키는 데 기여할 수 있다. 행위에 의해서 시작된 과정의 환원불가능성에 대한 치유책은 다른 고차원적인 능력에서 발생하지 않고 행위 자체에 있다. 행위가 새로운 시작으로 정의되듯이, 용서 역시 새로운 시작이다.

"용서가 없다면, 우리가 행한 것의 결과로부터 벗어나지 못한다면, 우리의 행위 능력은 우리가 결코 회복할 수 없는 단일한 행동에 제약된다."(『인간의 조건』, 237쪽)

"인간은 행한 것으로부터 서로를 해방시킴으로써 자유로운 주체로 남을 수 있다. [······]이런 측면에서 용서는 보복의 정반대다. 보복은 죄에 대항하는 반동의 형식으로 이루어진다. 여기서는 처음 잘못된 행위의 결과에서 끝이 나지 않는다. 모든 사람은 과정에 묶이게 되어 모든 행위에 내재하는 연쇄적인 반동을 허용하게 되며 그것은 무한한 과정이 된다. 보복은 잘못에 대한 자연스럽고 자동적인 반동이며, 행위 과정의 환원불가능성 때문에 예상할 수 있고 예측할 수 있지만, 이와 대조적으로 용서 행위는 결코 예견할 수 없다.

용서는 예기치 않은 형식으로 일어나는 유일한 반동이다. [······]따라서 용서하는 자와 용서받는 자 모두를 그 행위의 결과로부터 자유롭게 해준다. [······]용서의 정반대는 아니지만 용서 이외에 달리 선택 가능한 것은 처벌이다.

처벌과 용서는 간섭하지 않는다면 무한히 계속될 어떤 것을 끝내려고 시도한다는 점에서 공통점을 가지고 있다. 그러므로 인간사에서 매우 의미 있는 구조적 요소는 인간은 '처벌할 수 없는 것'을 용서할 수 없으며, 용서받을 수 없는 것을 처벌할 수 없다는 사실이다. 이것은 칸트 이래로 우리가 '근본악'이라고 부르지만, 이 죄의 본질에 대해서는 [……]우리조차 거의 알지 못한다."(『인간의 조건』, 240~241쪽)

용서가 없다면, 우리는 영원히 결과의 희생자로 남아 있게 된다. 행위로 인한 결과가 행위를 제약하는 요인이 될 경우, 어느 누구도 행위에 참여할 수 없으며, 다른 사람과 함께 살 수 있는 조건을 상실하게 된다. 이렇듯, 아렌트는 정치를 회복하기 위해 용서에 관심을 가졌다.[7] 우리는 인간관계망에서 행위를 통해 새로운 관계를 지속적으로 확립했기 때문에, 위반은 일상적으로 나타나는 현상이다.

아렌트는 또한 해결할 수 없는 복수의 혼돈으로부터 사람들을 자유롭게 하는 힘에서 용서의 정치적 기능을 확인했다. 예수의 용서 개념에 포함된 자유는 복수로부터의 자유이지만, 아렌트는 그것에서 종교적·윤리적 맥락을 제거함으로써 용서를 정치적 개념으로 바꾸었다.

정치적 용서의 기반은 세계의 유약성이며, 다른 사람의 탄생

(또는 새로운 시작)이다. 파멸로부터 세계를 구제하는 용서 행위는 세계의 유약성에 대한 적절한 반응이다. 용서는 출생에 대한 반응으로 행위의 결과로부터 다른 사람을 해방시킨다. 따라서 유약한 세계를 유지하는 데 이바지하는 정치적 용서는 기독교적 사랑인 용서와 다르다는 점에서 책임 윤리와 친화성을 지니고 있다.

의도된 악이나 범죄의 경우, 용서보다 처벌은 범죄의 의미를 제거하기 위해 적절하다. 처벌은 범죄자의 최초 행위에 포함된 우월성의 증거를 부정함으로써 악행의 의미를 폐지한다. 용서하는 정치행위는 공동의 삶을 위해 과거에 행해진 악행의 의미를 해결하려는 투쟁이다. 그러나 "불가능한 것이 가능해졌을 때, 그것은 어떠한 동기로도 이해되지 않는 처벌 불가능하고 용서할 수 없는 근본적 악이 되었다"[8]는 아렌트의 주장에서도 나타나듯이, 용서의 대상이 되는 범죄는 근본적 악이 아니라 평범한 악이다.

평범한 악이라 하더라도 일정한 시간이 경과하면, 모든 행위의 과오는 정당화되는가? 그렇지 않다. 선조들의 범죄로 후손들이 떠맡게 된 책임이 행위를 통해서 현재와 미래에도 지속되리라는 보장이 있을 때, 그로 인한 수치와 고통을 인내하는 정치행위가 지속될 때, 정치적 용서는 비로소 인간다운 삶을 가능하게 하는 원동력이 될 것이다.

'인간성'은 어떠한 형태로 발현되는가

'비세계적' 사랑, 후마니타스, 세계사랑

"동정의 마력은 그것이 다른 사람들의 고통에 괴로워하는 사람의 마음을 움직이게 하며, 사람들 사이에 나타나는 '자연적 결속'을 형성하고 확인시켰다는 점이다. 고통을 받아들이는 능력인 정념 다른 사람과 함께 고통을 분담하는 능력인 동정이 끝난 곳에서 악덕을 시작판다."

인권과 인간성으로 구성된 인류

아렌트는 우리의 삶을 제약하는 여러 근본적인 조건과 연계시켜 인간을 노동하는 동물, 제작하는 동물, 정치적 동물로 특징화했다. 인간은 생존하기 위해 자연과 관계를 유지하지만 인간다운 삶을 실현하기 위해 세계 속에서 공동으로 삶을 영위하지 않을 수 없다. 새로운 시작이 불가능하고 다원성이 발현되지 못하는 공간은 '사막'과 같다. 시각적 언어로 표현하면, 사막은 사람의 숨결을 느낄 수 없는 어둠의 공간이다.

"세계는 인간에 의해 만들어지기 때문에 인간적인 것이 아니며, 인간의 소리가 그 속에서 들린다고 해서 인간적인 것도 아닙니다. 세계는 대화의 대상이 되고 있을 때만 인간적인 것이 됩니다. 우리가 세계의 사물에 의해 영향을 받는다 할지라도, 세계가 아무리 깊게 우리를 감동시키고 자극시킨다 할지라도, 우리가 동료들과 이것에 대해서 논의할 때에만 세계의 사물들은 우리에게 인간적인 것이 됩니다."(『어두운 시대의 사람들』, 24쪽)

이렇듯 시민들이 공동으로 삶을 영위하는 공동체로서 '세계'는 새로운 시작과 다원성이란 조건이 충족되지 못할 때 비인간적인 공간으로 바뀐다. 이러한 세계를 포괄하고 있는 인류 공동체역시 각기 상이한 수많은 인종과 민족으로 구성되어 있다. 차이에도 불구하고 수많은 인종과 민족을 포괄하는 인류 공동체 역시 개별 공동체와 같은 운명에 놓여 있다.

"인류의 새로운 통합은 인류의 상이한 기원들이 동일성 속에서도 자신들을 드러내는 소통체계를 통해서 자신의 과거를 획득할 수 있을지 모른다. 이러한 동일성은 획일성과는 전혀 다른 것이다. 마치 남성과 여성은 전적으로 다르면서도 같은 인간이듯이, 모든 나라의 국민은 그들의 존재에 고집스레 매달려 존속하는 것만으로 인류의 세계역사에 참여할 수 있다. 세계제국이라는 폭정 속에서 살면서 일종의 미화된 에스페란토어로 말하고 생각하는 세계시민이란 양서류 동물보다 못한 괴물에 지나지 않는 것이다."(『어두운 시대의 사람들』, 24쪽)

아렌트는 이러한 주장을 통해 인간의 본질에 대한 도덕적 주장보다 인간적 다원성을 훨씬 더 중요하게 생각했다. 인간은 계급적 차이, 그리고 인종적·민족적 차이에도 불구하고 공동의 삶을 영위하는 과정에서 지녀야 할 인간성을 갖고 있다. 이를 실현하려는 노력은 역사 속에서 다양한 형태로 발현되었다. 인간이 인간다운 것을 공통으로 지녀야 한다는 사유는 인류에 대한 이해의 변화와 밀접하게 연계되어 있다.

"이제 우리는 인간사를 고찰할 수 있는 세 가지 서로 다른 개넘들 또는 관점들을 갖게 된다. 첫째는 인류(human species)와 그 진보의 관점이다. 다음으로는 도덕적 존재와 그 자체로서 목적인 인간(man)이다. 그리고 복수의 인간들(men)을 생각할 수 있다. 이 복수의 인간들이 사실상 우리 연구의 중심이며, 이 연구의 진정한 목표는 내가 앞서 언급한 것처럼 사교성이다. [……]

요약하면 다음과 같다. 인종과 인류는 자연의 일부이며 역사에 예속되어 있다. 자연의 책략은 '목적' 관념, 즉 목적론적 판단 아래에서 고려되어야 한다(『판단력 비판』 제2부 「목적론적 판단」).

이성적 존재인 인간(Man)은 자신에게 부여하는 실천이성의 법칙들에 종속되며 자율적이고 그 자체로 목적으로서, 지적 존재들의 영역인 정신의 왕국에 귀속된다(『실천이성비판』과 『순수이성비판』).

복수의 인간들은 공통감각, 공동체 감각을 가진 채 공동체에서 살고 있는 지상의 피조물로서 자율적이지 않고 사유할('펜의 자유') 때에도 다른 사람들의 동반을 필요로 하는 지상의 존재로서 공동체 안에서 살고 있다."(『판단력 비판』 제1부 「미적 판단」)(『칸트 정치철학 강의』, 26~27쪽)

아렌트는 칸트의 '세 비판'을 통해 자연적 존재·도덕적 존재·정치적 존재로서 인간을 제시하면서 공동체에 함께 살기 위해 인간들에게 부여해야 할 기본적 요소를 제시하고자 했다. 이 개별적 인간들은 지구에 살고 있는 모든 사람들과 공통의 인간성을 담지하고 있다. 따라서 아렌트의 저작에서 'humanity'는 규범적 차원에서는 '인간성'으로 구체적인 실체로서는 '인류'로 표현되고 있다.

"다른 한편 18세기 동안 칸트의 용어에서는 규제 이념에 불과했던 인류는 오늘날 불가피한 사실이 되고 있다. 이러한 맥락에서 '인류'가 이전에는 자연이나 역사에 귀속되었던 역할을 실제로 맡고 있는 새로운 상황은 권리를 가질 권리, 즉 모든 사람이 인류에 귀속될 권리가 인류 자체에 의해 보장되어야 한다는 것을 의미한다."(『전체주의의 기원』, 298쪽)

"만일 대량학살과 같이 이전에 알려져 있지 않은 범죄가 갑자기 등장한다면, 정의 자체가 새로운 법에 따라 재판할 것을 요구하게 된다. 뉘른베르크 재판의 경우 이 새로운 법은 '헌장' (1945년의 런던 협약)이었고, 이스라엘의 경우 그것은 1950년 법이었다. [……]이 헌장은 세 종류의 재판에 맞췄는데, 군사법정에서 '최고의 범죄로 [……]포함하고 있다'고 한 평화에 대한 범죄, '전쟁 범죄', '반인류 범죄'였다. 이 가운데 마지막, 즉 반인류 범죄만이 새롭고 전례가 없었던 것이었다."(『예루살렘의 아이히만』, 254~256쪽)

명예박사 학위를 받는 아렌트. 인간은 계급적 차이,
인종적·민족적 차이에도 불구하고 공동의 삶을 영위하는
과정에서 지녀야 할 인간성을 갖고 있다.
아렌트는 무엇보다도 인간적 다원성을 훨씬 더 중요하게 생각했다.

법은 인간적인 실재만을 그 대상으로 한다. 인류가 추상적인 개념으로 존재했던 시대에 인류를 거부하는 행위는 법의 대상이 될 수 없었지만, 제2차 세계대전 이후 뉘른베르크 법정은 나치 전범을 재판하는 과정에서 평화에 반하는 죄를 저지른 전범 이외에 반인류 범죄를 신설하고 이들을 처벌함으로써 비로소 인류를 정치적 실재로 인정하게 되었다. 이러한 역사적 사건은 인권의 전 지구적 보장을 가능하게 하는 데 이바지했다.

인간은 어떠한 공동체에 속해 있는지와 무관하게 인간으로 존중될 수 있는 보편적 권리를 가지고 있을 뿐만 아니라 특정 공동체의 일원으로서 정치적 권리를 향유할 수 있는 권리를 가지고 있다. 이것이 바로 인권이다. 따라서 국가·민족·인종의 차이 등으로 만들어진 사막화된 인류공동체를 인간다운 세계로 전환하려는 아렌트의 정치적 사유에 대해 살펴볼 필요가 있다. 그는 다음과 같이 인간적 실존의 새로운 조건인 인간성을 제시했다.

"실존 자체는 본질적으로 결코 고립되지 않는다. 그것은 소통과 다른 사람들의 실존에 대한 자각 속에서만 존재한다. [……]실존은 인간 모두에게 공통으로 주어진 세계에 거주하는 공동의 삶에서만 발전할 수 있다. 인간 실존을 위한 전제로서 소통을 가정하는, 그러면서도 아직 완전히 발전되지는 않은 새로운 인간성 개념은 소통 개념 속에 있다."(『이해의 에세이』, 186쪽)

아렌트는 1946년『파르티잔 리뷰』에 기고한「실존철학이란 무엇인가?」에서는 합리적 정치의 도덕적 태도를 인간성으로 규정했지만,『어두운 시대의 사람들』에서는 인간성의 의미와 특징을 집중적으로 밝히고 있다. 아렌트는 자신이 살던 시대와 일정한 거리를 두면서 어둠 속에서 희미한 빛을 밝혔던 위대한 정신의 인간성을 조명했다.

> "그 의미를 말하자면, 완전히 주관적인 형태의 인격은 진정 실재성을 획득하기 위해 공공영역을 필요로 합니다. [……]인격적 요소는 주체의 통제영역 밖에 있으며, 한낱 주관성과는 정반대되는 것입니다. 그러나 이 주관성 자체는 객관적으로 파악하기 훨씬 쉬우며, 주체의 의도에 따라 훨씬 더 완전히 좌우됩니다. [……]인격은 전혀 별개의 문제입니다. 인격은 파악하기 어려우며 아마도 그리스어 '다이몬'[1]과 매우 비슷할 것입니다. 다이몬은 자신의 일생을 통해서 모든 사람에게 따라다니는 수호자 정신이지만 언제나 사람의 어깨 위를 주시할 뿐입니다."(『어두운 시대의 사람들』, 72-73쪽)

아렌트는 야스퍼스라는 특정한 인물을 통해 인간성의 예를 부각시키고자 했다. 야스퍼스는 전체주의 체제에서 정신적 망명을 함으로써 자신이 몸담고 있던 세계로부터 이탈했지만 인류와 정신적 대화를 나눔으로써 인간다움을 잃지 않았기 때문이다. 아렌트는 정치적 어려움 속에서도 이러한 공적인 삶을 통해 자신의 인격을 유지한 야스퍼스에게서 인간성의 전형을 찾았다.

은폐되어야 하는 절대적 선

아렌트는 절대적 선의 의미와 특성을 인간성이란 범주에서 언급하지는 않았다. 그러나 인간성의 한 형태로서 동정이나 연민은 절대적 선과 연계 속에서 발현되기 때문에, 여기에서는 두 가지 형태의 절대적 선에 대한 아렌트의 입장을 살펴보기로 한다. 하나는 소크라테스에게서 발견되는 양심의 도덕이고, 다른 하나는 예수의 절대적 선이다.

"양심의 규칙은 [……]전적으로 부정적이다. 그 규칙들은 무엇을 행하라고 하지 않고 행하지 말 것을 언급한다. 규칙은 행위를 하기 위해 몇 가지 원칙을 자세히 설명하지 않는다. 규칙은 행위가 넘어서는 안 되는 경계를 설정한다. 규칙은 '나쁜 일을 하지 말라'고 말한다."(『공화국의 위기』, 63쪽)

기독교적 도덕은 '다른 사람을 위해 살라'고 적극적으로 권고하는 절대적 선으로 구체화된다. 절대적 선의 대표적인 인물은 예수다. 미덕과 악덕은 세계에 속하는 인간적 현상이지만, 절대적 의미의 선은 사적 영영이나 공공영역에도 속하지 않은 범주다. 아렌트는 이를 'goodness'로 표현했다.

> "고대 그리스와 로마에서 사용된 '무엇을 위해 좋음' 또는 '탁월성'과 구분되는 절대적 의미의 선은 기독교의 등장으로 비로소 우리 문명에 알려졌다. [⋯⋯]예수가 언행을 통해 가르친 하나의 활동은 절대적 선의 활동이다. 절대적 선은 보이거나 알려지지 않으려는 경향을 가지고 있다. [⋯⋯]선행이 알려지고 공개되는 순간, 그것은 절대적 선의 고유한 성격, 즉 절대적 선 자체만을 위해 수행되는 것을 상실하기 때문이다. [⋯⋯] 그러므로 오른손이 하는 일을 왼손이 모르게 해야 한다."(『인간의 조건』, 73~74쪽)

사적 영역과 공공영역의 중대한 차이는 전자가 은폐되고 후자가 노출된다는 것이다. 그러나 아렌트의 주장대로, 절대적 선은 자신의 흔적을 말로든 행동으로든 남길 수 없다. 사적 영역의 활동 역시 공공영역에 노출될 수 있지만, 절대적 선은 자신을 드러내는 순간 파괴되어 자신의 정체성을 상실한다. 따라서 파괴되지 않고 절대적으로 숨겨야 하는 것은 바로 절대적 선이다. 절대적 의미의 선행은 세계의 일부를 구성하지 못한다.

아렌트는 절대적 선이나 지혜의 사랑이 공공영역과 대립된다는 점을 인정하고 있다. 절대적 선은 은폐되어야 하지만, 공공영역은 기본적으로 드러남 또는 공개를 기본 특성으로 하기 때문이다. 지혜를 사랑하는 사람은 고독 속에서 자신과 대화를 나누면서 자신의 동료를 발견한다. 그러나 절대적 선을 사랑하는 사람은 다른 사람을 위해서 활동하면서도 자신을 드러내지 않아야 하며 자신의 활동도 몰라야 한다. 그는 선행을 하는 순간 이를 망각해야 하기 때문이다.

"고립(loneliness)이 고독(solitude)과 달리 모든 사람의 경험 영역에 속하듯이, 절대적 선의 사랑도 지혜의 사랑과 달리 소수만이 경험하는 것은 아니다. 그러므로 어떤 의미에서 절대적 선과 고립은 지혜와 고독보다 더 정치와 밀접한 관계를 맺고 있는 것 같다. 그러나 철학자의 모습을 한 고독만이 진정한 삶의 방식이 될 수 있으며, 이와 반대로 좀더 일반적인 경험인 고립은 다원성이란 인간조건과 너무나 모순되는 것이어서 잠시라도 견디기 힘든 것이며, 따라서 신의 동행을 필요로 한다." (『인간의 조건』, 76쪽)

'고독'은 혼자 있는 상태이지만 내면의 자신이라는 동료와 대화를 나눌 수 있는 상태다. 나와 나 자신이 대화를 나누고 있는 상태는 내가 나 자신으로부터 배척당하는 소외 상태는 아니다. 반면에 '고립'은 내면의 자기마저도 대화의 상대가 되기를 거부하기 때문에 이 세상에 오직 '나' 혼자만 있다는 심리상태다.

아렌트는 절대적 선과 고립을 연계시킴으로써 선행을 자신도 모르게 해야 한다는 점을 강조하고 있다. 미덕과 악덕은 인간사 영역에 속하는 도덕적 요소이지만, 절대적 선은 이 범주에 속하지 않고 인간사 영역에서 실현되기 어려운 인간적인 요소다. 따라서 절대적 선은 정치영역의 도덕적 범주로 적용될 수 없으며, 정치영역의 활동 기준으로 적용될 경우 정치영역의 왜곡, 나아가 파괴까지 초래할 수 있다.

아렌트는 절대적 선을 정치영역의 도덕적 기준으로 끌어들여 '자유의 폭정'을 잉태시킨 로베스피에르의 반정치적 행위를 이해시키기 위해 멜빌의 소설 『선원 빌리 버드』를 『혁명론』 제2장 「사회의 문제」에 소개하고 있다.

"따라서 미덕은 악의 범죄를 중단시키기 위해서가 아니라 절대적 순결을 지키려는 의도 때문에 행사되는 폭력을 처벌하기 위해 최종적으로 도입된다. [……]법은 천사나 악마보다는 인간을 위해 만들어졌다는 것이 비극이다. 법과 모든 '영속하는 제도들'은 근본적인 악의 맹공격에서 뿐만 아니라 절대적 순결의 충격 아래에서도 한계를 보인다.

[……]비록 유덕한 사람인 베르 선장이 이러한 절대적 선에서 발동되는 폭력만이 악의 타락한 힘에 대응할 수 있다는 것을 인식하고 있다 하더라도, 법은 근본적으로 절대적 선을 처벌하지 않을 수 없다. 절대자는 [……]정치영역에 도입될 때 사람에게 파멸을 의미한다."(『혁명론』, 79쪽)

절대적 선은 인간세계를 벗어난 추상적인 도덕, 즉 사적 판단의 도덕이다. 이 소설에서는 예수의 화신인 빌리 버드와 악의 화신 클레가트가 선상에서 선악 투쟁을 했다. 절대적 선과 악은 한 공간에 공존할 수 없다. 절대적 선이 절대적 악을 방치한다는 것은 곧 자신을 부분적으로 부정한다는 의미를 지니고 있기 때문이다. 미덕과 악덕 사이에 존재하는 공공영역에서 절대적 선을 발견하기란 어렵다.

선악 투쟁에서 절대적 선은 자신을 말로 표현하기 어렵기 때문에 악을 설득의 대상으로 삼을 수 없다. 절대적 선은 자신을 드러내는 순간 손상되기 때문에 말로 자신을 드러낼 수 없다. 인간을 대상으로 하는 어떠한 폭력도 근본적으로 정당하지 않지만, 절대적 선은 악행에 직면했을 때 반정치적인 폭력으로 대응한다.

아렌트에게 폭력의 근원이 절대적 선인지 아니면 다른 무엇인지는 궁극적으로 무관하다. 정치영역에서 폭력은 정치행위를 부정한다. 그렇기 때문에 베르 선장은 "내가 예수를 죽이고 있구나"라고 탄식하면서도 살인죄를 범한 빌리 버드에게 사형을 선고했다.

이렇듯, 아렌트는 프랑스혁명에 대한 성찰에서 절대적 선의 내재화와 정치적인 것의 관계를 구체적으로 밝혔다. 로베스피에르는 빈민에 대한 동정과 연민을 보였으며 자신의 감정을 공적으로 해결하고자 했던 도덕주의자이면서 반정치적인 인물이었다.

유럽을 방문하던 시기에 만난 메리 매카시(오른쪽)와 함께.
아렌트의 친구이자 지적재산권 집행자인 매카시는
아렌트가 세상을 떠난 뒤『정신의 삶』(1978)을 편집하고 출간하면서
그가 끝맺지 못한 작업을 완성시켰다.

사랑의 특정한 유형: 동정, 연민, 박애, 형제애

버림받은 사람들, 불행한 사람들, 비참한 사람들, 한마디로 사회적 약자들 사이에서 나타나는 인간성은 동정, 연민, 박애, 형제애 등 다양한 용어로 표현된다. 이러한 용어는 사랑의 특이한 형태다. 아렌트는 젊은 시절에 쓴 박사학위 논문에서 아우구스티누스의 사랑 개념을 공간적·시간적 차원으로 나누어 그 특징을 설명했지만, 정치에 관심을 가진 이후부터는 일반적으로 사랑의 비정치적 또는 반정치적 성격을 강조했다. 사랑에 대한 아렌트의 기독교적 개념과 형제애는 후반부에서 고찰하기로 한다.

정치적 관점에서 특정한 형태의 사랑에 대한 아렌트의 고찰은 『혁명론』과 『어두운 시대의 사람들』에 구체적으로 드러나는데, 이 가운데 동정의 의미와 비정치적 특성을 고찰한다.

아렌트는 인간본성과 연계시켜 인간성을 부각시킨 위대한 사람으로서 루소를 예로 들고 있다. 루소는 고통받는 동료 인간을 보고 괴로워하는 감정, 즉 동정심을 인간본성으로 이해했다. 프랑스혁명에서 박애는 인간성의 실현으로 이해되었다.

"우리는 레싱의 우정 개념과 그것의 정치적 연관성에 눈을 돌리기에 앞서 잠시 18세기적 의미의 박애에 주의를 기울일 필요가 있습니다. 레싱 역시 박애에 대해 잘 알고 있었습니다. 그는 사람들이 '비인간적으로' 취급받고 있는 세계에 대한 증오에서 발생하는 다른 사람들에 대한 형제애, 즉 '박애주의 감정'을 말한 바 있습니다. 그러나 우리의 목적을 고려할 때 인간성은 '어두운 시대'에 그러한 형제애에서 아주 빈번하게 나타난다는 것이 중요합니다."(『어두운 시대의 사람들』, 12쪽)

"프랑스혁명에서 종래 정치영역의 기본 개념이었던 자유와 평등에 박애를 더 보탰습니다. 이 박애는 억압받고 박해받는 사람들, 착취당하고 멸시당하는 사람들 사이에서 자연스럽게 나타납니다. 그런데 이 사람들을 18세기에는 불행한 사람들(*les malheurex*)로, 19세기에는 비참한 사람들(*les misérables*)로 각각 명명했습니다."(『어두운 시대의 사람들』, 14쪽)

박애는 사회적으로 불리한 위치에 있는 사람들, 버림받은 민족이나 국외자 집단에서 자연스럽게 나타나는 인간성의 한 형태다. 어두운 시대에 박해받는 사람들은 박애 정신을 통해 추위를 견뎌내는 온정을 나누지만 실질적으로 세계를 형성하지는 못한다. 아렌트는 이러한 점 때문에 이들의 **형제애**가 가시적 공동 세계의 상실에 대한 심리적 대체물이라고 규정했다. 그는 역사 속에서 그 모델을 찾았다.

"동정(compassion)의 마력은 그것이 다른 사람들의 고통에 괴로워하는 사람의 마음을 움직이게 하며, 부자들에게는 존재하지 않지만 사람들 사이에 나타나는 '자연적 결속'을 형성하고 확인시켰다는 점이다. 고통을 받아들이는 능력인 정념, 다른 사람과 함께 고통을 분담하는 능력인 동정이 끝난 곳에서 악덕은 시작된다."(『혁명론』, 76쪽)

루소는 동정과 박애를 다른 사람의 고통을 목격할 때 작동되는 인간의 가장 자연스러운 반응으로 이해했다. 동정하는 사람은 다른 사람의 고통에 감염되기라도 한 듯 같은 심리 상태에 빠지게 된다. 두 연인 사이의 사랑이 깊어지면 깊어질수록 거리감이 존재하지 않듯이, 고통 받는 사람과 동정하는 사람 사이에 심리적 거리감이 존재하지 않는다.

"동정은 사랑과 서로 다르지 않으며 인간의 상호작용에 항상 존재하는 거리, 즉 중간지대를 소멸시킨다. 만약 미덕이 자신이 악행을 하느니 악행을 당하는 것이 낫다고 주장하는 데 주저하지 않는다면, 동정은 다른 사람이 고통 받는 것을 보느니 차라리 자신이 고통을 당하는 쪽이 더 마음 편하다는 것을 너무나 순수하고 진지하게 말하면서 미덕을 초월할 것이다." (『혁명론』, 82쪽)

이렇듯 동정은 인간들 사이에 존재하는 세계적 공간의 거리를 해소하고, 즉 공적 세계의 다원성과 다양성을 소멸시킨다. 레싱은 박애와 동정의 옹호자인 루소와 달리 박애를 인간성의 실현으로 이해하지 않았다. 레싱의 입장을 수용하고 있는 아렌트는 박애와 동정을 버림받은 유대인들의 경우와 마찬가지로 억압받고 박해받는 사람들의 미덕으로서 이해했다.

"어떤 의미에서 자연스럽게 형성된 이러한 인간성 때문에 마치 박해받는 사람들은 박해라는 압박 속에서 아주 긴밀하게 활동하고 있는 것 같습니다. [……]물론 여기서 나는 박해받는 이들이 지녔던 온정을 중요한 것이 아니라고 주장할 생각은 없습니다. 이러한 인간성은 충분히 발현될 경우 의당 지녀야 하는 친절함과 선량함을 낳게 합니다."(『어두운 시대의 사람들』, 13쪽)

아렌트는 동정이라는 정념에 상응하는 것으로 연민을 들고 있다. 그는 감정인 연민과 정치 원리인 유대를 대비시키면서 연민의 비정치적 특성을 밝히고 있다.

"연민(pity)은 동정의 왜곡일 수 있으나, 그 대안은 유대다. 사람들이 유약한 사람에게 끌리는 것은 연민 때문이다. 사람들은 유대에 입각해 심사숙고하며, 사실상 냉정하게 피억압자와 피착취자에 대한 관심의 공동체를 구성한다. [……]유대는 이성과 동시에 일반성을 함께 지니기 때문에 한 계급, 민족, 인민이라는 다수뿐만 아니라 궁극적으로 모든 인류를 개념적으로 포괄할 수 있다. [……]연민은 뼛속까지 스며들지 않고 감성적인 거리를 유지한다. 그렇게 때문에 연민은 동정이 작동하지 못하는 곳에서 성공할 수 있다. 연민은 다수에게 손을 뻗칠 수 있기에 유대와 같이 저잣거리로 나가게 된다. 그러나 연민은 유대와 달리 행운과 불행, 강자와 약자를 동일한 시선으로 고찰하지 않는다. 연민은 불행이 현존하지 않고는 존재할 수 없다."(『혁명론』, 84쪽)

동정하는 사람은 자기 앞에 있는 특정한 사람의 고통에 영향을 받지만, 연민의 감정을 지닌 사람은 불특정 다수의 고통을 함께 하고자 한다. 연민은 무제한성을 특징으로 하는 감정이다. 미덕의 근원으로 간주되는 연민은 추상화된 형태를 띠지만 다수를 대상으로 하기 때문에 정치영역을 유린하는 수단으로 활용되기 쉽다. 역설적이지만, 연민은 잔인함 자체보다 더 잔인한 행위를 범할 수 있는 훨씬 큰 능력을 지니고 있는가?

동정을 연민으로 전환하여, 연민을 정치영역의 원리로 실천한 순간부터 행위자가 일으킨 범죄, 정치영역의 유린에 관한 예로서 로베스피에르의 테러를 들 수 있다. 로베스피에르는 절대주의의 정치적 악을 해결하기 위한 정치적 기준으로 절대적 선을 실천하고자 했다. 그는 절대적 선의 범주를 벗어나는 모든 활동은 위선으로 이해했고, 위선이란 악행을 제거하기 위한 정치적 방법으로 법적으로 죄를 범하지 않은 시민에게 폭력과 테러를 가했다.

그는 자신의 도덕적 열망 때문에 폭력과 테러를 정당화했다. 언어와 행위를 통해 유지되는 정치영역은 폭력에 직면하여 심각하게 손상되거나 붕괴될 수 있다. 동정과 연민을 정치영역의 미덕으로 전환한 결과는 정치영역의 붕괴다.

"미덕의 근원으로 간주되는 연민은 결과적으로 잔인함 자체보다 더 잔인한 행위를 저지를 수 있는 훨씬 큰 능력을 지니고 있다. '연민을 위해, 인류에 대한 사랑을 위해 비인간적이 되자!'라는 구호가 파리 코뮌 한 지부의 청원에서부터 국민공회에 이르기까지 거의 닥치는 대로 채택되었는데, 이러한 말들은 우연히 나온 것도, 극단적으로 나온 것도 아니다."(『혁명론』, 85쪽)

아렌트는 로베스피에르의 '연민과 테러'를 고찰하면서 연민의 위험성을 언급하고 있다. 연민은 인간의 내면에 존재하기 때문에 잘 드러나지 않는다. 그러나 로베스피에르는 드러낼 수 없는 감정을 드러내야 한다고 동료들에게 요구했고, 그렇지 않은 사람들을 위선자로 규정함으로써 자신의 테러를 정당화하고자 했다. 위선은 악덕 가운데 가장 큰 악덕인데, 로베스피에르는 연민을 정치영역의 행위원리로 삼았던 것이다.

이제 아렌트의 기독교적 사랑 개념에 눈을 돌리기로 한다. 기독교적 사랑에 대한 아렌트의 태도는 양면적이다. 그는 박사학위논문에서 아우구스티누스의 이웃사랑에 기초해 사회적 삶을 확

마라, 당통과 함께 급진공화파를 이끌었던 로베스피에르.
로베스피에르는 정치적 자유보다 빈곤 문제 해결을 혁명의 목표로 삼음으로써
'미덕의 테러' '자유의 폭정'을 잉태시켰다.

립할 가능성을 탐구했지만, 만년에는 기독교적 이웃사랑의 정치적 가능성을 부정적으로 평가했다.

> "아우구스티누스의 관점에서 볼 때, 자기부정은 세계에 대한 인간의 태도에서 표현된다. 인간은 하느님의 피조물로서 세계를 사랑한다. 피조물은 세계 속에서 하느님이 세계를 사랑하듯이 세계를 사랑한다. 이것은 자기부정의 실현이며, 자신을 포함한 모든 사람은 동시에 이 과정에서 하느님이 제공한 중요성을 다시 획득한다. 이러한 실현은 이웃사랑이다.
> [……]이웃사랑은 카리타스(*caritas*)에서 나타나는 이웃에 대한 사랑의 태도다. 이것은 두 가지 기본적 관계와 연관된다. 첫째, 인간은 하느님이 사랑하듯이 자기 이웃을 사랑할 수 있다. 둘째, 인간은 그가 자신을 사랑하듯이 자기 이웃을 사랑할 수 있다."(『아우구스티누스의 사랑 개념』, 93쪽)

아우구스티누스는 시간적 맥락에서 욕망으로서의 사랑(미래), 이웃사랑(현재), 창조주 하느님에 대한 사랑(과거)을 언급하고 있다. 이웃사랑은 시간적 실존의 두 가지 형태인 희망과 기억을 모두 포함하고 있다. 미래 지향적인 삶은 영원한 삶, 즉 죽음을 통해서 경험하는 영원한 삶이다. 선한 삶은 영원한 삶이다. 반면에 하느님에 대한 사랑은 출생을 통해서 경험한 행복한 삶으로 과거와 연계된다. 이러한 점에서 볼 때, 이웃사랑은 미래 지향적 삶과 창조주 하느님에 대한 사랑을 연결하는 역할을 한다.

만년의 아렌트는 기독교적 사랑이 무세계적이고 자체의 공공영역을 구성할 수 없다고 주장했다. 아렌트의 경우, 카리타스는 소외되고 긴밀하게 연계된 가족과 같은 집단의 구성원들, 무세계적인 사람들에게 특별히 적합한 사회적 유대였다. 아우구스티누스는 이웃사랑을 지칭하는 세계사랑(dilectio mundi)을 주장했음에도 불구하고 사랑에 정치적 의미를 부여하지 않았다.

"세계를 바꾸기에 충분한 사람들 사이의 유대를 발견하는 것은 초기 기독교철학의 주된 정치적 과제였다. 기독교의 '형제애'와 자비에 근거한 인간관계의 확립을 제안한 사람은 아우구스티누스였다. 그러나 이 자비는 그 무세계성으로 인하여 일반적인 사랑의 경험과 분명 일치하지만, 그것은 동시에 세계처럼 사람들 사이에 존재하는 어떤 것이라는 점에서 사랑과 분명히 구별된다.

[……]사람들 사이의 유대감인 자비는 자신의 공공영역을 확립하지 못해도 기독교의 주된 정치원리인 무세계성에 적합하기 때문이다. [……]기독교 공동체의 비정치적이고 비공적인 성격은 일찍이 공동체는 하나의 육체로 이루어지며, 그 구성원은 가족의 형제처럼 행동해야 한다는 요청 속에 포함되어 있다."(『인간의 조건』, 53~54쪽)

조반니 벨리니, 「그리스도의 변용」, 1487년경.
만년의 아렌트는 기독교적 사랑이 무세계적이고 자체의
공공 영역을 구성할 수 없다고 주장했다. 그의 경우,
카리타스는 소외되고 긴밀하게 연계된 가족과 같은 집단의 구성원들,
무세계적인 사람들에게 특별히 적합한 사회적 유대였다.

필란트로피아, 후마니타스, 후마니테트

지금까지 인간다움을 형성하는 요소들을 산발적으로 제시했다. 진정 숭고한 것은 절대적 선과 연관된다. 박애와 형제애는 동정 또는 연민과 연계되며, 우정의 대화에서 발현되는 것은 후마니타스다. 여기서는 인간성이란 대화를 통해서 공공영역에서 실현된다는 아렌트의 주장을 중점적으로 살펴본다.

아렌트는 자신의 입장을 취하기 위해 고대 그리스와 로마의 '인간다움'이란 개념에 주목한다. 우선 그는 그리스 사상에 나타나는 우정이란 정치적 개념을 제안한다. 인간다운 세계는 대화가 중요한 역할을 한다.

> "대화의 대상이 될 수 없는 것—진정으로 숭고한 것, 진정으로 두려운 것, 또는 진정으로 불가사의한 것—은 무엇이든 인간의 목소리를 통해서 세계에 울려 퍼진다 해도 그것은 정확히 인간적인 것이 아닙니다.
>
> 우리는 세계에 대해서 언급하는 과정에서 세계와 우리 자신 속에서 일어나고 있는 것을 인간화하며, 인간적인 것을 배우게 됩니다. 그리스인들은 우정의 대화에서 이뤄지는 인간다움을 필란트로피아(*philanthropia*), '인간애'라고 불렀습니다."(『어두운 시대의 사람들』, 24~25쪽)

고대 그리스인은 인간다움이란 대화를 통해 발현된다는 점을 강조했다. 인간다움은 무제한적인 것이 아니라 공개적으로 표현 가능한 것으로 제한을 받는다. 이러한 입장은 레싱의 주장에서도 잘 드러나고 있다.

> "레싱의 위대함은 인간 세계 내부에서 유일한 진리는 존재하지 않는다는 이론적 통찰에 있을 뿐만 아니라 유일한 진리가 존재하지 않음을 기뻐하고 인간들이 존재하는 한 이들 사이에 끊임없는 대화가 계속될 것임을 즐겨하는 데 있습니다. 유일 절대의 진리가 존재하는 한 모든 논쟁은 종식될 것입니다." (『어두운 시대의 사람들』, 27쪽)

레싱은 대화와 논쟁을 통해서 우정을 이루려고 노력했으며, 종교적 신념에 관계없이 우선 인간이 될 것과 친구가 될 것을 강조했다. 절대 진리만이 강조되는 곳에서 세계는 상실되기 때문이다. 따라서 그는 진리와 인간성의 관계를 다음과 같이 함축적으로 표현했다. "모든 사람 스스로가 진리라고 생각하는 바를 말하게 하라. 그리고 진리 자체는 신에게 맡기라!"[2] 아렌트는 1964년에 저명한 언론가이자 이후 빌리 브란트 정부에서 정부 고위직을 맡았던 가우스와 나눈 텔레비전 대담에서 인간성이 행위 속에서 실현된다는 점을 지적하고 있다.

"가우스: 마지막 질문을 허락해주시죠. 야스퍼스에게 헌정하는 글에서 당신은 다음과 같이 말했습니다. '인간성은 결코 혼자서 획득할 수 없으며, 공중에게 주어진 누군가의 작업에 의해서도 획득할 수 없다. 그것은 오로지 자신의 삶과 인격을 '공공영역으로의 모험에' 내던진 사람에 의해서만 성취될 수 있다.' 이러한 '공공영역으로의 모험'—야스퍼스에서 인용—이 당신에게 의미하는 바는 무엇인지요?

아렌트: 공공영역으로의 모험은 저에게 명료한 것으로 보입니다. 인간은 한 인격체로서 공중의 빛 속에서 자신을 드러냅니다. 비록 저는 인간이 공공연히 자의식적으로 드러내거나 행동해서는 안 된다는 의견을 지니고 있지만, 여전히 다른 인간 활동에서와 달리 모든 행위에서 인격은 표현되고 있음도 알고 있습니다. [……]그리고 지금 제가 말하고 싶은 점은 이러한 모험은 오로지 사람들에 대한 신뢰가 있을 때에만 가능하다란 점입니다. 무엇에 대한 신뢰—명확히 말하기는 어렵지만 근본적인—는 모든 사람들 안에 인간적으로 존재합니다. 그렇지 않다면 그러한 어떤 모험도 이루어질 수 없습니다."(『이해의 에세이』, 22~23쪽)

아렌트는 로마인 역시 인간성이 형제애에서 발현되기보다 우정 속에서 나타난다고 생각했다. 형제애는 거리감 없는 상태일수록 빛나지만, 우정은 기본적으로 일정한 거리, 즉 차이를 전제한다. 형제애는 사적 차원을 띠지만 우정은 공적 차원을 지닌다. 물론 로마인이 강조했던 인간성은 정치영역에서의 대화를 통해서 형성되는 인격적 요소이기 때문에, 현대인이 말하는 인간성과 구분된다. 현대인은 인간성을 교육의 산물이라고 생각하기 때문이다.

"로마인이 말하는 후마니타스(인간애, *humanitas*)란 [……] 객관적인 것이 아니면서도 정당한 것이기 때문에 로마인들은 그것을 인간다움의 극치라고 생각합니다. 칸트와 야스퍼스는 이것을 후마니테트(*humanität*)라고 생각했습니다. 그것은 일단 획득되면 사람을 결코 떠나지 않는 정당한 개성입니다. [……]사람들은 자신의 삶과 인격을 '공공영역으로의 모험'에 바침으로써 후마니타스를 획득할 수 있습니다."(『어두운 시대의 사람들』, 73쪽)

필란트로피아와 후마니타스는 우정의 대화라는 공통점을 지니고 있다. 차이점을 들자면, 필란트로피아는 동료 시민들 사이의 인간애에 기반을 두고 있지만 로마의 후마니타스는 상이한 인종적 기원과 혈통을 가진 사람들이 시민권을 획득하면서 형성되는 정치적 실재다.

칸트는 인간에게 절대적 진리가 존재하지 않는다는 점을 인정하면서도 정언명령에 따른 임무가 인간성 자체를 위해서 손상될 수 없다고 주장함으로써 레싱이나 야스퍼스와 입장을 달리하고 있다.

"야스퍼스의 사유가 공간적이라는 것은 그것이 언제나 공간 속에 있는 세계와 인간에 관한 것이기 때문이지, 그것이 어떤 현존하는 공간에 속박되어 있기 때문은 아닙니다. 사실은 그 반대입니다. 그의 마음속 깊이 내재된 목적은 인간이 지닌 후마니타스가 순수하고 뚜렷하게 나타날 수 있는 공간을 창조하기 때문입니다.

이런 유의 사유방식은 언제나 다른 사람의 생각과 밀접하게 관련되어 있는 것이어서 아무리 정치적인 것을 다루지 않는다 해도 정치적인 것이 되게 마련입니다. 그것은 특히 정치적 정신일 칸트의 확장된 심성을 강화하고 있기 때문입니다."(『어두운 시대의 사람들』, 79쪽)

제3장에서 언급했듯이, 사유는 자기정체성의 형성과 연관되고, 의지는 성격의 형성과 연관된다. 정신활동 가운데 가장 정치적인 판단 능력은 인간성의 형성과 밀접하게 연계되어 있다. 불편부당한 판단의 중요한 요소가 바로 인간성과 예증적 타당성이라는 점을 고려할 때, 진정한 인간성은 정치적 사유나 공적 대화를 통해서 형성된다.

세계사랑과 세계시민을 위한 외침

앞에서 언급한 바와 같이, 세 가지 유형의 인간성이 우정에 기반을 두고 있다. 세계사랑 역시 우정에 기반을 두고 있으며 시민들에 대한 아렌트의 입장에서 기초가 된다. 다양한 유형의 사랑(아가페, 낭만적 사랑, 이웃사랑 등)이 정치적 우정과 양립하지는 못하지만 이를 풍요롭게 할 수 있는 가능성을 담고 있다.

그러나 아렌트는 비정치적 또는 반정치적 차원을 넘어 사랑에 정치적 의미를 부여했다. 즉, 그는 아우구스티누스의 세계사랑이란 소극적 개념—세속적인 것에 대한 애착으로서 쿠피디타스(*cupiditas*)—을 적극적 개념으로 전환한다. 세계사랑은 세계의 복지에 대한 열정적이면서도 헌신적인 애착이다.

> "'사랑하지 않는 사람은 없다. 그러나 그는 자신이 무엇을 사랑해야 하는가를 질문한다. 그러므로 나는 당신에게 사랑하지 말라고 권고하는 게 아니라 우리가 무엇을 사랑해야 하는지를 선택하라고 권고한다.' 카리타스와 쿠피디타스를 구분하는 것은 사랑의 대상일 뿐만 아니라 선택 자체다. 세계사랑은 결코 선택이 아니다. 세계는 항상 존재하며 그것을 사랑하는 것은 자연스럽기 때문이다."(『아우구스티누스의 사랑 개념』, 77쪽)

아우구스티누스는 공간적 차원에서 사랑의 유형을 세 가지

아렌트를 기념하기 위해 발행한 우표.
독일 우정국은 독일 역사 속의 여성들을 기념하는 우표를 정기적으로
발행하고 있다. 이 우표는 1988년에 발행되었다.

로 분류했다. 가장 포괄적 의미의 아모르(*amor*), 자애 또는 이웃사랑으로서 딜렉티오(*dilectio*), 그리고 하느님에 대한 사랑으로서 카리타스(*caritas*)가 바로 그것이다. 카리타스가 인간과 신의 관계를 담고 있다면, 세속적인 것에 대한 사랑인 쿠피디타스는 인간과 세계의 관계를 담고 있다. 그는 이들 가운데 카리타스를 최고의 선으로 규정했다. 따라서 아우구스티누스의 세계사랑(*dilectio mundi*) 역시 최고 형태의 사랑은 아니다. 이때 세계는 비정치적 기독교 공동체이지 아렌트가 말하는 공공영역은 아니다. 그러나 우리는 정치적 삶을 영위하는 공동 세계에 살고 있기 때문에, 아렌트는 공동체 구성원이면 누구나 세계에 관심을 가져야 한다고 주장했다.

카리타스는 선택사항이지만, 세계사랑은 선택사항이 아니다. 인간은 태어나는 순간 특정한 공동체에 귀속되기 때문이다. 따라서 아렌트는 진정한 인간성 또는 인간의 존엄성이 세계사랑을 통해서 발현된다고 생각했다. 역으로 세계소외와 세계상실에 대한 아렌트의 관심은 야만성과 무의미성으로부터 인간성과 의미성을 구원하려는 욕구에서 나타난다.

"인간세계는 언제나 세계에 대한 사랑의 산물이었다. 이는 인간이 만든 것으로, 그것의 잠재적 불멸성, 즉 세계에 대한 사랑의 잠재적 불멸성은 세계를 건설하는 인간의 사멸성과 그 안에서 사는 인간들의 탄생성에 항상 종속된다. 햄릿이 한 말은 영원히 옳다. '뒤틀린 시절이로다. 오 저주받은 영혼이여/이를 바로잡으러 내가 태어나다니!' 이런 의미에서 볼 때, 세계는 항상 사막이지만, 새롭게 시작하기 위해서는 새로 시작하는 사람을 필요로 한다."(『정치의 약속』, 203쪽)

이 인용문은 부정적인 것 같지만, 우리는 세계에서 태어난 덕분에 세계에 대해 관심을 갖고 사랑해야 한다는 반허무주의적 입장을 담고 있다. 세계사랑은 기본적으로 인간적 실존의 기본적 특징, 즉 세계는 지속된다는 믿음, 새로운 생명이 지속적으로 존재한다는 희망과 밀접하게 연계되어 있다. 따라서 세계사랑은 인류에 대한 일종의 인간화된 사랑이다. 이는 일차적으로 세계시민의 태도로 구체화된다. 아렌트는 세계시민을 다음과 같이 정의하고 있다. 칸트의 세계시민은 세계관찰자이며 인류의 통합에 관심을 가지고 있는 사람이다.

"비판적 사유는 분명 고독한 상태에서 진행되지만 상상력의 힘으로 다른 사람들을 등장시킴으로써 잠재적으로 공적이며 모든 입장에 공개된 공간으로 들어가게 된다. 달리 말하면 그것은 칸트의 세계시민 입장을 택한다. 확장된 심성으로 사유하는 것은 사람이 방문하는 상상력을 훈련한다는 것을 의미한다."(『칸트 정치철학 강의』, 43쪽)

"인간 사이의 유대는 주관적으로 '무한한 소통에의 의지이며, 객관적으로 보편적 이해가능성이란 사실이다. 인류의 통합과 유대는 하나의 종교, 또는 하나의 철학, 하나의 정부 형태에 대한 보편적인 합의에 기반을 두기보다 집합체가 다양성을 드러내면서 은폐하는 일종의 일원성과 연계된 신념에 기반을 두고 있다."(『어두운 시대의 사람들』, 89~90쪽)

세계사랑은 하느님에 대한 사랑이나 자기애의 차원을 넘어설 뿐만 아니라 행위의 근원이 된다. 판단이 관찰자로서 시민의 초연한 세계사랑의 정신을 구체화한다면, 의지 활동은 행위자로서 시민의 실존적 주도권에 기초한 세계사랑의 헌신적 정신을 구체화하는 데 기여할 수 있다. 아렌트는 야스퍼스의 『철학적 신앙』을 읽고 그를 세계시민의 대표적인 본보기로 상정하고 있을 뿐만 아니라 『역사의 기원과 목표』 역시 세계시민의 기본적 태도를 담고 있다고 지적했다.

"당신은 독자에게 실제로 세계시민이 되길 원하도록 만드는군요. [……]당신이 시도한 유대-기독교 신앙의 상대화는 인류 개념의 확고한 기반을 제공하는군요."(『한나 아렌트-카를 야스퍼스 서간집』, 100쪽)

이데올로기, 거짓말, 진리는 정치를 손상시키는가

반정치적 사유에서 정치적 사유로의 귀환

"지금껏 어느 누구도 진리와 정치가 서로 불편한 관계에 있다는 사실에 의문을 제기하지 않았으며, 내가 아는 한 어느 누구도 진실성을 정치적 미덕에 포함하지 않고 있다. 거짓말은 항상 정치꾼이나 선동가뿐만 아니라 정치가의 직업을 정당화하는 데 필요한 도구로 간주되어 왔다."

세 개의 투쟁 전선과 이데올로기 시대

20세기는 이데올로기의 시대라는 표현이 지나치지 않을 정도로 이데올로기는 정치뿐만 아니라 학문적 관심사가 되어왔다. 그러나 냉전체제가 붕괴되는 시기에 이르면 이데올로기적 대립이 약화되는 것 같았으며, 진리-이데올로기 이분법이 인간의 삶에서 억압을 은밀하게 정당화한다는 탈근대 철학의 주장으로 이데올로기에 대한 논의의 목소리는 과거에 비해 약화되었다. 이러한 시대의 흐름 속에서 정치에서 이데올로기의 역할에 대한 논의는 퇴조하는 것 같았다.

그러나 현실은 과거의 반복이라는 정형화된 언사가 맞기라도 하듯이, 9·11테러 이후 아렌트의 이데올로기 분석은 제자이자 전기 작가인 영-브륄이나 카텝, 버밍엄 등에 의해 다시 재조명되기 시작했다. 이들의 주장에 따르면, 20세기 정치적 악과 연계된 두 정치이데올로기는 변형된 형태로 21세기 정치영역에 슬그머니 등장했다.

영-브륄에 따르면, "불행하게도 오늘날 가장 영향력 있는 두 가지 형태의 도덕 이데올로기는 전체주의와 비슷한 특성을 지니고 있다. 하나는 도덕을 강조하는 근본주의적 민주주의이며, 다른 하나는 극단적인 이슬람주의자들의 도덕이데올로기다."[1] 제롬 콘과의 대담에서 밝힌 영-브륄의 비판적 지적은 더 명료하다. "자연 이데올로기와 역사 이데올로기는 자유민주주의가 역사의 자연적이고 불가피한 결과―역사의 종말―이며 자유민주주의의 불가피한 형태가 우월한 지적 엘리트에 의해 지배된다는 이념을 지지하기 위해 부시행정부 이론가들 사이에서 결합되었다."[2]

전체주의에 대한 아렌트의 분석에서 가장 두드러진 측면들 가운데 하나는 이데올로기의 역할이다. 그는 『전체주의의 기원』 제2판에 수록한 「이데올로기와 테러」에서 전체주의를 가능하게 했던 이데올로기의 역할을 심층적으로 분석했다. 그는 이데올로기를 허구로 규정한다. 그렇다면 허구로서 이데올로기와 진리는 대립되지 않는가?

아렌트는 『예루살렘의 아이히만』 출간 이후 벌어진 논쟁에 대응하여 「정치와 진리」를 발표했다. 이 논문은 정치와 진리의 불편한 관계를 다루고 있다. 그는 언론을 통한 미국방성 보고서 공개를 계기로 「정치에서의 거짓말」(1972)을 발표했다. 이 논문은 국방성 보고서와 전쟁의 원인을 다루고 있으며, 전쟁을 주도한 정책결정자들의 심리상태를 분석했다는 측면에서 『전체주의의 기원』과 유사성을 띠고 있다.

아렌트는 역사적 사건을 통해 이데올로기, 거짓말, 진리가 각기 어떠한 특성을 지니고 있는가를 해명하고 있다. 그의 관점에서 볼 때, 조직화된 거짓말과 이데올로기가 미치는 최악의 효과는 행동하고 판단하는 능력의 상실을 의미하고, 진리가 정치와 불편한 관계에 있다는 지적에서도 나타나듯이, 이데올로기와 진리는 정치영역을 손상시킬 수 있다. 이러한 비판적 고찰은 진정

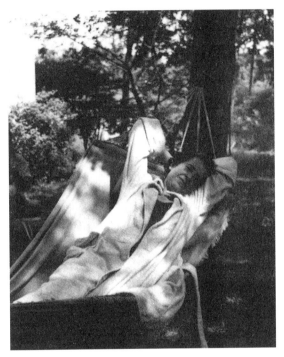

휴식을 취하고 있는 아렌트(1950).
유럽을 방문하던 중 한국전쟁 소식을 들은 그는 귀국한 뒤
『전체주의의 기원』을 마무리하고 출판했다.

한 정치를 모색하는 데 이바지하고 있다.

아렌트는 이러한 비판적 고찰을 통해 세 영역에서 전선을 형성하고 있다. 첫째는 역사 또는 자연 법칙으로부터 정치를 구원하는 것이고, 둘째는 정치적 거짓으로부터 정치를 구원하는 것이며, 셋째는 가치 상대주의로부터 정치를 구원하는 것이다.

이데올로기와 시작 능력의 상실

전체주의는 어떻게 존재할 수 있었는가? 전체주의 지도자, 동료, 추종자, 공범자, 부하! 그들은 어떻게 자신들의 임무를 수행할 수 있었는가? 그들은 어떤 정신 상태에서 그렇게 엄청난 악행을 저지를 수 있었는가? 여기서 아렌트가 『전체주의의 기원』 1966년판 「서문」에서 밝힌 질문을 다시 제기할 필요가 있다.

"내 세대는 성인 시절 대부분을 다음과 같은 의문을 간직한 채 살아야만 했다. '무슨 일이 일어났는가? 왜 일어났는가? 그런 일이 어떻게 일어날 수 있었는가?' 하여튼 이러한 질문을 표현하고 상세하게 설명할 수 있는 가능한 최초의 순간이 왔다." (『전체주의의 기원』, 24쪽)

아렌트는 이러한 질문을 제기하고 이데올로기 개념을 통해 그 대답을 모색했다. 따라서 전체주의에 대한 아렌트의 이야기에서 가장 두드러진 측면들 가운데 하나는 이데올로기의 역할이다. 전체주의 현상의 이해에서 이념은 테러와 함께 핵심적인 위치를 차지한다. 다양한 유형의 정치적 악행은 이념과 관계없이 나타날 수 있지만, 이념체계에 함몰되지 않은 채 반인류 범죄에 참여하기란 어렵기 때문이다. 이데올로기가 중심에 위치해 있고 인간을 이데올로기적 피조물로 전환시켰을 때 비로소 정치적 악과 연계된 전체주의 체제가 역사상 처음으로 등장했다. 아렌트가 이데올로기 비판에 무게를 둔 것도 바로 이러한 이유 때문이다.

"이데올로기—지지자들이 만족할 정도로 모든 것과 모든 사건을 하나의 전제로부터 추론하여 설명할 수 있다는 '주의'—는 아주 최근의 현상으로 수십 년 동안 정치적 삶에서 대수롭지 않은 역할을 해왔다. 우리는 뒤늦게 깨달은 지혜를 통해서만 아주 불안할 정도로 전체주의 지배에 유용하게 만든 여러 가지 요소를 이데올로기에서 발견할 수 있다. 이데올로기의 엄청난 정치적 잠재력은 히틀러나 스탈린 이전에는 발견되지 않았다."(『전체주의의 기원』, 468쪽)

"19세기의 세계관과 이데올로기는 그 자체로 전체주의적이지 않다. [……]다른 모든 주의들에 대한 공산주의와 인종주의의 이데올로기적 승리는 전체주의 운동이 이들을 포섭하기 이전에 이미 판가름이 난 사안이었다.

다른 한편 모든 이데올로기는 전체주의 요소를 함축하고 있지만, 이 요소들은 유일하게 전체주의 운동에서 만개했다. [……]그러나 모든 이데올로기의 성격은 실제로 전체주의의 지배 장치에서 이데올로기가 수행하는 역할에서만 뚜렷하게 드러난다."(『전체주의의 기원』, 470쪽)

아렌트의 주장대로, 이데올로기는 이념이 과학의 주제가 될 수 있다는 것을 암시하는 것 같지만, 과학이나 철학의 영역을 넘어선 유사 과학이나 철학에 불과하다. 이데올로기는 말 그대로 이념의 논리다. 그러나 그는 전체주의 이데올로기의 역할에 대해 언급할 때 일반 용례보다 훨씬 좁은 의미로 이 용어를 사용한다. 그는 이데올로기를 허구 또는 꾸며낸 것으로 이해한다. 이데올로기는 파괴와 재구성 작업을 선동하고 인도하려는 포괄적인 허구다. 그는 자연이나 역사에 관한 어떠한 포괄적 이론도 대부분 허구적이라는 것을 암시하고 있다.

"이데올로기는 지배자의 정치행위를 결정하며 피지배 대중에게 이러한 행위를 허용할 수 있도록 해준다. 이러한 맥락에서 내가 말하는 이데올로기는 삶과 세계에 대한 모든 신비를 해명하는 열쇠를 발견했다고 자처하는 주의(ism)다. 따라서 인종주의 또는 반유대주의는 이데올로기가 아니라 단지 그것이 아리안 족을 칭송하고 유대인을 증오하는 것으로 그 자신을 제한하는 한 무책임한 견해일 뿐이다. [……]달리 말하면, 이데올로기란 현실적인 체험과 더 깊은 일치 없이 과거와 미래의 모든 것을 설명한다고 하는 삶과 세계에 대한 설명 체계인 것이다."(『이해의 에세이』, 349~350쪽)

"이데올로기와 단순한 의견은 다르다. 이데올로기는 역사를 설명하는 열쇠나 모든 '우주의 보편적 수수께끼'를 풀 해결책이나 인간과 자연을 지배한다는 숨겨진 보편적 법칙에 대한 깊은 지식을 소유한다고 주장하기 때문이다. [……]단지 두 이데올로기만이 다른 이데올로기들을 물리치고 정상에 올랐다. 그것은 바로 역사를 경제적 계급투쟁으로 해석하고, 역사를 자연적 인종투쟁으로 해석하는 이데올로기다."(『전체주의의 기원』, 159쪽)

아렌트는 이데올로기와 단순한 또는 무책임한 의견을 구분한다. 이데올로기는 과거와 미래를 완벽하게 설명할 수 있는 논리적 일관성을 제시하는 주의로 규정된다. 예컨대 사회주의가 단순히 노동계급의 조건, 그 원인과 해결책에 관한 견해의 복합체라면 이데올로기로서 위상을 갖지 못한다. 일련의 정치적 신념이 이데올로기가 되려면, 과거를 설명하고 미래를 예측하려는 불가피한 투쟁이론이 첨가되어야 한다. 이렇듯 아렌트는 이데올로기를 좁은 의미로 이해했고, 나치즘과 스탈린주의를 그 대표적인

역사의 법칙을 절대화하는 전체주의를 내세운 스탈린.
아렌트는 1953년 스탈린주의가 역사의 법칙을 절대화하려는
좌익 전체주의라는 것을 부각시키는 데 관심을 갖고 연구했다.

예로 들고 있다.

전체주의 이데올로기 등장 이전에 존재했던 세 가지 요소는 반유대주의, 제국주의, 인종주의(범게르만주의와 범슬라브주의)다. 이 세 가지 요소는 히틀러의 '민주적' 집권 이후 아리안족의 지배를 정당화하는 이데올로기로 결정화(結晶化)되었다. '결정화'는 외부의 자극이나 자체의 특이한 상황으로 인해 요소들이 화학반응을 일으켜 새로운 물질이 만들어진다는 의미를 담고 있는 은유다. 즉 과거와 미래를 설명하고 예측하는 설명체계로서 전체주의 이데올로기의 핵심은 자연과 역사의 법칙이다.

"전체주의의 해석에서 모든 법은 운동의 법이다. 나치가 자연 법칙을 말하고 볼셰비키가 역사 법칙을 이야기할 때, 자연과 역사는 죽을 운명을 가진 인간의 행위에 권위를 부여하는 안정적인 근원이 아니다. 자연과 역사는 그 자체가 운동이다. 인간 내면에 있는 자연 법칙의 표현으로서 인종의 법을 믿는 나치 신념의 근간은 인간이 자연적 발전의 산물이며, 이 자연적 발전은 반드시 현재의 인간 종에서 멈추지 않는다는 다윈의 이념이다. 이와 비슷하게 역사 법칙의 표현으로서 계급투쟁을 믿는 볼셰비키의 신념을 뒷받침하는 것은 사회가 거대한 역사운동의 산물이라는 마르크스의 사회관이다. [……]궁극적으로 역사 운동과 자연 운동은 동일한 것임이 밝혀졌다."(『전체주의의 기원』, 463쪽)

아렌트에 따르면, 인간에게 해롭고 살기에 부적절한 모든 것을 제거하는 것이 자연법칙이고, 계급투쟁에서 어떤 계급이 쇠퇴하는 것이 역사법칙이다. 이러한 논리에 따르면, 투쟁 대상의 소멸은 인류의 종말 또는 역사의 종말이다. 따라서 전체주의 운동이 권력을 장악하고 집행하는 수단인 살해의 법칙은 운동법칙이 되고 있다. 아렌트는 이데올로기 또는 이데올로기적 사유에 내재된 몇 가지 요소를 제시한다.

"첫째, 이데올로기는 총체적(완벽한) 설명을 제시할 수 있다면서 존재하는 것이 아니라 생성되는 것, 즉 태어나서 사라지는 것을 설명하는 경향을 지니고 있다. 이데올로기는 모든 경우 운동의 요소, 즉 통상적 의미의 역사에만 관심을 갖는다. 이데올로기는 항상 역사에만 관심을 기울인다. [……]

둘째, 이데올로기적 사유는 이러한 능력을 지닌다고 하면서 [……]모든 경험과 분리된다. 따라서 이데올로기적 사유는 우리가 오감으로 느끼는 실재로부터 해방되고, 지각 가능한 모든 사물의 이면에 은폐된 '더 참된' 실재를 요구하고, 이 은폐의 장소에서 모든 것을 지배하며 더 진정한 실재를 자각하게 할 수 있는 육감을 요구한다.

육감은 바로 이데올로기가 [……]제공한다. [……]운동조직은 권력을 잡게 되면 자신들의 이데올로기적 주장에 따라 실재를 바꾸기 시작한다. 적의 개념은 음모 개념을 대신하며 하나의 심성을 만들어낸다. 이러한 심성에서 실재―진정한 적의나 우정―는 결코 자체로 경험되거나 이해되지 않고 자동적으로 다른 무엇을 상징하는 것으로 가정된다.

셋째, 이데올로기는 실재를 변경할 수 없기 때문에 논증 방법을 통해서 사유를 경험으로부터 해방시킨다. 이데올로기적 사유는 사실들을 절대적인 논리적 절차 속에 배열한다. 이 논리적 절차는 공리적으로 수용된 전제에서 시작하여 모든 것을 이 전제로부터 연역한다.

[……]이데올로기적 논증은 그 전제를 확립하면, 그의 출발점, 즉 경험은 더 이상 이데올로기적 사유에 개입할 수 없으며 실재로부터 가르침을 받을 수 없다. [……]행위의 지침이 되는 이 엄격한 논리성은 전체주의 운동과 정부의 구조 전체에 속속들이 스며든다. 그것은 오로지 히틀러와 스탈린의 작품이다."
(『전체주의의 기원』, 470~471쪽)

전체주의자들은 세계라는 사실성을 전적으로 무시한다. 따라서 이들은 거짓말쟁이다. 그러나 이러한 거짓말은 의도적으로 '비진리'로 인도하는 전통적 의미의 거짓이 아니라 실재를 유린하고 국민을 실재와 분리시키며 '냉엄한 추론'에 기초해 대안적인 실재를 창조하는 데 국민을 동원한다는 차원의 거짓이다.

이들은 세계 지배라는 목적 때문에 논리성을 숭배한다. 완벽한 설명 수단인 이데올로기는 실재를 내적 논리로 완전히 환원시키기 때문에, 그 추종자들은 경험으로부터 벗어나게 된다. 따라서 이데올로기적 사유는 모든 경험과 무관하기 때문에 경험에서 도출된 어떠한 반론에도 손상되지 않는다. 이데올로기적 사유는 그 논리성 덕택에 경험에 의해 손상되거나 부정되지 않기 때문이다.

전체주의 이데올로기에 의해 요구되는 논리의 강제력을 완전히 수용한다는 것은 이론과 실천의 관계에 확장된다. 과거나 현재에 대한 설명이 연역적 추론에 의해 진행되듯이, 미래지향적 행위도 일종의 실천적 삼단논법에서 도출된다. 이데올로기적으로 제시된 전제로부터 행위를 엄밀하게 추론할 때, 판단의 필요성은 제거되며 사유 공간마저도 폐쇄된다. 따라서 이데올로기는 사람들로부터 자유와 자발성의 일차적 근거를 박탈하는 수단이다. 그렇다면 이데올로기가 지배하는 곳에서 자유와 진정한 정치는 존재할 수 있을까?

"인간 행위의 영역에서 도출된 행태의 지도적 원리인 미덕, 명예, 공포는 테러를 더 이상 협박 수단으로 사용하지 않으나 테러를 본질로 하는 정치체제를 운영하는 데 필요하거나 유용하지 않다. 대신에 전체주의는 공적 업무에 전적으로 새로운 원리를 도입하고 있다.

이 원리는 행위에 참여하려는 인간의 의지를 완전히 불필요하게 만들며 운동 법칙—테러는 이에 따라 작동하고, 따라서 개인적 운명은 모두 이에 좌우된다—을 통찰하려는 강한 열망에 호소한다.

전체주의 국가의 주민들은 운동을 가속화시키기 위해 자연이나 역사의 과정에 빠지고 사로잡히게 된다. 그들은 운동의 내적 법칙의 집행인이나 희생자 가운데 하나가 될 수밖에 없다.

전체주의 지배가 백성들의 행태를 지도하는 데 필요로 하는 것은 그들을 모두 집행인이나 희생자의 역할에 똑같이 들어맞도록 준비하는 것이다. 이 양면적 준비, 즉 행위 원칙의 대체물이 바로 이데올로기다."(『전체주의의 기원』, 468쪽)

전체주의에서 주민들은 자발적으로 행위에 참여하지 못하고 역사 법칙과 자연 법칙에 완전히 종속된 노예다. 주민들에게 강요되는 법칙은 어떠한 실정법보다도 강력하며 실정법을 초월한다. 실정법은 선과 악 또는 옳음과 그름의 기준과 연계되지만, 역사 법칙과 자연 법칙을 실천하는 과정에서 선과 악의 판단은 무의미해진다. 이러한 법칙의 실행하는 과정에서 비인간적 또는 반인륜적 요소는 관심의 대상이 되지 않는다. 그러므로 전체주의 이데올로기는 인류 역사상 새로운 형태의 범죄, 정치적 악을 잉태했다.

이렇듯 이들은 세계를 경험하고 사유하는 능력을 상실한다. 이들은 자연이나 역사가 모든 것을 통제한다는 이념을 무조건 수용하고 계급 역사의 행진 속에서 소멸하며, 한 인종이 다른 인종보다 우월하다는 것을 수용한다. 이때 이들은 이데올로기에 의해 통제된다. 어떠한 정부형태에서든 행위의 원리가 존재하는데, 전체주의에서 행태의 원리는 바로 이데올로기다.

정치적 거짓말은 정치 행위를 결정한다

아렌트는 전체주의 이데올로기에 대한 분석을 통해 전체주의 지도자들이 어떻게 정치적 악행을 할 수 있었는지에 대한 해답을 제시했다. 마찬가지로 그는 베트남 전쟁 정책결정자들이 어떻게 그런 결정을 내렸는지 질문하고 그 해답을 찾고자 했다. 즉 그는 「정치에서의 거짓말」에서 대니얼 엘스버그[3]의 질문을 인용하고 있다.

"게다가 독자가 패배한 전쟁 도발자들에게 항상 중요한 '그리스의 비극'(프랑켈과 겔브의 제안)이나 중상모략 전설과 같은 그러한 일반적 개념에 만족하기를 꺼려한다면, 기만이나 거짓말 자체보다 오히려 '그들은 어떻게 할 수 있었는가?'라고 엘스버그가 최근에 제기한 질문은 이 낙담스러운 이야기의 기본 쟁점이 될 것이다."(『공화국의 위기』, 33쪽)

그들은 「맥나마라 보고서」 작성에 참여한 사람들로서, 이 그룹에는 18명의 군 장교와 연구소, 대학, 행정부처에서 참여한 18명의 민간인으로 구성되어 있다. 그들은 세계정책과 관련한 이미지를 만들어내는 전문가, 대단한 자부심을 가지고 있는 문제 해결사, 현실을 희생시키면서 순수이론을 사랑하는 사람들이다.

"그들은 일반적인 이미지 제조자와 분명히 달랐다. 그들의 특징은 문제해결사이기도 하다는 점에 있다. 따라서 그들은 지적일 뿐만 아니라 '합리적'이라는 데 자부심을 갖고 있다. 실제로 그들은 오히려 놀라울 정도로 '감상적인 생각'을 초월하여 '이론'을 사랑했다."(『공화국의 위기』, 11쪽)

"자신이 스스로 미래의 주인이라고 생각하는 한 행위에 참여하는 사람들은 역시 자신을 과거의 주인이 되고자 싶어할 것이다. 그들이 행위에 대한 욕구를 가지고 있고 또한 이론을 사랑하는 한 [……]자신들의 현실—결국 일차적으로 인위적이고, 따라서 달리 할 수 없었던—을 이론에 꿰어맞추고자 하며, 따라서 정신적으로 현실의 부조화적인 우연성을 제거하고자 할 것이다."(『공화국의 위기』, 11~12쪽)

이러한 점에서 그들은 추상적인 복수와 증오의 정념에 사로잡힌 전체주의 지도자들과 같이 악하지 않다. 그런데도 그들은 왜 전쟁 참여를 결정했는가? 그들은 어떠한 대가를 치르더라도 실재를 정해진 틀에 부과하려는 열정에 사로잡힌 사람들이다. 그들은 이념주의자들은 아니지만 아렌트의 이데올로기 개념에서 나타나는 특성을 드러내고 있다.

아렌트는 '적은 모든 진상을 알고 있으나 의회는 알지 못하는' 통킹만 사건을 예로 들어「국방성 보고서」가 은폐, 거짓말, '신중한 거짓말'을 담고 있다고 지적했다. 즉 국방성 보고서는 행정부가 의회와 국민에게 거짓을 말하고 있다는 것을 보여주었다.

"궁극적인 목적은 권력이나 이득이 아니었다. [……] '세계에서 최대강국'이라는 이미지, 위신은 필요했고 의도적으로 사용되었다. 목표는 이제 이미지 자체. [……]목표는 더 이상 굴욕적인 패배를 피하는 것이 아니라 패배를 인정하지 않고 체면을 세우려는 방도를 발견하는 것이었다. 세계정책—세계 정복이 아니라 국민의 마음을 얻으려는 투쟁에서의 승리—으로서 이미지 제작은 실제로 역사에 기록된 인간적 우매함으로 가득한 거대한 공장에서는 새로운 것이다."(『공화국의 위기』, 17~18쪽)

"미국 정책과 무력 개입의 파멸적인 패배를 초래한 것은 실제로 난관이 아니라 [……] 25년 이상 동안 역사적·정치적·지리적 사실들 모두에 대한 의도적이고 신중한 무시였다."(『공화국의 위기』, 32쪽)

존슨 행정부는 이데올로기를 통해 지배가 아니라 아렌트의 표현대로 이미지를 통한 지배를 추구했다. 국방성 보고서 작성자들은 월맹을 제대로 이해하지도 못한 채, 즉 사실을 무시한 채 전쟁에 참여함으로써 치욕적인 패배를 맞게 되었다는 것이다.

아렌트는 이를 공화국의 위기로 이해했다. 미국 헌법이나 『페더럴리스트 페이퍼』에도 나타나듯이, 미국 선조들은 행정부를 두려워하지 않고 오히려 다수의 폭정을 두려워했다. 따라서 아렌트는 행정부의 오만을 공화국의 위기로 생각했다.

> "'권력의 오만'—세계 정복이란 목적과 구분되며, 존재하지 않는 무제한적 자원에 의해 획득되는 전지전능이라는 단순한 이미지의 추구—과 정신의 오만, 즉 현실의 계산 가능성에 대한 전적으로 비합리적 확신 사이의 치명적 결합은 1964년 확전의 초기부터 정책결정 과정의 동인이 된다."(『공화국의 위기』, 39쪽)

이제 전통적 거짓말과 전체주의 이데올로기를 비교하기로 한다. 체계적인 거짓말은 전체주의뿐만 아니라 민주주의에서도 존재한다. 그러나 민주주의에서의 거짓말과 전체주의 이데올로기는 다르다. 아렌트는 아이히만 논쟁에 대한 성찰을 계기로 거짓을 전통적 거짓말과 현대적 거짓말로 나눈다. 전통적 거짓말은 관련된 정보를 공중으로부터 은폐하는 데 있다. 반면 현대적 형태의 거짓말은 실재를 파괴하거나 실재를 이미지로 대체한다. 양자의 차이는 은폐와 파괴 사이의 차이다.

"정치적 목적을 실현하는 정당한 수단으로 사용되는 정부의
비밀(*arcana imperii*)뿐만 아니라 외교적으로는 '신중'으로 표
현되는 것인 비밀, 기만, 신중한 거짓말과 노골적인 거짓말은
역사 이래 우리에게 항상 존재한다. 진실성은 결코 정치적 미
덕으로 고려되지 않았으며, 거짓은 정치적 거래에서 정당화할
수 있는 도구로 항상 간주되었다."(『공화국의 위기』, 4쪽)

"외교사와 통치사에서 아주 잘 나타나는 전통적인 정치적 거
짓말은 결코 공개되지 않았던 자료인 명백한 기밀이나 어쨌든
기정 사실과 똑같은 정도의 신뢰성을 갖지 않는 의도와 연관되
곤 했다. [……]반대로, 현대의 정치적 거짓말은 전혀 비밀이
아닌 모든 사람들에게 실제로 알려진 것들을 효율적으로 취급
한다. [……]이러한 모든 거짓은 그 주인공이 알든 모르든 폭력
요소를 숨긴다. 전체주의 정부만이 살인의 제1단계로서 거짓말
을 의식적으로 채택해왔지만, 조직화된 거짓말은 그것이 부정
하기로 결정한 모든 것을 파괴하는 성향을 지닌다. [……]달리
말하면, 전통적 거짓말과 현대의 거짓말 사이의 차이는 종종 은
폐와 파괴의 차이와 같다."(『과거와 미래 사이』, 252~253쪽)

거짓 세계와 이데올로기 세계는 비슷한 기제를 가지고 있으나

한나 아렌트의 무덤. 현재 그의 무덤은 바드 대학교에 있으며,
바로 옆에는 남편 블뤼허의 무덤이 있다.
아렌트의 친구인 바드 대학교 총장 레온 보츠타인은 2006년
한나 아렌트 탄생 100주년을 기념해 학술회의를 지원했다.

차이점은 있다. 전체주의의 거짓은 체계적인 테러와 연관되지만, 민주주의에서의 거짓말은 정치행위에 속하며 자유에 속한다. 달리 표현하면 행위와 거짓말하기는 밀접하게 연계되어 있다. 새로운 시작으로서 행위는 거짓말과 마찬가지로 실재를 변화시킬 수 있기 때문이다.

"사실적 진리의 신중한 거부, 즉 거짓말을 하는 능력과 사실을 변화시키는 능력, 즉 행위 능력은 상호 연계되어 있다. 이들은 동일한 근원인 상상력 때문에 존재한다. [……]우리는 세계를 자유롭게 바꾸며 그 속에서 새로운 것을 시작한다. 존재를 긍정하거나 부정하는 정신적 자유 없이 [……]행위는 가능하지 않다. 행위는 물론 정치가 이루어지는 근간이다."(『공화국의 위기』, 6쪽)

"거짓말 자체는 정치에서 새로운 것도 아니고 우매한 것도 아니다. 거짓은 비상시에 정당화할 수 있는 것으로 항상 간주되었으며, 적으로부터 보호되어야 하는 군사 문제에서 특별히 특정한 비밀과 관련된 거짓은 항상 정당화할 수 있는 것으로 간주되어왔다."(『책임과 판단』, 264쪽)

아렌트는 이를 통해 무엇을 제시하고자 했는가? 정부는 전시에 여러 가지 이유 때문에 거짓을 말할 수 있다. 그것은 전쟁 수행에 본질적이다. 그러나 사실적 문제를 거짓으로 말함으로써 변화를 시도하는 것은 오류다. 정치적 사실의 부정은 자유와 민주주의가 전적으로 이해되는 데 필요한 공적 문화를 파괴할 수 있기 때문이다.

> "따라서 거짓말과 행위, 변화하는 세계—간단히 말해, 정치—와의 부정할 수 없는 친화성은 인간의 행위 능력에 개방된 사물의 본질 자체에 의해 제한된다."(『과거와 미래 사이』, 258쪽)

첫 번째 거짓을 은폐하기 위해서 또 다른 거짓이 필요하다. 거짓들로 엮은 이야기는 외양적으로 진실성을 지니는 것처럼 보인다. 자신의 거짓말에 외양상 진실성을 부여하고 유지하려면, 거짓말은 미래에도 여전히 지속되어야 한다. 따라서 거짓의 본질은 과거와 현재를 미래의 일부로 취급한다.

거짓말이 작동되는 정치영역은 자체의 안정화 요소를 상실할 뿐만 아니라 새로운 것을 시작할 수 있는 기회도 상실한다. 거짓을 은폐해야 하기 때문에 참된 말은 개입될 수 없다. 아렌트의 지적대로, 거짓말쟁이는 성공하면 성공할수록 자신이 조작한 것의 희생양이 될 수 있다. 따라서 거짓말은 결국 미래를 향해 행동할, 즉 자유의 가능성을 부정하는 행위의 한 형태다.

철학적 진리와 정치, 그 불편한 관계

정치적 사유는 항상 현재 이곳에서 진행되듯이, 이 주제에 대한 연구도 앞의 두 주제와 같은 시대 상황에 대한 성찰에서 비롯된다. 아렌트는 『예루살렘의 아이히만』 출간 이후 전개된 논쟁을 계기로 진리와 정치의 관계를 깊이 성찰하게 되었다.

"지금껏 어느 누구도 진리와 정치가 서로 불편한 관계에 있다는 사실에 의문을 제기하지 않았으며, 내가 아는 한 어느 누구도 진실성을 정치적 미덕에 포함시키지 않고 있다. 거짓말은 항상 정치꾼이나 선동가뿐만 아니라 정치가의 직업을 정당화하는 데 필요한 도구로 간주되어왔다. 왜 그런가?"(『과거와 미래 사이』, 227쪽)

여기에서도 언급하고 있듯이, 진리와 정치의 갈등에 대한 이야기는 플라톤으로 거슬러 올라가는 오랜 역사를 가지고 있다. 따라서 아렌트의 논문 「진리와 정치」의 내용을 고찰하기에 앞서 「철학과 정치」(1954)에 쓴 내용을 먼저 살펴보기로 한다. 실질적인 문제는 진리와 의견 사이의 정치적 갈등이다. 철학과 정치, 수사술과 변증술, 철학자와 폴리스 사이의 갈등만큼이나 진리와 의견은 대립적이다.

"의견에 대한 플라톤의 격렬한 비판은 그의 정치적 저작에 붉은색 실처럼 나타날 뿐만 아니라 진리 개념의 주춧돌 가운데 하나가 되었는데, 이러한 비판은 설득의 정당성에 대한 자신의 회의와 밀접하게 연계되어 있다. 플라톤의 진리는 의견(doxa)에 대한 언급이 없을 때에도 항상 의견 자체의 대립물로 이해된다."(「철학과 정치」,『사회연구』, 74쪽)

아렌트는 진리와 의견을 대립시키는 것은 소크라테스의 입장과 반대되는 결론이라고 주장한다. 플라톤은 소크라테스의 재판을 추론하는 과정에서 의견에 대립되는 진리 개념을, 설득과 수사술에 대립되는 변증술(*dialegesthai*)에 도달했다. 수사술과 변증술의 차이점은 전자가 다수를 대상으로 하지만, 반면 후자는 두 사람 사이의 대화라는 점이다. 소크라테스는 재판과정에서 변증술에 입각해 배심원들에게 자신의 입장을 일관되게 언급했다.

"소크라테스가 변증술을 체계적으로 사용했던 첫 번째 사람이라는 것은 훨씬 더 개연적이지만, 그는 아마도 이것을 설득의 대립물, 심지어 상관물로 간주하지 않았으며, 그가 의견을 이 변증술의 결과와 대립시키지 않았다는 것은 확실하다. 의견은 소크라테스나 그의 동료시민들에게 '나에게 보이는 것'(*dokei moi*)이라는 형식의 언어 표현이다."(「철학과 정치」,『사회연구』, 80쪽)

의견은 주관적인 환상이나 자의적인 것도 아니고 모든 사람에게 절대적으로 정당한 것도 아니다. 세계 속에서 살아가는 우리는 각기 다른 위치에서 세계를 경험한다. 달리 표현하면, 세계는 모든 사람에게 다르게 전개된다. 그러나 우리가 서로 다르고 서 있는 위치가 다르더라도 하나의 공통점은 있다. 우리가 살고 있는 세계의 공동성(koinon)이다. 그것은 이러한 차이에도 불구하고 우리가 인간이라는 점이다. 따라서 공동세계를 구성하는 개개인의 의견은 고독한 철학자의 진리보다 중요하다.

"영원한 이데아의 하늘에서 고독한 여행을 하고 돌아온 철학자가 자신의 진리를 군중에게 전달하고자 하지만, 그 진리는 결국 자신에게는 환상인 의견의 다양성 속으로 사라지고 불확실한 의견의 수준으로 떨어진다. 이제 동굴 속에서 진리 자체가 의견의 형식으로 나타난다는 것이다.

[……]철학적 진리는 시장에 들어오면 그 본질이 변화하여 의견이 된다. 한 종류의 추론에서 다른 종류의 추론으로의 전환뿐만 아니라 인간 실존의 한 방식에서 다른 방식으로의 전환이 일어나기 때문이다."(『과거와 미래 사이』, 237쪽)

"철학적 진리는 단일 인간과 연관되어 있기 때문에 본질적으로 비정치적이다. 만일 철학자가 자신의 진리가 다수의 의견을 제압하기를 바란다면, 그는 패배를 겪을 것이고, 이 패배

서거 직전의 아렌트를 그린 삽화(1975).
아렌트는『정신의 삶: 판단』을 완성하기 위해 집필 구상을 하다가
12월 4일 심근경색으로 생을 마감했다. 그는 진실된 사유를 바탕으로
인간의 삶과 정치를 이해하기 위해 노력한 철학자였다.

로부터 진리가 무기력하다 [……]는 결론을 내릴 것이 분명하다."(『과거와 미래 사이』, 246쪽)

아렌트는 여기서 정치철학에서 응결된 철학적 진리와 정치적 의견 사이의 불일치를 지적하고 있다. 정치사상의 전통에 대한 아렌트의 비판에 따르면, 소피스트에 대한 플라톤의 승리는 정치 개념의 오류를 야기했고, 서구 세계는 이러한 개념 오류의 파괴력을 전개해왔다. 진리는 시각의 다원성을 파괴하기 때문에 비정치적이다. 그러나 아렌트는 아래 인용문들에서는 단서를 들어 철학적 진리의 정치적 함의를 제시하고 있다.

"철학적 진리는 그 속에 강제의 요소를 지니고 있기 때문에, 의견의 힘이 철학자를 유혹할 수 있는 것 못지 않게 철학적 진리는 어떠한 조건 아래에서 정치가를 유혹할 수도 있다."(『과거와 미래 사이』, 246쪽)

"마찬가지로 철학적 진리는 오직 범례의 형태를 가장하고 드러내고자 할 때에만 정치영역의 규칙을 위반하지 않은 채 실천적일 수 있으며 행위를 촉진시킬 수 있다."(『과거와 미래 사이』, 247~248쪽)

첫 번째 인용문은 "진리는 자명하다"는 토머스 제퍼슨의 주장이 지니는 정치적 함의를 제시하고 있다. 제퍼슨은 혁명가들이 동의하고 있는 사항에 대한 이견을 없애기 위해 이를 주장했다. 그는 모든 사람이 평등하게 창조되었다는 진술을 합의하고 동의해야 하는 문제라는 것을 인식했다. 두 번째 인용문은 "남에게 해를 입히는 것보다 내가 해를 입는 편이 낫다"는 소크라테스의 명제와 연관된다. 아렌트에 따르면, 이 명제는 서구 윤리사상의 시초이며 철학적 경험으로부터 도출되었을 뿐만 아니라 사형선고를 수용함으로써 정치적 함의를 갖게 되었다.

이제 사실적 진리에 대한 아렌트의 입장을 살펴보기로 한다. 아렌트는 진리와 의견을 일률적으로 다루고 정치를 불가능하게 하는 역사 해석에 반대했지만 사실적 진리의 중요성을 부정하지는 않았다.

"사실적 진리는 항상 다른 사람들과 연관된다. 그것은 많은 사람들이 관여하는 사건이나 상황과 연관된다. 그것은 목격자들에 의해 확립되고 증언에 의존한다. 그것은 비록 사적 영역에서 발생한다고 하더라도 언급되는 경우에만 존재한다. 그것은 본질적으로 정치적이다. 사실과 의견은 분리되어야 하지만 서로 적대적이지 않다. 그것들은 동일한 영역에 속한다. 사실은 의견에 영향을 미치며, 상이한 관심과 정념에 의해 촉진되는 의견은 사실적 진리를 존중하는 한 전반적으로 다양하지만 여전히 정당하다. [……]합리적 진리가 철학적 관조에 영향을

미치는 것과 같이 사실적 진리는 정치적 사유에 영향을 미친다."(『과거와 미래 사이』, 238쪽)

사실적 진리가 거부되고 합리적 진리가 모든 형태의 정당성을 무시하면서 정치영역을 유린할 때, 허구가 실재를 대체하며, 이데올로기가 판단을 대체한다. 아렌트는 이러한 주장을 통해 어느 누구도 사실에 손댈 권리는 없다고 주장했다. 그러나 사실적 진리가 의견에 적대적이지 않다는 주장은 반쪽 진리라고 주장함으로써 다시 진리와 정치의 대립적 관계를 상정하고 있다.

"정치의 관점에서 보면, 사실적 진리는 전제적 성격을 갖는다. [……]사실은 합의와 동의 너머에 존재하며, 사실에 대한 모든 이야기들─정확한 정보에 바탕을 두고 있는 모든 의견의 교환─은 그것의 성립과 아무런 관계가 없다. [……]문제는 사실적 진리가 다른 모든 진리와 마찬가지로 인정받기를 단호하게 요구하며 논쟁을 배제한다.

그런데 논쟁은 정치적 삶의 본질이다. 진리를 다루는 사유와 소통의 양태는 정치적 시각에서 보면 필히 지배적이다. 그러한 양태는 다른 사람들의 의견을 고려하지 않지만, 이러한 의견을 고려하는 것은 완전히 정치적 사유의 징표다."(『과거와 미래 사이』, 241쪽)

우리는 첫 번째 장의 주제, 즉 정치적 사유에 다시 관심을 돌리기로 한다. 아렌트는 진리의 절대성을 주장하는 정치사상의 전통을 거부하면서도 철학적 진리가 정치와 대립관계 있다는 주장과 연계될 수 있는 가치 상대주의에 함몰되지 않으려는 입장을 제시하고 있다. 가능한 한 다른 사람의 관점에서 문제를 고찰함으로써 불편부당성을 확보하려는 정치적 사유는 정치철학의 전통으로 이어지는 정치에 대한 폄하와 왜곡을 극복하는 데 기여한다. 아렌트가 이데올로기의 정치, 정치에서의 거짓말, 그리고 철학적 진리를 정치의 관점에서 비판하려는 의도는 정치적 사유의 중요성을 부각시키려는 데 있다. 정치적 사유는 아렌트의 저작들을 엮는 외올실이다.

아렌트와 관련된 사상가와 연구경향

아렌트는 우정의 천재라고 한다. 그는 수많은 위대한 정신과의 끊임없는 대화를 통해 독특한 정신세계를 형성했다. 이 과정에서 그는 정치영역에 머물지 않고 다양한 영역을 넘나들며 정신적 교감을 이루고 그 결실을 정치철학의 영역으로 끌고 들어왔다. 여기서는 아렌트가 자신의 정치철학을 정립하는 과정에서 영향받은 인물들을 고대와 중세, 근대, 당대로 나누어 이들 사이의 정신적 교감 또는 연관성을 개략적으로 밝히기로 한다.

물론 아렌트는 정치행위와 정치적 사유의 역사적 범례뿐만 아니라 고유성을 밝히고자 정치철학 영역 밖의 많은 자료를 활용했기 때문에 이들과 아렌트의 관계를 모두 조명하기란 어렵다. 여기서는 대표적인 사상가들이나 문필가들과 아렌트의 연관성을 개략적으로 밝히고, 끝으로 국내외의 연구경향을 대략적으로 살펴보기로 한다.

그리스-로마 시대 위대한 정신과의 대화

소크라테스 이래 제기된 정치철학의 지속적인 문제, 즉 철학과 정치, 철학자와 폴리스, 사유와 행위 사이의 긴장은 오늘날에도 여전히 주요한 쟁점들 가운데 하나다. 이러한 긴장으로 발생한 소크라테스의 죽음은 역사적 사건이었다. 아렌트는 소크라테스의 재판 이후 정치를 철학의 시녀로 전락시켰던 전통에서 탈피해 정치영역의 고유성을 부각시키는 데 남다른 열정을 유지했다. 말을 매개로 하는 정치적 삶에서 개인적 의견의 중요성을 언급한 소크라테스는 정치와 이론 영역을 자유롭게 넘나든 정치철학자의 모범이다.

"사적인 삶에서 사람은 가려져 있고 결코 나타나거나 빛날 수 없으며, 결과적으로 이곳에서 의견은 가능하지 않다. 공직과 명예를 거부한 소크라테스는 이러한 사적인 삶에 안주하지 않고 반대로 시장, 즉 이러한 의견들(*doxai*) 바로 한가운데서 활동했다. [……]따라서 철학자의 역할은 도시를 지배하는 것이 아니라 도시의 '등에'가 되는 것이며, 철학적 진리를 말하는 것이 아니라 시민을 더 믿음직하게 하는 것이다."(「철학과 정치」, 『사회연구』[1990], 81쪽)

소크라테스는 정치적 삶을 구성하는 시민의 의견을 존중했으며 이러한 의견에 기초해 대화를 전개했다. 소크라테스가 이 과정에서 적용시킨 산파술은 바로 정치행위였을 뿐만 아니라 검토되지 않은 의견들을 비판적으로 검토하도록 인도하는 사유방식이었다. 아렌트에 따르면 소크라테스는 행위 속에서 진정한 의미를 드러내고자 사유하는 모범적인 시민이다.

아렌트가 역사 속에서 발견한 무사유의 전형이 아이히만이라면, 소크라테스는 사유의 전형이다. 아렌트는 소크라테스를 통해우리를 정치적 사유로 인도하는 정신을 배웠다. 소크라테스의 삶은 아렌트 정치철학의 결실인『정신의 삶』을 구성하는 원리이며기준이다.

> "나는 여러분이 내가 소크라테스를 임의로 선정했다고 믿지않기를 바란다. 그러나 나는 다음과 같이 예고하려고 한다. 역사적 인물로서의 소크라테스에 대한 논쟁은 수없이 많다. [……]그러나 나는 이것을 무시할 것이며, 논쟁의 주요 뼈대가 될 가능성이 있는 것―명백히 소크라테스다운 것과 플라톤에 의해제시된 철학 사이에 뚜렷한 구분점이 존재한다는 나의 신념―만을 강의 중에 언급할 것이다."(『정신의 삶: 사유』, 168쪽)

아렌트는 철학 시대 이전 그리스 경험에서 정치의 범례를 찾았을 뿐만 아니라 소크라테스를 통해서 사유의 범례를 찾았다. 그러나 행위의 고귀성은 플라톤의 정치철학에서 약화된다. 아렌트는 이에 대응하여 소크라테스의 재판 이후 철학과 정치의 관계를 적대적인 관계로 전도한 플라톤의 입장, 즉 정치철학의 전통을 신랄하게 비판했다. 물론 아렌트는 이러한 비판과 별도로 소크라테스의 행적을 대화편으로 남긴 플라톤의 역할을 부정하지는 않는다.

아렌트는 또한 자유로운 인간이 폴리스의 시민이며, 말하는 능력으로 야민인과 구분된다는 아리스토텔레스의 주장을 수용한다. 아리스토텔레스의 주장은 『인간의 조건』에서 행위의 의미를 구성하는 데 기본 요소가 된다. 아렌트는 플라톤보다 아리스토텔레스의 사상에 우호적인 입장을 보이고 있다.

"활동적 삶이란 용어의 사용에 대해서 아리스토텔레스와 중세 사이의 주된 차이점은 아리스토텔레스의 경우 정치적 삶이란 명백히 행위(*praxis*)를 강조하는 정치적 인간사의 영역만을 지시한다는 점이다." (『인간의 조건』, 13쪽)

로마인은 그리스의 정신적 전통을 계승하면서 정치의 전통을 형성했다. 아렌트는 로마의 역사에서 행위의 범례들을 발굴하고 자신의 저작에 베르길리우스와 키케로의 입장을 소개했다. 아렌트는 『혁명론』에서 건국과 관련하여 베르길리우스 시(詩)의 정치적 의미를 소개하고 있지만, 여기서는 키케로에 대한 아렌트의 입장만을 소개한다. 그는 키케로를 통해 치유 정신—세계로부터 비상을 통해 좌절한 정신의 치유─으로서 철학 개념을 확인하고 영혼의 배양으로 이어지는 철학이 세계로 복귀하는 방식을 확인한다. 독특한 문화 개념의 기저가 되는 세계에 대한 '우호적 관심'은 키케로와 연관된다.

> "문화라는 단어와 개념은 로마에 기원을 두고 있다. '문화'라는 용어는 'colere'─배양하다, 거주하다, 돌보다, 보존하다─에서 유래하며 [……]키케로는 영혼이나 정신 문제와 관련하여 그 용어를 처음으로 사용한 사람인 것 같다. 그는 정신의 배양(*exolere animum*)에 대해 언급한다."(『과거와 미래 사이』, 211~212쪽)

키케로는 철학에 관심을 가지고 있던 아우구스티누스에게 영감을 준 사상가다. 아렌트가 자신의 학위논문에 끌어들인 논의 주제와 양식은 이후 저작에서 주요한 사유의 계기가 된다. 그는 일차적인 개념적 도구로서 아우구스티누스의 '카리타스'를 유지하고 있다. '사랑'은 개별성과 집단성의 근원이고 과거와 미래를 연결하는 실존적 고리이며 죽음을 추방하는 수단이다. 특히, '새로운 시작', 탄생성은 아우구스티누스로부터 차용된 것으로서 사유와 공공영역에 대한 아렌트의 이해에 핵심이 되는 개념이다. 그 예는 다음 문장에 명백히 나타난다.

"출생으로 우리에게 신비스럽게 주어지고 우리의 신체 형태와 정신 능력을 포함하는 모든 것, 즉 이 단순한 존재는 우정이나 공감이라는 예측할 수 없는 우연, 즉 위대하고 계산할 수 없는 사랑의 은총을 통해서만 논의될 수 있다. 그런데 이 은총은 그런 비길 데 없는 최고의 확언에 대한 어떤 특별한 근거를 제시하지 못한 채 아우구스티누스의 '나는 네가 존재하기를 원한다'로 말한다."(『전체주의의 기원』, 301쪽)

특히 아렌트는 의지이론을 역사적으로 탐구한 『정신의 삶: 의지』에서 아우구스티누스를 제1의 의지철학자로 규정했으며, 의지활동과 행위의 연계성을 밝히고 있다. 아우구스티누스는 『전체주의의 기원』 『인간의 조건』 『혁명론』 『예루살렘의 아이히만』을 읽는 독자에게 '가교' 역할을 하는 기독교 사상가다.

근대 사상가들의 도전에 대한 비판적 수용

아렌트는 자신의 저작을 통해 정치사상의 전통을 일관되게 비판했다. 철학자들의 전통적 태도는 정치의 위상과 의미를 폄훼하는 태도다. 근대 사상가들은 이 전통을 비판하면서도 그 연속성을 유지했다. 아렌트는 근대 사상가들의 전통에 대한 도전을 도약, 전도, 뒤집기로 특징지으면서 이들의 입장을 비판적으로 수용한다.

아렌트와 하버마스 연구자인 벤하비브에 따르면, 아렌트는 근대성을 거부하지만 어쩔 수 없이 근대성을 수용한 사상가다. 아렌트의 저작에서 마키아벨리, 홉스, 로크, 데카르트 등 많은 사상가들이 등장하지만, 여기서는 루소 이후 사상가들과 아렌트의 연관성을 고찰한다.

아렌트의 정치사상은 얼핏 보면 루소의 정치사상과 유사한 것 같이 보인다. 아렌트는 루소와 같이 상호 동의와 약속을 강조한다는 점에서 유사하다. 그러나 면밀히 검토하면 두 사상가는 정치에서 인간의 다원성과 관련하여 근본적으로 상이한 입장을 보이고 있다. 루소는 단일의 일반의지로 시민을 통합시키려고 했지만, 아렌트는 다수의 시민이 포함된 공동세계의 중요성을 강조하고 있기 때문이다.

"따라서 루소의 이론이 프랑스혁명 참가자들에게 매력적이었던 것은 대다수를 단일의 인격이라는 장소로 끌어들이는 고도의 독창적인 수단을 발견했다는 점이다. 일반의지는 다수를 하나로 만드는 것 이상도 이하도 아니기 때문이다."(『혁명론』, 72쪽)

루소의 사상에 많은 영감을 얻은 칸트는 아렌트의 저작에서 가장 큰 비중을 차지한다. 아렌트는 칸트가 정치적 저작을 집필하지 않았다고 주장하면서도 그의 판단이론에 기초해 정치적 사유의 개념을 정립했다. 아렌트는 뉴스쿨과 시카고 대학교에서 칸트의 『판단력 비판』이 정치철학의 개요를 담고 있다는 점을 밝혔으며, 특히 반성적 판단의 정치적 능력을 부각시킴으로써 자신의 판단이론을 정립했다. 그는 반성적 판단의 기준으로서 칸트의 예증적 타당성과 인간성을 강조했다. 그는 또한 칸트나 야스퍼스와 마찬가지로 전쟁이 인간 세계에서 엄연히 존재하는 정치적 실재라는 전제 아래 전쟁과 평화의 관계를 조명한다.

> "칸트의 전쟁에 대한 평가에서도 이 두 관점이 모종의 방식으로 결합되어 있다. 전쟁은 진보를 초래한다. 이는 기술의 역사가 전쟁사와 어떻게 연관되는지를 아는 사람이면 누구도 부인하지 못한다. 그리고 전쟁은 평화를 향한 진보를 초래하기도 한다. 전쟁은 너무나 끔찍한데, 전쟁이 끔찍할수록 사람들은 더욱 합리적으로 변해서 결국에는 평화를 이끌어낼 국제조약을 체결하려고 힘쓸 것이다."(『칸트 정치철학 강의』, 54쪽)

칸트는 이러한 현실을 인정하면서도 자연의 간지로 인류는 영구평화를 지향해야 한다고 주장했다. 아렌트 역시 전면전의 시대에 폭력을 억제해야 한다고 주장함으로써 자신의 평화사상을 제시한다.

현대의 칸트주의자인 야스퍼스가 칸트와 마찬가지로 미래의 평화를 불가능하게 하는 전쟁에서 어느 것도 불가능하다고 주장하고 인류의 통합을 위해 무제한적 소통을 강조했듯이, 아렌트는 상호 보장되는 자유 속에서 지구에 공존하고 함께 사는 것이 정치의 약속이라는 것을 밝히고 있다. 칸트, 야스퍼스, 아렌트는 평화사상과 관련하여 공통분모를 지니고 있다.

한편 아렌트는 헤겔의 사상에 대해 비판적이다. 아렌트가 칸트에 관한 강의에서 언급하듯이, 헤겔의 역사관은 누가 옳았는가의 판단과 누가 승리했는가의 판단을 구분하지 않는다. 아렌트는 역사를 과정으로 이해하는 헤겔의 입장을 거부하고 단편화된 사건의 개별적 의미를 부각시키고 있기 때문에 대문자 역사(History)에 대해 비판적 입장을 유지하고 있다. 이 때문에 아렌트와 헤겔의 연관성을 고찰한다는 것은 어렵다고 생각된다.

> "만일 판단이 과거를 다루는 우리의 기능이라면, 역사가는 과거와 관계하면서 판단하는 탐구자다. 만일 그렇다면 우리는 역사(history)의 중요성을 부정하지 않지만 그의 궁극적인 판관으로서의 권리를 부정하면서 역사(History)라는 이름의 현대 사이비 신성으로부터 인간의 존엄성을 교화, 말하자면 탈취할 수 있을 것이다."(『칸트 정치철학 강의』, 5쪽)

그러나 아렌트가 파리 망명 시절 헤겔 연구자들인 코제브(Alexander Kojève)[1], 후설 밑에서 철학을 연구한 코이레(Alexander Koyré), 야스퍼스의 철학에 관심을 가졌던 장 왈(Jean Wahl)과 교류했던 점을 고려할 때, 아렌트의 정치사상에서 헤겔에 대한 성찰을 재조명하는 것이 필요하다는 지적은 생각해볼 만하다. 스페이트는 아렌트의 행위와 헤겔 현상학의 행위자(agent) 사이의 유사성을 들어 아렌트가 헤겔의 사상을 일부 수용하고 있다고 지적했으며, 자오 역시 국가와 인권 문제에 대해서 아렌트와 헤겔의 연관성을 모색하고 있다.[2] 이러한 새로운 해석은 아렌트 연구의 지평을 확장하는 데 이바지할 것이다.

"헤겔이 세계가 역사 운동이란 관점에서 변화에 영향을 받는다고 해석했을 때, 전통에 대한 첫 번째 위대한 도전은 나타났다. 전통에 대한 마르크스 자신의 도전―'철학자는 단지 세계를 해석하고 있지만 [……]요지는 그것을 변화시키는 것이었다'―은 헤겔의 체계에서 유래할 수 있는 여러 가지 많은 가능한 결론 가운데 하나다."(「카를 마르크스와 서구 정치사상의 전통」, 『사회연구』[2002], 282쪽)

"근대 사상은 한편은 마르크스를 통해, 다른 한편은 니체를 통해 전통의 뼈대를 수용하면서도 그 권위를 거부하고 있다. 마르크스가 헤겔을 전도시키고 니체가 플라톤을 뒤집어 전통의 권위를 거부했다는 사실은 진정 역사적으로 의미를 갖는다."(『정치의 약속』, 73쪽)

아렌트는 전통에 대한 근대의 도전과 관련하여 헤겔의 중심적인 역할을 인정하면서도 마르크스가 전통의 계서를 전도시킨 위대한 철학자라는 점을 인정했다. 마르크스의 노동 개념에 대한 아렌트의 비판적 이해는 '활동적 삶'에 대한 연구로 확장했다. 이렇듯, 마르크스의 위상에 대한 이해는 아렌트의 정치사상을 이해하는 데 중요한 위치를 차지한다. 로버트 파인(Robert Fine)의 『정치적 탐구: 헤겔, 마르크스, 아렌트』(2001)는 정치사회 사상의 주요 고전 작품에 대한 특이한 연구다. 그는 이 저자들이 사실 서로 유사하고 보완하며 보충하고 있다는 것을 증명하고 있다.

아렌트가 자신의 저작에서 언급하는 다양한 주제들(행위론, 현상에 대한 평가, 사회 문제, 공리주의에 대한 거부, 근대성 비판 등)은 니체의 사상과 연관된다. 연구자들은 니체와 아렌트의 연관성을 긍정적으로 또는 비판적으로 평가한다. 예컨대 빌라(Villa)는 아렌트의 니체화 또는 '미학화'를 지지하고 있으며, 호니그(Honig) 역시 아렌트가 자아를 복수성으로 생각하는 니체의 신념을 공유하고 있다고 주장한다.[3] 반면에, 비스코프스키(Biskowski)에 따르면, 아렌트는 자신의 저작에서 니체가 역사철학, 윤리학, 정치사상에서 주요한 역할을 한다고 보지만 그가 여전히 철학적 전통의 영역에 있다는 점을 강조했다.[4]

이제 아렌트와 두 사상가, 즉 몽테스키외와 토크빌의 사상적 연관성을 살펴본다. 아렌트는 몽테스키외의 세 가지 행위 원리를 제시함으로써 정치행위를 촉진시키는 집단적 신념을 언급하고 있다.

"공화정에서 행위를 고무하는 것은 덕이고, 군주제에서는 명예이며, 폭정에서는 공포, 즉 신민에 대한 참주의 공포뿐만 아니라 참주와 신민들 사이의 공포, 신민들 상호 간의 공포다. [……]이러한 행위의 원리들은 심리학적 동기들로 혼동되어서는 안 된다."(『정치의 약속』, 65쪽)

몽테스키외가 아렌트에게 과거의 모든 정부형태, 심지어 참주 정과 전체주의를 구별하는 도구를 알려주었듯이, 토크빌 역시 아렌트의 정치사상 연구에서 고려할 필요가 있다. 로이드는 아렌트 전체주의 개념을 이해하는 데 있어서 토크빌의 중요성을 인정한다. 그는 『전체주의의 기원』과 『예루살렘의 아이히만』이 모두 전체주의와 연관된다는 점에서 두 저작을 『미국 민주주의』 『구체제와 프랑스혁명』과 연계시켜 아렌트의 전체주의가 토크빌에 기원을 두고 있다고 지적했다.[5] 토크빌의 분류에 따르면, 전자는 '강경한' 폭정이고, 후자는 '온건한' 폭정이다. 아렌트는 토크빌을 존경했다. 우리는 토크빌에 대한 아렌트의 인용 내용을 『혁명론』에서 많이 발견할 수 있다.

"토크빌의 통찰을 따르고 있는 우리가 종종 자유에 위험한 요소를 이해하는 평등이 원래는 자유와 동일시되었던 것이다."(『혁명론』, 23쪽)

당대 사상가들과의 '대화'

아렌트는 학자, 사상가, 문인, 출판업자, 정치행위자 등 수많은 사람과 교류하면서 이들로부터 영향을 받았고, 또한 이들에게 영향을 주었다.

먼저 그는 대학입학 시험을 준비하는 동안 신학자 과르디니(Romano Guardini)[6]를 만났으며 그로부터 키르케고르의 철학을 소개받고 한때 그에 심취했다. 마부르크 대학교에 입학한 후에는 『존재와 시간』에 대한 강의를 들으면서 하이데거로부터 철학 교육을 받았다. 아렌트가 하이데거에 의해 영향을 받았다는 점은 그 누구도 이의를 제기하지 않는다. 빌라의 주장에 따르면, "아렌트는 하이데거의 실존적-존재론적 접근법을 전유하면서 동시에 정치적 자유, 행위, 판단 현상을 올바르게 이해하려고 시도했다. 즉 하이데거 접근법에 잔류하는 주관주의를 제거하고 있다고 볼 수 있다."[7] 아렌트는 형이상학과 그 전통의 해체를 통해 정치와 정치적인 것을 끊임없이 복원하고 새로운 해석을 시도했는데, 이러한 노력은 부분적으로 하이데거의 지적 영향에 기반을 두고 있다.

"하이데거가 어쨌든 중요한 형이상학을 붕괴시키는데 관여했다는 사실에 대해서 우리가 그의 노력으로 돌리는 것은 이러한 붕괴가 선행했던 것만큼 가치 있는 방식으로 발생했다는 점이다."(「80세의 하이데거」, 『하이데거와 현대 철학』, 297쪽)

"달리 표현하면, 나는 이제 그리스 시대의 철학 형성기부터 현재까지 상당히 오랜 기간 우리가 알고 있던 범주들을 유지하고 있는 형이상학과 철학을 해체하고자 시도해왔던 사람들의 반열에 분명히 참여했다. 이러한 해체는 전통의 실마리가 붕괴되고 우리가 그것을 재생시킬 수 없다는 가정에서만 가능하다."(『정신의 삶: 사유』, 212쪽)

1926년 아렌트는 하이데거와 결별하고, 후설 밑에서 한 학기 동안 현상학을 연구하다가 평생 스승이며 지적인 동료였던 야스퍼스에게 철학을 배웠다. 그러나 망명 이후 두 사람은 오랜 기간 만나지 못했으나 전후 재회하면서 정치 문제에 대해 차이점 못지 않게 공통점을 갖게 되었다.

아렌트는 야스퍼스의 실존 철학을 미국 학계에 소개한 직후 하이데거와 독립성을 유지하면서 철학적 참여의 탁월한 형식으로 소통을 중요하게 여기고 이를 행위 개념으로 발전시켰다. 철학하기는 인간 자신을 이해하기 위한 무제약적 영역이며 한계상황과 연계된다.

"철학하기는 존재를 고정된 범주에 일치시키려는 세계에 대한 관심을 넘어서 [……]무제약적 행위의 영역을 창조한다. 한계상황에서 발생하는 이 행위는 다른 사람들과의 소통을 통해서 태어난다. 철학하기는 행위를 통해 세계 속에서 인간의 자

396

유를 창조하며, 따라서 작지만 세계 창조의 씨앗이 된다."(『이해의 에세이』, 184쪽)

아렌트는 하이데거로부터 철학을 배우면서 시간적 탐구방식을 수용했다면, 야스퍼스를 통해서 공간적 탐구방식의 중요성을 배웠다. 아렌트와 야스퍼스는 전후 책임 문제와 관련한 지적 대화를 통해서 견해 차이뿐만 아니라 공통점을 발견했다. 책임 문제에 대한 두 사람 사이의 견해 차이는 서신 교환에서도 잘 드러나고 있다.

"당신이 나치의 정책을 범죄(형사범죄)로 규정하는데, 저는 그것이 문제가 된다고 느낍니다. 나치 범죄는 법의 한계를 파열시킨 것 같습니다. [……]이러한 범죄는 온갖 형사범죄와 달리 법체계의 한계를 넘어서고 이를 붕괴시킵니다.
[……]당신이 말하는 형이상학적 죄책은 세상의 어떤 판관도 실제로 더 이상 인정될 수 없는 '절대자'를 포괄할 뿐만 아니라 공화국의 기초인 유대도 포괄하고 있습니다."(『한나 아렌트-카를 야스퍼스 서간집』, 54쪽)

아렌트는 이러한 차이를 넘어 철학이 모든 사람을 위한 것이라는 민주적 이념을 야스퍼스와 함께 공유하면서 행위와 공공영역의 의미를 철학적으로 사유했다. 그 결실이 바로 『인간의 조건』

이다. 야스퍼스는 이때 아렌트의 행위이론을 수용했다. 이들은 지적 교류를 통해 많은 공통점을 갖게 되었다. 야스퍼스의 한계 상황, 소통, 후마니타스 개념은 아렌트의 인간조건, 행위, 세계사 랑 개념과 상당한 연관성을 지니고 있다.[8]

이어서 막스 베버와 아렌트의 사상적 연관성을 살펴보고자 한 다. 베버가 아렌트의 정치사상에 미친 영향은 최근에 들어와 비 로소 재조명되고 있다. 아렌트는 베버의 이념형 방법을 택했을 뿐만 아니라 저작에서 매우 중요한 분석 도구들 가운데 하나로 사용하고 있다. 우리는 막스 베버가 야스퍼스의 둘도 없는 친구 이며 안내자였다는 점, 야스퍼스의『철학』이 삼분법적 도식—철 학적 세계 정향, 실존적 해명, 형이상학 —으로 구성되었고, 아렌 트의 분석에서 3분법적 구조가 중요하다는 점을 통해서 베버와 아렌트의 연관성을 간접적으로 확인할 수 있다. 물론 야스퍼스는 아렌트에게 베버의 저작에 대한 이해를 촉구했지만, 아렌트는 자 신의 저서에서 베버에 대해 거의 언급하지 않았다.[9]

아렌트가 망명하기 이전 히틀러 지배를 피해 망명한 두 정치철 학자는 플라톤의 전통을 계승한 레오 스트라우스와 에릭 보에글 린이다. 아렌트와 스트라우스는 20세기 전반 동일한 공간과 비 슷한 사상의 전통에서 지적 여정을 시작했다. 두 사상가는 히틀 러가 부상하던 시기에 대학 도서관에서 만난 적이 있으며 시카고 대학교에서 동료 교수로 활동했다. 이들은 그리스의 정치와 철학 으로부터 정치적·지적 교훈을 얻었고 미국에 정치철학을 소개하는 데 중추적인 역할을 했다. 이들은 모두 미국 건국을 연구했으며 여러 가지 측면에서 미국의 정치적 경험을 예외적인 것으로 수용했다. 그러나 이들 사이의 학문적 차이는 유사성보다 훨씬 더 크다.[10]

한편 에릭 보에글린은 『전체주의의 기원』이 출간되었을 때 이 책의 서평을 기고했고, 아렌트는 1953년 『정치학지』에서 보에글린의 서평에 반론을 제기했다. 여기서 아렌트는 전통적 정치인간학을 정면으로 비판하고 자신의 '인간주의'를 명백히 드러냈다.

"다시 말해서, 전체주의의 성공은 우리가 지금까지 목격했던 어떤 것보다도 더 근본적으로 정치적인 것, 즉 인간적 실재인 자유의 제거와 더 일치한다. 이러한 조건들 아래서, 불변하는 인간본성에 매달리려는 것은 거의 위로가 될 수 없으며, 아울러 인간은 스스로 파괴적인 존재이거나 또는 자유는 인간의 본질적인 능력에 속하지 않는 것으로 결론이 난다. 역사적으로 우리는 인간본성을 오직 그것이 존재하는 한에서만 알 수 있으며, 만일 인간이 자신의 본질적 능력들을 상실하면, 영원한 본질의 어떠한 영역도 우리에게 결코 위로가 될 수 없다."(『이해의 에세이』, 435쪽)

이 반론에도 나타나듯이, 아렌트는 정치를 통해서 인간본성을 실현하려는 형이상학적 입장이 결국 인간의 다원성을 위축시킨다는 자신의 입장을 유지했다. 이처럼 아렌트는 스트라우스나 보에글린과 같이 20세기 정치의 난관을 극복하고자 고대 정치와 철학에 관심을 가졌지만 결국 이들과 다른 길을 걸었다.

당대 문필가들과 나눈 정신적 교감

아렌트는 정치철학의 전통을 해체하고자 했기 때문에 정치적 사건의 의미를 이해하기 위해서 전통적 의미를 담고 있는 개념에 의존하지 않고 다른 영역의 개념을 정치언어로 전환하는 데 관심을 가졌다. 그는 전통에 기반을 둔 문헌을 참고하는 한 현대 정치의 난관을 극복하는 해결책을 찾기란 어렵다고 생각했기 때문이다. 그는 비전통적인 문헌에 담긴 상상력을 정치영역으로 끌어들여 이를 정치화하는 데 관심을 가졌으며, 정치와 문학, 시, 종교 등 다양한 영역의 인사들과 정신적 교감을 나누었다.

아렌트는 역사의 연속성에 의문을 갖고 그 해답을 찾고자 카프카에 관심을 갖게 되었다. 그는 내부의 혁명, 사유의 전환을 시도한 자의식적인 국외자인 카프카를 통해 역사적 연속성을 전제한 '진보' 개념에 회의적인 입장을 확인했다. 그는 『과거와 미래 사이』에서 '파편화된' 시간 개념을 부각시키고 카프카의 '현재의 우화'를 소개하고, 사유하는 내가 항상 과거와 미래 사이에 있다는 입장을 강조했다. 카프카의 시간 개념은 아렌트가 행위와 사유를 이해하는 데 중요한 기반이 되었다.

"자연의 길은 항상 파멸의 길이며, 한 사회가 스스로 만든 법칙의 필연성에 맹목적으로 복종할 때, 그 사회는 필연적으로 소멸한다. 예언자들은 항상 파멸의 예언자다."(『문학과 문화에 대한 성찰』, 101쪽)

또한 아렌트는 베냐민의 이야기하기를 통해 자신이 이야기하기로 성취하고자 했던 정치적 효과를 확보할 수 있었다. 베냐민은 아렌트의 첫 남편인 귄터 스턴의 사촌으로, 아렌트와 우정을 유지하며 망명생활을 함께했으나 프랑스 국경을 넘기 직전에 자살했다. 아렌트는 망명하기 직전 베냐민으로부터 원고를 직접 받아 미국으로 망명하던 길에 휴대했으며, 이를 『조명』이란 제목으로 출간했다. 이 책에는 「이야기꾼」이란 논문이 수록되어 있다.

아렌트는 베냐민의 이야기하기 방식에 입각해 『전체주의의 기원』을 집필할 때 반유대주의, 제국주의, 인종주의가 전체주의 이데올로기로 결정화되는 과정을 기술했다. 이러한 저술기법은 만년의 저작인 『정신의 삶』에도 적용되었다. 그는 『어두운 시대의 사람들』에 「발터 베냐민」 전기를 게재했다. 아렌트의 이야기하기와 관련하여 베냐민만큼 그에게 영향을 준 작가나 사상가는 없을 것이다.

아렌트의 첫 번째 남편 귄터 스턴은 한때 브레히트의 도움 덕택에 '안더스'란 명으로 언론사에서 활동했다. 아렌트는 이를 계기로 브레히트와 우정을 나눌 수 있는 기회를 가졌으며, 망명 중에도 브레히트의 시작(詩作)을 읽었다. 이들 가운데 「후손들에게」라는 시는 아렌트의 정치적 사유에 많은 영향을 미쳤다. 아렌트는 공과 사의 가치가 전도되어 공공영역이 빛을 잃은 어두운 시대를 극복하기 위해 정치의 고유성을 복원하고자 할 때마다 브레히트의 시구를 그 기반으로 삼았다.

또한 아렌트와 오든은 자신들이 목격한 새로운 현상의 엄청남, 즉 고향 상실감과 뿌리 상실감을 경험한 유럽과 미국 지식인 세대에 속한다.[11] 이들은 지적인 교류를 나누면서 행위를 통해 현대 세계에서 누구인가를 드러내는 장소로서 공공영역이 사라지고 있다는 신념을 공유했다. 그래서 아렌트는 오든의 시 「내가 저녁에 산보할 때」를 인용하여 새로운 사유의 중요성을 부각시키고자 했다.

"오 네 손을 물속에 담그라.
손목이 잠기게 손을 집어넣게.
들여다보라. 그 물속을 들여다보라.
그리고 보지 못한 것이 무엇인가를 생각하라.
얼음덩어리는 찬장 안에서 소리를 내고,
모래들이 바닥에서 소리를 내며,
그리고 찻주전자의 터진 금은
죽음의 나라로 향한 오솔길……."
(『정신의 삶: 사유』, 212쪽)

아렌트는 이 시를 통해 바쁜 일상에서 느끼는 무거운 짐에서 벗어나 여러 가지 기억을 되살리고 새로운 사유에 참여함으로써 사소한 것에서도 귀중함을 찾을 수 있도록 관심을 갖자고 말한다. 글을 쓸 때 아렌트는 오든의 시를 많이 인용했고, 오든은 우리가 행하는 것의 사유함을 아렌트로부터 배웠다.

아렌트는 시뿐만 아니라 이야기도 사랑했다. 아렌트는 행위와 이야기의 상호 연관성을 항상 강조했다. 그는 행위의 특성을 언급하고자 이야기하기의 작가인 디네센의 표현을 즐겨 사용하고 있기 때문이다. 아울러, 그는 디네센 전기를 통해 자신의 모습을 간접적으로 드러냈다. 그의 저서인 『인간의 조건』 가운데 '행위'의 장에서 디네센의 말을 제사(題詞)로 사용했다.

"모든 고통을 이야기하거나 이들에 대한 이야기를 언급한다면 고통을 감내할 수 있다."(『인간의 조건』, 175쪽)

아렌트는 이를 통해 이야기하기의 중요성을 확인했다. 그는 모든 이야기를 디네센의 표현인 '운명의 일화'로 비유하고 이야기하기를 통해 삶을 이해하고자 했다. 아렌트는 폴리스, 정치와 시의 공생적 결합을 기술하는 고전적 전기 작가인 호메로스의 음유시인, 운명의 일화를 이야기하는 세헤라자데와 같은 디네센을 주시했다. 아렌트는 이러한 비교를 통해 "영웅적 행위를 찬양하는 이야기하기의 차원 높은 진리와 정치적 삶의 전제조건인 단순한 사실적 진리 사이의 차이를 부각시켰다."[12]

이렇듯 아렌트는 이야기꾼을 사랑하듯이 시인들을 좋아했고, 르네·샤르·카프카를 인용하고 이들에 의존했으며, 오든, 자렐, 브레히트를 찬양했다.[13] 아렌트는 이들과 정신적 교감을 나누면서 정치학 영역과 다른 영역 사이를 왕래했으며 정치적인 것을 확장시키고 정치적 사유를 확장시킬 수 있었다. 덧붙이자면, 아렌트의 정치적 사유에 가장 많은 영향을 미친 사람은 특별한 저술이 없었던 평생의 반려자인 블뤼허일 것이다.

아렌트를 향한 전 세계적 관심과 연구경향

지금은 진부한 표현으로 들리겠지만 '아렌트 르네상스'로 특징될 만큼 아렌트에 대한 세계적인 관심은 여전히 높은 편이다. 아렌트 연구는 냉전체제가 붕괴되던 1990년대 초반부터 활성화되기 시작해서, 그 결실은 2000년 이후 뚜렷하게 나타나고 있다. 아렌트 탄생 100주년이 되던 해인 1996년 이전에 아렌트 연구자들이 출간한 주요 저서는 20권 정도였지만, 1996년 이후 현재까지 약 30권 이상의 연구저서가 출간되었다. 국내 연구자들 역시 연구저서를 지속적으로 출간하고 있으며, 아렌트 원전은 우리말로 거의 번역되었다. 이와 별도로 국내외 연구자들의 논문도 매년 전문 학술지에 수십 편 이상 게재되고 있다. 지난 20년 사이 해외 Web DB와 해외 e-journal에 수록된 연구논문만 해도 헤아리기가 어렵다. 이러한 출판 상황에 입각해 아렌트와 관련된 선행연구의 대략적인 흐름을 몇 가지 측면에서 특징지을 수 있다.

첫째, 아렌트의 정신적 교감은 학제 간 연구를 심화시키는 데 기여하고 있다. 아렌트 연구자들은 주로 철학과 정치학 분야의 전공자들로 구성되어 있었으나 최근에는 문학 및 교육학 분야의 연구자들도 참여하고 있다. 지난 몇 년간 출간된 연구논문들을 분석하면, 문학·언론학·행정학·미학·심리학 등 다양한 분야의 연구자들이 아렌트 연구에 참여하고 있다.

둘째, 아렌트의 주요 개념이나 이론은 시대의 흐름에 조응하여 새로운 정치사회 현상을 설명하는 데 많이 원용되고 있다. 아렌트의 주요 개념들은 현실 정치를 이해하는 중요한 통찰력을 제공하고 있는데, 몇 가지 예를 통해 아렌트 정치철학의 현실적 적실성을 확인할 수 있을 것이다. 먼저 아렌트의 공공영역론과 정치행위론의 중요성을 부각시킬 수 있다. 이러한 이론은 민주정치에서 의사소통과 활동영역의 중요성이 제기되고 있는 상황을 논리적으로 설명할 수 있는 통찰력을 제공한다. 그다음 아렌트의 저작은 정치와 윤리의 관계를 기저로 삼고 있는데, 그의 선악이론은 오늘날 정치와 윤리의 관계를 고찰하게끔 유도한다. 9·11테러에서 볼 수 있듯, 종교적 신념에 기초한 '형제애' 사이의 갈등이라는 점에서 아렌트의 '세계사랑'이란 개념은 중요한 의미를 갖는다. 마지막으로 정치적 격변기에서 잘 드러나지만, 정상적인 상황에서 간과하기 쉬운 일상적 삶과 정치적 삶의 상호의존성이

얼마나 중요한지 그 기준을 제공하고 있다.

셋째, 정치학 영역에서 연구경향의 분화와 심화 양상을 볼 수 있다. 아렌트의 정치사상은 주로 국내정치를 이해하는 데 이바지해 왔지만, 그의 국제정치사상은 인권·폭력·테러 등 국제정치를 이해하고, 국제적 공공영역뿐만 아니라 가상공간(cyber-space)의 원리와 현실적 의미를 이해하는 기초를 제공하고 있다. 아울러, 아렌트의 근대성 비판은 탈근대성 담론 영역으로 확장되고 있다. 이외에도 심의민주주의론, 정치적 판단이론, 선악이론 등을 들 수 있다.

또한 아렌트 박사학위 논문에 나타난 연구경향을 엿볼 수 있다. '아렌트 르네상스'를 전후하여 현재까지 지난 20여 년 동안 외국의 대학 및 국내 대학에서 박사학위 논문이 다수 통과되었다. 이들 가운데 비교정치사상의 입장에서 아렌트를 조명한 학위논문의 주제는 다양하다. 예를 들면, 마키아벨리·루소·토크빌 등 근대 정치사상가와의 연관성을 조명하거나 하이데거·스트라우스·들뢰즈·푸코·하버마스·하벨·브레히트 등 현대사상가와의 연관성을 조명한 논문들도 다수 출간되었다.

그밖에 국내 학자들의 아렌트 연구 동향과 연구 저서 출간에 대해서 살펴보기로 한다. 먼저 2005년에 약 15명 정도의 아렌트 연구자들을 중심으로 아렌트학회를 결성했으며, 2006년에는 한나 아렌트 탄생 100주년을 맞이하여 심포지엄을 개최했다. 그리고 그 결실을 모아 『한나 아렌트와 세계사랑』을 출간했으며,

2009년에는 아렌트의 시각에서 한국정치를 재조명하는 심포지엄을 통해 아렌트 정치철학의 한국적 적실성 문제를 비판적으로 조명하는 기회를 가졌으며 지금도 정기적으로 학술회의를 개최한다.

현재 연구자들은 아렌트의 정치사상을 다양한 관점에서 조명한 연구논문을 학술지에 소개하고 있으며, 비전공자들 가운데 상당수의 정치사상 연구자들도 아렌트에 많은 관심을 가지고 있다. 아울러, 정치학이나 철학 영역을 넘어 행정학·역사학·문학·교육학·건축학·예술 분야 등의 연구자들이 연구 성과를 발표하고 있다.

지금까지 국내에 출간된 대표적인 연구저서는 다음과 같다.

김비환, 『축복과 저주의 정치사상: 20세기와 한나 아렌트』, 한길사, 2001.

김선욱, 『한나 아렌트 정치판단 이론: 우리 시대의 소통과 정치윤리』, 푸른숲, 2002.

홍원표 외, 『한나 아렌트와 세계사랑』, 인간사랑, 2009.

김선욱, 『행복의 철학: 공적 행복을 찾아서』, 도서출판 길, 2011.

홍원표, 『한나 아렌트 정치철학: 행위, 전통, 인물』, 인간사랑, 2013.

김선욱, 『한나 아렌트의 공화주의: 아무르 문디에서 레스 푸블

리카로』, 아포리아, 2015.

김선욱, 『한나 아렌트의 생각: 오늘 우리에게 한나 아렌트는 무
엇을 말하는가?』, 한길사, 2017.

외국 학자들의 아렌트 연구저서 가운데 주요 번역서는 다음과
같다.

다나 빌라, 『아렌트와 하이데거』, 서유경 옮김, 교보문고, 2000.

엘리자베스 영-브륄, 『한나 아렌트 전기: 세계사랑을 위하여』.
홍원표 옮김, 인간사랑, 2007.

필립 한센, 『한나 아렌트의 정치이론과 정치철학』, 김인순 옮
김, 삼우사, 2008.

리처드 번슈타인, 『한나 아렌트와 유대인문제』. 김선욱 옮김,
아모르문디, 2009.

나카마사 마사키, 『한나 아렌트『인간의 조건』을 읽는 시간』,
김경원 옮김, 아르테, 2017.

리처드 번스타인, 『우리는 왜 한나 아렌트를 읽는가』, 김선욱
옮김, 한길사, 2018.

아렌트는 어떤 사상가인가

1 아렌트 생애의 시기별 구분은 다음의 기준에 따른다. Elisabeth Young-Bruehl, *Hannah Arendt: For Love of the World*(New Haven and London: Yale University Press, 1982); 홍원표 옮김, 『한나 아렌트 전기: 세계사랑을 위하여』(인간사랑, 2007)를 참조할 것. '아렌트의 생애와 주요 저작' 내용은 홍원표 옮김, 『혁명론』(한길사, 2004)의 해제에 소개된 것을 부분적으로 수정하고 보완한 것임.

2 이와 관련된 이야기는 Elzbieta Ettinger, *Hannah Arendt-Martin Heidegger*(New Haven and London: Yale University Press, 1995)를 참조할 것.

3 이후 소개된 내용은 『한나 아렌트의 전기: 세계사랑을 위하여』(인간사랑, 2007)에 실린 저자의 해제 가운데 기본틀은 유지하되 내용을 상당 부분 수정 또는 첨가한 것이다.

4 Leon Bostein, "*Hannah Arendt: For Love of the World* by Elisabeth Young-Bruehl"(Book Review), *The Journal of Modern History*, vol. 57 (June, 1985), p. 356.

5 시온주의는 팔레스타인 지역에 유대인 국가 건설을 목적으로 한 민족주의 운동으로서 반유대주의에 대응하여 등장했다. 아렌트는 정치적

시온주의를 한때 옹호했으나 종교적 시온주의가 범게르만주의나 범슬라브주의와 마찬가지로 배타적 인종주의와 연계된다는 점에서 이와 일정한 거리를 두었다.

6 이는 인간본성이 무엇인가를 묻는 질문이지만, 아렌트는 신만이 인간 본성을 알 수 있다 생각하고, 개인의 정체성을 이해하는 게 중요하다고 생각해 "Who are You?"라는 질문을 제기했다.

7 Jennifer Ring, "The Pariah as Hero: Hannah Arendt? political Actor", *Political Theory*, vol. 19, no. 3(Aug. 1991), p. 441.

8 Elisabeth Young-Bruehl, *Mind and the Body Politic*(New York and London: Routledge, 1989), p. 10.

9 권터 가우스는 1929년 출생하여 2004년 타계한 독일 언론인이며 정치가다. 그는 1963년부터 독일 TV 대담 프로그램 「명사와의 대화」의 사회자로 활동했다. 1969~73년에는 『슈피겔』 편집인으로 재직하면서 빌리 브란트 수상의 동방정책을 지지했다.

10 영-브륄, 『한나 아렌트 전기』, 35쪽.

11 영-브륄, 『한나 아렌트 전기』, 84쪽.

12 Annabel Herzog, "The Poetic Nature of Political Disclosure: Hannah Arendt? Storytelling", *CLIO*, vol. 30, no. 2(2011), p. 182.

13 Annabel Herzog, "The Poetic Nature of Political Disclosure: Hannah Arendt? Storytelling", p. 180.

14 아렌트, 『어두운 시대의 사람들』, 10쪽.

15 야스퍼스는 소통 상대자들의 상호 비판과 지원으로서 "소통적 투쟁" "우호적 투쟁"(loving struggle)을 강조한다. 이에 대한 내용은 다음 저작을 참조할 것. Karl Jaspers, *Philosophy*, vol. 2(Chicago and London: The University of Chicago Press, 1970), pp. 56~61.

16 Young-Bruehl, *Mind and the Body Politic*, p. 13.

17 영-브륄, 『한나 아렌트 전기』, 482쪽.

18 Young-Bruehl, Mind and the Body Politic, p. 21.

19 영-브륄, 『한나 아렌트 전기』, 489쪽.

20 Young-Bruehl, *Mind and the Body Politic*, p. 20.

21 Karl Jaspers, *Philosophy*, vol. 2, p. 60.

22 최초로 아렌트 문서보관서 서류들을 열람한 영-브륄은 1982년에 펴
낸 『한나 아렌트 전기』에서 두 사람의 비밀 연애사건을 간략하게 언
급함으로써 그들의 관계를 공식적으로 밝혔다. 이 사실을 알게 된 많
은 사람들은 충격을 받았다. 그는 2004년 「제2판 서문」에서 두 사람의
연애사건을 밝힌 자신의 실수를 인정하고 있다. 한편 에팅거가 쓴 『아
렌트와 하이데거』(*Hannah Arendt/Martin Heidegger*, New Haven: Yale
University Press, 1995)에서는 아렌트와 하이데거의 학문적인 관계를
충분히 언급하지 못하고 있다.

23 Elisabeth, Young-Bruehl, "Preface" in *Hannah Arendt: For Love of the
World*(2004), p.xiii.

24 Steven Weiland, "Biography, Rhetoric, and Intellectual Careers: Writing
the Life of Hannah Arendt", *Biography*, vol. 22, no. 3(1999), p. 388.

25 Annabel Herzog, "The Poetic Nature of Political Disclosure: Hannah
Arendt? Storytelling", pp. 171~172.

제1장 인간의 삶을 어떻게 엮었는가

1 'Scheherazade'는 도시를 의미하는 'shahr'와 사람을 의미하는 'zad'란
단어의 복합어다. 따라서 세헤라자데는 도시에 사는 여성이라는 뜻이
다. 고대 페르시아어에서는 '고귀한 인종'이란 의미를, 오늘날 페르시
아어에서는 '도시에서 태어난'이란 의미를 가지고 있다. 또한 이것은
『천일야화』에서 가상의 이야기꾼 이름을 의미한다.

2 아렌트의 이야기하기에 대한 자세한 이해를 위해서는 홍원표, 「한나 아
렌트의 '정신적 왕래'와 정치적인 것: 정치와 문학예술 사이에서」, 『세
계지역연구논총』 제28집 제3호(2010)를 참조할 것.

3 그는 독일계 정치철학자(1901~85)로서 나치의 인종주의를 비판하는 책을 출간함으로써 오스트리아합병 이후 미국으로 망명하여 정치철학 및 역사철학과 관련한 다수의 저작을 출간했으며, 플라톤 정치철학의 전통을 계승했다.

4 여기에 소개된 글은 홍원표, 「한나 아렌트의 '정신적 왕래'와 정치적인 것: 정치와 문학예술 사이에서」, 『세계지역연구논총』, 제28집 제3호(2010) 내용 가운데 일부다.

5 영-브륄이 전기에서 인용하거나 참고한 시 21편은 다음 문헌에 소개되어 있다. Elisabeth Young-Bruehl, *Hannah Arendt: For Love of the World*(New Haven & London: Yale University Press, 1982); 『한나 아렌트 전기: 세계사랑을 위하여』(인간사랑, 2007).

6 아렌트, 『인간의 조건』, 169쪽.

7 아렌트, 『어두운 시대의 사람들』, 「서론」, 9쪽.

8 Roger Berkowitz, "Introduction", Roger Berkowitz, et. al., *Thinking in Dark Times*(New York: Fordam University Press, 2010), p. 4.

9 아렌트, 『어두운 시대의 사람들』, 166쪽.

10 Robert C. Pirro, *Hannah Arendt and the Politics of Tragedy*(Dekalb: Northern Illinois University, 2001), p. 76

제2장 우리는 왜, 어디서, 어떻게 사는가

1 현상의 특성에 관한 아렌트의 입장을 이해하기 위해서는 『정신의 삶: 사유』 제1장을 참조할 것.

2 한계상황과 인간조건 사이의 관계에 대한 이해를 위해서는 홍원표, 「칼 야스퍼스와 한나 아렌트의 대화」, 『한국정치학회보』 제44집 제3호(2010)를 참조할 것.

3 아렌트, 『정신의 삶: 사유』, 70쪽.

4 재산과 부의 차이에 대한 구체적 내용에 대해서는 아렌트, 『인간의 조

건』, 58~73쪽을 참조할 것.

제3장 우리는 정신의 삶 속에서 무엇을 하는가

1 아렌트는 관심을 통해 감각기관과 실제 세계를 연결시킨다는 점에서 관심을 강조하고 있다. 그러나 의지 안의 갈등에 대해 그 치유책은 사랑이라고 말한다. 즉 사랑하는 사람과 사랑받는 사람을 매개하는 것은 사랑 자체라고 주장하고 있다. 이러한 측면에서 '의지' 자체는 대립적인 이중적 요소를 포함하고 있기 때문에, 이 책에서는 의지 자체를 표현하고자 할 경우, 이를 구별하기 위해서 굵은 고딕체로 표기한다.

제4장 '새로운 시작'은 왜 중요한가

1 여기서는 아렌트의 저작에서 주요개념인 새로운 시작의 개념적 변형에 대한 저자의 연구, 「한나 아렌트의 '새로운 시작' 개념과 그 변형」, 『정치사상연구』(2007) 제13집 제1호의 내용을 인용했다.

2 Agnes Heller, "Hannah Arendt on Tradition and New Beginnings", Steven E. Aschheim, ed., *Hannah Arendt in Jerusalem*(Berkely, Los Angeles and London: University of California Press, 2001), p. 21.

3 아렌트는 초기 저작들에서는 'new beginning'이란 개념을 사용한다. 아렌트는 『인간의 조건』에서 'natality'라는 용어를 '새로운 시작'이란 의미로 사용했다. 책으로 출간된 『아우구스티누스의 사랑 개념』에 'natality'라는 용어가 포함되어 있으나, 아렌트는 1950년대 말부터 1960년대 초에 박사학위 논문을 일부 수정했으며, 이때 'new beginning'이란 용어 대신에 'natality'를 삽입했다. 다음 문헌을 참조할 것. Hannah Arendt, *Love and Saint Augustine*, ed., Joanna Vecciarelli Scott and Judith Chelius(Chicago and London: The University of Chicago Press, 1996), pp. x, 50.

제5장 정치의 존재 이유가 자유인가

1 아렌트는 자신의 저작에서 'freedom'과 'liberty'라는 두 가지 용어를
   사용하고 있으나 우리말로 옮길 때 이를 구별하는 적절한 표현이 없어
   서 전자를 정치적(공적) 자유로, 후자를 개인적(시민적) 자유로 표기
   한다. 정확한 구분을 위해 '프리덤' 또는 '리버티'로 표기할 수 있으나
   여기서는 앞의 표기법을 따르기로 한다.

제6장 권력과 폭력은 대립적인가, 상호 의존적인가

1 1964년 8월 미 국방부는 통킹만 공해상을 초계 중이던 미해군 소속 구
   축함 매독스(Maddox) 호가 북베트남 해군 어뢰정에게 공격을 받았다
   고 발표했다. 이틀 뒤인 4일에는 구축함 조이터너(Joy Turner) 호가 역
   시 북베트남군의 공격을 받았다고 주장했다. 북베트남은 이를 전면 부
   인했다. 존슨 대통령은 이 사건을 계기로 통킹만 결의안을 의회에 제
   출했고, 상하원은 이 결의안을 통과시켰다. 미국은 이 결의안을 계기로
   베트남 전쟁에 개입하게 되었다.

2 영-브륄, 『한나 아렌트 전기: 세계사랑을 위하여』, 인간사랑, 2007, 626
   쪽.

3 아렌트의 『폭력론』은 다른 논문들과 함께 『공화국의 위기』에 다시 수
   록되었다.

4 이에 대한 선행 연구로 Keith Breen, "Violence and Power: A Critique of
   Hannah Arendt on the 'Political'", *Philosophy & Social Crticism*, vol. 33,
   no. 3(2007)을 참조할 것.

5 이에 대한 연구는 다음 문헌을 참조할 것. Christopher F. Findlay,
   "Hannah Arendt? Critique", *Thesis Elevenm*, no. 97(2009).

6 클라우제비츠, 『전쟁론 1』, 김만수 옮김, 갈무리, 2006, 77~80쪽.

7 아렌트, 『어두운 시대의 사람들』, 89쪽.

제7장 전통과 혁명적 변동은 공존할 수 있는가

1 예컨대 「카를 마르크스와 서구 정치사상의 전통」 「위대한 전통 1: 법과 권력」 「위대한 전통 2: 지배와 피지배」 등 『정치의 약속』에 수록된 세 편의 에세이를 들 수 있다.

2 Agnes Heller, "Hannah Arendt on Tradition and New Beginning", p. 28, Steven E. Ashheim. ed., *Hannah Arendt in Jerusalem*(Berkeley, Los Angels and London: University of California Press, 2001).

3 『사회연구』(1990)에 수록된 논문인 「철학과 정치」는 일련의 강의록 가운데 하나다.

4 이 내용은 카프카의 '현재의 우화'에 대한 언급에도 나타나 있다. Arendt, *Between Past and Future*, pp. 9~13; *The Life of the Mind: Thinking*, pp. 202~212.

제8장 책임과 용서는 왜 정치행위인가

1 Andrew Schaap, "Guilty Subject and Political Responsibility: Arendt and Jaspers and the Resonance of 'the German Question' in the Politics of Reconciliation", *Political Studies*, vol. 49, no. 4(2001), p. 749.

2 이 글은 저자의 논문 「정치적 책임과 용서에 대한 한나 아렌트의 이해」, 『21세기 정치학회보』 제18집 제2호(2008)의 기본틀과 내용을 많이 수용했다.

3 Neyler Berndett, "Does Forgiveness Have a Place?: Hegel, Arendt and Revolution", *Theory and Event*, Issue 6, no. 1(2002), p. 17.

4 Annabel Herzog, "Hannah Arendt? Concept of Responsibility", *Studies in Social and Political Thought*, vol. 10(2004), p. 48.

5 『인간의 조건』이 처음 출간된 이후 정치적 용서는 독자들을 매료시키면서도 당혹스럽게 했다. 그러나 20세기 말부터 이 주제는 다시 주

목을 받기 시작했다. 특히 1990년대 이후 용서와 화해는 전 세계적으로 정치적 담론의 핵심 주제가 되었다. Andrew Schaap, "Forgiveness, Reconciliation, Transitional Justice", Anthony F. Lang, Jr. and John Williams, *Hannah Arendt and International Relations: Readings Across Lines*(New York: Palgrave Macmillan, 2005), pp. 67~68.

6 아렌트는 아우구스티누스의 사랑 개념을 시간적·공간적 관점에서 분류하고 있다. 이에 대한 구체적인 내용은 그의 박사학위 논문에서 자세히 논의하고 있다. Hannah Arendt, *Love and Saint Augustine*(Chicago: The University of Chicago Press, 1996).

7 아렌트에 따르면, "작업은 지속 가능한 세계를 구성함으로써 노동의 무용한 순환으로부터 인간의 존재를 구제하며, 공적 행위와 말은 이야기를 생산함으로써 작업의 도구성에 의해 형성된 무의미성으로부터 인간의 삶을 구원한다." Schaap, 앞의 글, 67쪽.

8 아렌트, 『전체주의의 기원』, 459쪽.

제9장 '인간성'은 어떠한 형태로 발현되는가

1 초인간적 능력을 가진 존재라는 뜻의 'demon'에서 파생한 용어로 인간과 신을 매개하는 정신으로 인정되었으며 그들이 주시하는 사람들을 인도하고 보호하는 수호자 정신으로 알려졌다. 소크라테스는 자신에게 위험과 잘못된 판단을 알려주는 다이몬이 있다고 언급했다.

2 아렌트, 『어두운 시대의 사람들』, 31쪽.

제10장 이데올로기, 거짓말, 진리는 정치를 손상시키는가

1 Elisabeth Young-Bruehl, "Preface to the Second Edition", p. xix. *Hannah Arendt: For Love of the World*(New Haven & London: Yale University Press, 2004).

2 Elisabeth Young-Bruehl and Jerome Kohn, "Truth, Lies, and Politics: A Conversation", *Social Research*, vol. 74, no. 4(2007), p. 1061.

3 대니얼 엘스버그(Daniel Ellsberg)는 1964년 로버트 맥나마라 미국국 방장관 밑에서 베트남 전쟁과 관련된 보고서를 작성하는 주요인물 가 운데 한 사람이었으나 1969년부터는 반전운동에 참여했다. 이에 동조 하는 상원의원에게 비밀문서를 공개했으며, 이후 이 문서를 『뉴욕타임 스』에도 보냈다. 그는 문서 공개를 통해 존슨 행정부가 전쟁에 승리할 수 없으며, 지속적인 전쟁 수행이 공개된 것보다 더 많은 사상자를 발 생시킬 것을 알고 있었지만 이 사실을 대중이나 의회에 알리지 않았다 고 밝혔다. 또한 그는 '엘스버그 역설'을 제시한 경제학자이기도 하다.

아렌트와 관련된 사상가와 연구경향

1 알렉산데르 코제브는 러시아 출신 프랑스 철학자(1902~68)로서 헤겔 철학을 강의했으며, 그의 제자들이 강의안을 모아 『헤겔 철학 강의 입 문』을 출간했다. 아렌트는 코제브를 두고 인상적인 인물이라고 생각했 다.

2 Allen Speight, "Arendt and Hegel on the Tragic Nature of Action", *Philosophy & Social Criticism*, vol. 28, no. 5(2002), pp. 523~536; Roy T. Tsao, "Arendt and the Modern State: Variations on Hegel in The Origins of Totalitarianism", *The Review of Politics*, vol. 66, no. 1(2004), pp. 105~136.

3 Dana R. Villa, "Beyond Good and Evil: Arendt, Nietzsche, and the Aestheticization of Political Action", *Political Theory*, vol. 20(2002); Bonnie, Honig, "Arendt, Identity and Difference", *Political Theory*, vol. 16(1988).

4 Lawrence J. Biskowski, "Politics Versus Aesthetics: Arendt? Critiques of Nietzsche and Heidegger", *The Review of Politics*, vol. 57, no. 1 (1995), p.

67.

5 Margi Lyoyd, "In Tocqueville? Shadow: Hannah Arendt? Liberal Republicanism", *The Review of Politics*, vol. 57, no. 1(1995), pp. 31~58; 국내 연구로는 박홍규, 『누가 아렌트와 토크빌을 읽었다 하는가』(글항아리, 2008)를 참조할 것.

6 로마노 과르디니는 이탈리아 태생의 가톨릭 신학자(1885~1968)다. 1923년 베를린 대학교 종교철학 교수로 임용되었으며, 가톨릭 전통에서 소크라테스·플라톤·아우구스티누스·단테·키르케고르·니체 등의 세계관을 현대 독자들에게 소개했다.

7 Dana Villa, *Arendt and Heidegger: The Fate of the Political*(Princeton: Princeton University Press, 1996), p. 114; 서유경 옮김, 『아렌트와 하이데거』(교보문고, 2000), 237쪽.

8 이에 관한 연구로 홍원표, 「칼 야스퍼스와 한나 아렌트의 대화: 정치철학적 주요 논제를 중심으로」, 『한국정치학회보』 제44집 제3호(2010)를 참조할 것.

9 인용한 예를 들면, "자본주의가 프로테스탄티즘 윤리의 정신에서 어떻게 발생했는지에 대한 베버의 연구는 마르크스주의의 역사서지학에 많은 도움을 받았다."(『정치의 약속』, 72쪽); "베버는 나사렛 예수의 모델을 따라 카리스마적 지도자라는 자신의 이상형 모델을 만들었다."(『이해의 에세이』, 378쪽)

10 이들에 대한 몇 편의 연구를 아래에 소개하기로 한다. 홍원표, 「고전적 합리주의의 현대적 해석: 스트라우스 보에글린 그리고 아렌트를 중심으로」, 한국외국어대학교 박사학위논문, 1992; Peter Graf Kielmansegg et. al., *Hannah Arendt and Leo Strauss: German German Emigrés and American Political Thought after World War II*(New York: Cambridge University Press, 1995); Dana Villa, "The Philosopher Versus the Citizen: Arendt, Strauss, and Socrates", *Political Theory*, vol. 26, no. 2(1998), pp. 147~172; Patricia Owens, *Between War and*

Politics: International Relations and the Thought of Hannah Arendt (Oxford: Oxford University Press, 2007).

11 Susannah Young-ah Godttlieb, *Regions of Sorrow: Anxiety and Messianism in Hannah Arendt and W.H. Auden* (Stanford: Stanford University Press, 2003), p. 1.

12 Lynn R. Wilkinson, "Hannah Arendt on Isak Dinesen: Storytelling and Theory", *Comparative Literature*, vol. 56, no. 1 (2004), p. 92.

13 Pierre Pachet, "The Authority of Poets in a World without Authority", *Social Research*, vol. 74, no. 3 (2007), p. 932.

아렌트를 알기 위해 더 읽어야 할 책

• 앞의 저작 목록에도 밝혔듯이 현재까지 18권의 저서가 출간되었다. 여기에는 우리말로 번역된 아렌트의 작품만을 원작의 출판 순서에 따라 소개하고, 아렌트의 생애와 사상을 소개한 전기를 소개한다.

한나 아렌트, 『전체주의의 기원』, 이진우 · 박미애 옮김, 한길사, 2006.

이 작품은 19세기 전반과 중반 서유럽과 중유럽에서 형성된 반유대주의, 1884년부터 제1차 세계대전까지 존재했던 제국주의, 그리고 인종주의를 분석하고 있다. 아렌트의 주장대로, 이 세 가지 요소들은 한 문제 또는 복합된 문제에 대한 각각의 표현이지만, 화학 반응에서 나타나듯이 전체주의 이데올로기로 결정화(結晶化)된다. 이 책의 마지막 장은 전체주의 운동의 기제를 기술하고 있다. 아렌트는 계급의 붕괴와 대중의 형성, 선전의 역할, 전체주의 정부의 본질적인 테러뿐만 아니라 자연의 법칙과 역사의 법칙이 어떻게 전체주의적 지배를 떠받치는 기둥인지를 치밀하게 분석했다.

여기서 아렌트는 전체주의 이데올로기가 시작능력을 박탈하고 진정한 정치를 파멸시킬 만큼 인간세계를 '지옥'으로 제작하는 정치적 실재라는 점을 분석하고 있다. 이러한 그의 분석은 오늘날 이데올로기 정치 또는 이데올로기적 사유의 위험성을 이해할 수 있는 안목을 제공한다.

한나 아렌트, 『인간의 조건』, 이진우 · 태정호 옮김, 한길사, 1996.

고대 그리스 시대부터 현재에 이르기까지 인간적 실존의 역사적 전개 과정에 대한 설명을 담고 있다. 세 가지 인간조건인 삶 · 세계성 · 다원성에 조응하는 활동적 삶으로서 노동 · 작업 · 행위를 정의하고, 세 가지 활동 영역인 사적 영역, 사회영역, 공적-정치적 영역을 기술하고 있다. 또한 인간을 활동적 삶의 차이에 따라 노동하는 동물(homo laborans), 작업하는 동물(homo faber), 정치적 동물(homo politicus)로 규정하고 인간다운 삶으로서 행위의 중요성을 부각시키면서 현대인의 삶의 방식을 비판적으로 고찰하고 있어서 우리의 인간적 실존을 이해하는 길잡이 역할을 한다.

이 작품의 독창성은 야스퍼스도 지적했듯이 아렌트가 행위의 또 다른 유형으로서 용서와 약속을 언급한 점, 인간을 죽음의 관점이 아닌 탄생 또는 새로운 시작의 관점에서 조명하고 있다는 점이다. 아렌트의 '인간주의'가 작품에 뚜렷하게 드러난다. 행위론과 공공영역론 또한 탈냉전 이후 현대 정치를 이해하는 데 중요한 개념이다.

한나 아렌트, 『혁명론』, 홍원표 옮김, 한길사, 2004.

이 책에서는 혁명사들, 심지어 미국인도 높이 평가하지 않았던 미국혁명을 성공한 혁명으로, 프랑스혁명을 실패한 혁명으로 규정함으로써 정치혁명과 혁명정신이 진정한 정치와 권력의 범례적 예를 제공하고 있다. 이 작품이 출판되었을 때, 일부 논평자들은 아렌트가 미국 시민권을 얻은 보답으로 미국혁명을 칭송했다는 이유로 그의 독창적인 분석을 폄훼하기도 했다. 그러나 이 작품은 새로운 시작의 정치적 의미를 칭송한 이야기책이며, 폭력을 미화하거나 인간을 고통스럽게 했던 역사를 반복해서는 안 된다는 메시지를 담고 있다는 점에서 '세계사랑'을 기저로 삼고 있다.

한나 아렌트, 『예루살렘의 아이히만: 악의 평범성에 대한 보고서』,
김선욱 옮김, 한길사, 2006.

이 책은 이야기하기 개념의 관점에서 아이히만 재판을 보고하고 있어서
실재를 객관적으로 성찰하기보다 현상을 충실하게 기술하려는 데 의도를
두고 있다. 부제인 '악의 평범성에 대한 보고서'에서도 나타나듯이, '보고'
는 이야기하기의 한 형식으로서 이론을 통해 역사적 '객관성'을 추구하기보
다 이야기에서 역사의 진실을 드러내고, 역사의 '내면'을 재현한다는 관점
에서 사건을 관찰하는 데 있다. 아렌트는 여기에서 새로운 형태의 정치적 글
쓰기를 보여주고 있다.

특히 아렌트는 아이히만의 증언 양식에 주목하여 사유하지 않음, 즉 무사
유가 악행의 원인이라는 점을 부각시켰으며, 현재와 미래의 전문가를 향해
우리의 언어 사용에 대해 비판적으로 사유할 것을 권고하고 있다. 사유하지
못함으로 야기된 평범한 악은 정치적인 것의 완전한 파괴를 보이는 징후이
며 대리적 사유, 정치적 의견의 파멸을 드러내기 때문이다.

한나 아렌트, 『과거와 미래 사이: 정치사상에 관한
여덟 가지 철학연습』, 서유경 옮김, 푸른숲, 2005.

1954년부터 1968년 사이에 집필한 논문들로 구성되어 있으며, 1961년 초
판에 두 편의 논문을 첨가한 증보판이다. 이 책에서는 자유 · 교육 · 전통 ·
역사와 정치 등 다양한 철학적 주제를 다루고 있는데, 이 가운데 「진리와 정
치」란 주제의 논문은 아이히만 논쟁으로 작성된 것이다. 아렌트 자신은 한
때 이 책이 자신의 책들 가운데 가장 훌륭하다고 언급한 바 있다.

이 작품은 문학형식의 논문들을 철학연습의 일환으로 배열하고 있어서
외형적으로는 어떤 체계성을 유지하고 있지 않은 것 같다. 그러나 수록된 논
문들은 인간이 과거와 미래 사이에 살고 있다는 핵심적인 이념을 기저로 삼
고 있다. 인간은 존재하기 위해 사유해야 하며, 사유하는 법을 배울 필요가

있다. 즉 서구인들이 오랫동안 의존했던 전통이 붕괴된 상황에서 다시 사유할 수 있는 해결책을 발견하려는 데 중점을 두고 있다.

한나 아렌트, 『어두운 시대의 사람들』, 홍원표 옮김, 인간사랑, 2010.

이 책은 체제에 관계 없이 어느 곳에서나 존재하는 어두운 시대를 밝혔던 특정한 인물들이 어떻게 살았는지를 이야기하면서 이들의 삶을 우리의 삶으로 다시 끌어들이고 있다. 또한 "친구가 없는 삶이란 참다운 삶의 가치가 없다"고 생각할 정도로 등장인물들과 우정의 대화(정신적 대화 또는 실질적 만남)를 나눈 인물들을 소개하면서 아렌트 자신의 자화상을 드러내기도 한다.

특히, 등장인물들과 우정의 대화에서 드러날 수 있는 인간성을 부각시키는 데 중점을 두고 있다. 따라서 어두운 시대에 발현되었던 다양한 유형의 인간성인 동정심, 형제애, 박애 등을 밝히면서 공공영역에서 빛나는 인간성, 즉 후마니타스의 중요성을 독자들에게 제시하고 있다.

한나 아렌트, 『공화국의 위기』, 김선욱 옮김, 한길사, 2011.

네 편의 논문이 수록되어 있으며 이 가운데 「폭력론」은 마틴 루터 킹 목사의 암살, 파리 학생시위, 구소련의 체코 침공 등 폭력을 목격하면서 집필하여 1969년에 이미 출간한 것으로 국내에는 『폭력의 세기』(이후, 1999)로 소개되었다.

「정치에서의 거짓말」은 정치에서 이미지 제작과 공적 관계의 역할을 다루고 있는 국방성 보고서를 심도 있게 분석하여 거짓말이 행위의 한 형태지만 정치영역을 손상시킨다는 점을 부각시키고 있다. 「시민 불복종」은 자유의 기수에서 전쟁 반대자들과 분리주의자들에 이르기까지 다양한 형태의 저항운동을 검토하고 있다. 「정치와 혁명에 대한 사유」는 「폭력론」의 저자의 명제에 대한 논평을 포함하고 있다.

한나 아렌트, 『정신의 삶: 사유』, 홍원표 옮김, 푸른숲, 2004.

이 책은 아이히만 재판을 통해 무사유가 정치적 악행과 밀접하게 연계되어 있다는 새로운 이해, 철학적 전통에서 제기되는 다양한 질문에 대한 고민으로 시작되었다. 그는 1972년 에버딘 대학교 측의 기퍼드 강의 초청을 계기로 이 연구를 진행했고, 강의안은 아렌트 사후 메리 매카시가 편집해 『정신의 삶』(1978)으로 출간됐다. '의지' '판단'과 더불어 3부작으로 계획된 첫 번째 책으로서 '현상' '현상세계 속의 정신활동' '무엇이 우리를 사유하게 하는가' '우리는 사유할 때 어디에 있는가'로 구성되어 있다. 여기서 아렌트는 고대부터 현대에 이르기까지 사유 문제에 관심을 가졌던 철학자들의 입장을 종합적으로 제시하고 있다.

한나 아렌트, 『칸트 정치철학 강의』, 김선욱 옮김, 푸른숲, 2002.

아렌트는 1974년 두 번째 기퍼드 강의를 위해 '의지'에 대한 원고를 준비했다. 이 원고 역시 1978년 『정신의 삶』 통합본으로 출간되었다. 그러나 아렌트는 3부작 가운데 마지막 작품인 '판단'을 집필하면서 "승리의 원인은 신을 기쁘게 하고, 실패의 원인은 카토를 기쁘게 한다"는 문구만을 남긴 채 심근경색으로 쓰러져 타계함으로써 마지막 작품을 완결하지 못했다.

따라서 '판단'을 대체하는 작품이 바로 『칸트 정치철학 강의』다. 이 작품은 칸트의 미학 저술과 정치학 저술에 대한 주해로서 『판단력 비판』이 강력하고도 중요한 정치철학의 개요들을 담고 있다는 것을 보여주기 위해 씌어졌다. 아렌트는 뉴스쿨과 시카고 대학교에서 칸트 정치철학을 강의했는데, 베이너가 1970년 가을 뉴스쿨 세미나 강의 원고에 자신의 해석 논문을 첨부하여 『칸트 정치철학 강의』(1982)를 편집, 출간했다.

한나 아렌트, 『정치의 약속』, 김선욱 옮김, 푸른숲, 2007.

아렌트는 『전체주의의 기원』 출간 이후 마르크스 철학을 연구하면서 서구 정치사상의 전통을 전반적으로 검토했다. 그는 이 작품에서 소크라테스의 재판으로 형성된 정치사상의 전통을 비판적으로 조명하고 철학 이전 시대 그리스의 행위 경험, 로마의 건국 경험, 기독교의 용서 개념을 이미 제시하고 있기 때문에, 이 작품에 수록된 논문들은 『전체주의의 기원』과 『인간의 조건』을 연결시키는 다리 역할을 한다. '정치로의 초대'라는 제목이 붙은 「정치의 약속」은 정치에 대한 근대적 편견을 심도 있게 성찰하고 있는데, 1950년대 후반에 씌어진 이 논문에서 정치와 인간적 자유 사이의 관계는 현대인이 이해하기에 조금 생소하다. 그러나 아렌트는 정치가 목적의 수단으로 간주되고, 폭력이 자유를 확립하기 위해 사용될 때, 정치 원리가 지구상에서 사라질 것이라는 귀중한 정치적 교훈을 제시하고 있다.

엘리자베스 영-브륄, 『한나 아렌트 전기: 세계사랑을 위하여』, 홍원표 옮김, 인간사랑, 2007.

한나 아렌트 전기는 방대한 자료를 토대로 그의 생애와 사상을 조명하고 있어서 아렌트 정치사상을 이해하는 기본 자료가 된다. 아렌트가 이야기하기의 형식으로 전기를 집필했듯이, 영-브륄은 아렌트의 저술기법에 기초해 아렌트의 인간다운 삶을 후세에 남기고자 했다. 여기에서는 아렌트의 삶을 네 시기, 즉 독일에서의 삶과 학문활동(1906~33), 무국적자의 삶과 학계 데뷔(1933~51), 정치이론가로서 성찰하는 삶(1951~65), 정치와 철학의 심연을 극복하는 만년의 삶(1965~75)으로 구분하여 조명하고 있다.

이 작품은 아렌트의 다양한 인간상을 보여주고 있는데, 특히 그의 삶을 유지하는 원동력이었던 세계사랑의 태도, 세계에 대해 열정적이면서도 냉정하게 관심을 가졌던 관찰자, 세계시민의 모습을 부각시키고 있다.

아렌트를 이해하기 위한 용어 해설

• 각 용어 해설 끝에 있는 숫자는 본문의 쪽수를 뜻한다

개념적 사유(Conceptual thinking) 유형이나 연계성을 확인하고 주요 쟁점들을 설명함으로써 상황이나 문제를 이해하는 능력으로서 추상화 또는 일반화를 지향한다. 그러나 아렌트는 추상적 · 체계적 · '객관적인' 사유를 비판하면서 모든 것을 과정으로 설정하는 '주관적' 사유──추상화 수준을 넘어서 경험에 충실하려는 태도──지향한다. **20, 65, 66, 68~70, 72, 75, 89**

권력(Power) 권력은 공동으로 활동하는 능력이며, 사람들이 모일 때 나타났다가 흩어지면 사라진다. 따라서 언어 행위를 수반하는 현상인 권력은 가능태로 존재하며 강제력이나 내구력 같이 측정 가능한 실체가 아니다. 아렌트의 권력은 지배나 피지배와 다른 의미로 사용된다. **21, 22, 202, 215, 223, 225~228, 230~234, 240~242, 245, 248, 250, 272**

권위(Authority) '권위'(auctoritas)라는 말은 '증대'(augment)라는 의미의 동사 'augere'로부터 나온 것이며 권력과 대조적으로 그 뿌리를 과거에 두고 있다. 일반적으로 권위는 자발적 복종을 끌어내는 힘으로 정의된다. 따라서 권위는 항상 복종을 요구하기 때문에 특정 형태의 권력이나 폭력으로 오인되지만, 권위는 외부적 강제 수단의 사용을 사전에 배제한다는 점에서 권력이나 폭력과 다르다. 권위는 평등을 전제로 하는 설득과 다르다. **202, 204, 231, 232, 253, 259, 260, 262, 268, 272, 278, 361**

동정(Compassion), 연민(Pity) 전자는 특정한 사람의 고통을 함께하려는 감정이며, 후자는 불특정 다수의 고통을 함께하려는 추상화된 감정이다. 111, 307~309, 326, 330, 332~337, 342

새로운 시작(New beginning) 아렌트 정치철학에서 핵심 개념어들 가운데 하나로서 여러 가지 용어로 표현된다. 절대적 시작은 'principium'으로, 상대적 시작은 'initium'으로 표현된다. 탄생(natality), 행위, 건국, 혁명, 입법 활동, 용서 등의 개념은 새로운 시작의 다른 표현이다. 탄생은 생물학적·정치적·정신적 차원으로 나뉜다. 정치적 차원에서 행위는 새로운 시작으로 정의되며, 건국은 새로운 정치질서의 형성이라는 측면에서 새로운 시작이다. 혁명 역시 새로운 시작이란 의미를 담고 있다. 새로운 법의 제정 또는 법 개정 역시 정치적 차원에서 새로운 시작이다. 용서는 행위로 야기된 난관을 제거하고 또 다른 행위를 가능하게 한다. 22, 73, 157~159, 161, 194, 215, 225, 241, 242, 254, 258~260, 262, 263, 273, 315, 317, 319

세계(World) 지구나 자연적 현상과 달리 인간들의 노력에 의해 형성되는 인위적인 공간으로서 인간조건의 일부다. 작업의 결과 존재하는 객관적 사물세계, 그리고 말과 행위를 통해서 형성되는 주관적인 인간관계망으로 구성된다. 지구 위에 세워져 있는 인위적인 안식처인 세계는 소비 대상이 아닌 사용 대상으로 구성된다. 자연과 지구가 일반적으로 인간적 삶의 조건을 구성한다면, 세계와 사물세계는 이러한 특별한 인간적 삶이 지구상에서 안주할 수 있는 조건을 구성한다. 61, 92, 98, 102, 103, 107, 164, 168, 169, 194, 195, 290, 292, 319, 343, 350, 372, 376

세계사랑(Amor mundi, Love of the world) 신체 또는 생존 자체에 대한 관심, 영혼에 대한 배려인 '자아에 대한 사랑'(amor hominis)이나 이데올로기나 현대의 주관주의에서 나타나는 '세계 멸시'(contemptus mundi)와 대비되는 개념으로서 세계의 복지에 대한 냉정하면서도 열정적인 태도를 의미한다. 이러한 태도는 거리감과 관여라는 역설을 담고 있다. 따라서 확장된 심성, 대리적 사유, 공통감각, 불편부당성과 같은 판단의 속성은 세계사랑의 특성이다. 세계사랑의 태도는 정치적이다. 이러한 태도는 공적이고 공통된 상호주관적 세계의 형성과 유지에서 나타나며, 시민적 우정과 같은 실천에서 나타나고, 제도나 법과 같이 세계를 구성하는 활동에도 나타난다. 세계사랑의 태도나 실천은 안정성·실재성·공동성·공공성·공적 자유 등을 가능하게 하는 원동력이다. 아렌트의 경우 인간성 또는 인간의 존엄성은 세계사랑에서 나타난다. 따라서 세계사랑은 아렌트 인간주의의 핵심이다. **49, 57, 73, 173, 225, 314, 315, 340, 349~351**

세계소외(World-alienation), **무세계성**(Worldlessness) 근대성의 정신적 조건으로서 상호주관적으로 구성된 행위와 경험 세계를 상실한 상태다. 공적 세계가 형식적으로 존재함에도 불구하고 실제로는 사람들의 의식과 태도 속에서 무시되고 경멸되는 상태다. 전체주의는 이데올로기로서 사실과 공통감을 무시한다. 이것은 이데올로기가 공유하는 일반적 측면이다. 전체주의는 테러를 통해 공적·사적 삶과 더불어 다원성을 파괴한다. 그리고 다원성과 세계성은 상호 연계되기 때문에, 다원성의 상실은 세계 상실을 의미한다. 형이상학적 오류와 편견은 세계 멸시에 대한 가장 명백한 논리적 추론이다. **18, 100, 292**

양심(Conscience) 기독교적 관점에서는 하느님이 인간의 내면에 심어준 것, 하느님의 목소리, 또는 비종교적 관점에서는 자연의 빛으로 정의된다. 소크라테스의 관점에서는 나와 자아가 공동으로 인식한 상태로서 사유의 부산물로 이해되었다. **297, 300, 302~305, 309, 326**

용서(Forgiving) 인간사 영역에서 용서의 역할을 발견한 사람은 나사렛 예수다. 그는 종교적 맥락에서 그것을 발견하고 종교적 언어로 명료화했다. 아렌트는 종교적 용어를 정치언어로 전환했다. 우리가 행위의 결과로부터 해방되지 못할 경우 행위 능력을 결코 회복할 수 없다. 따라서 행위로 야기된 난관을 치유하여 행위를 지속하게 할 수 있는 치유능력을 지닌 또 다른 행위가 바로 용서다. **22, 121, 176, 287~289, 295, 307, 309, 314~317**

이야기하기(Storytelling) 아렌트는 이야기하기를 정의하지 않았지만, 경험에서 비판적 사유를 기술하기 위해 이 용어를 사용했다. 역사에 대한 인과론적 설명이 아니라 개별적 사건의 보편적 의미를 밝히는 글쓰기 형식이며, 정치이론의 한 방법이다. 정치사상가의 정의와 임무를 갱신하는, 즉 정치사상의 주류에서 벗어나 공적인 삶에 대한 비판적 이해를 표현하는 방식이고, 개념적 사유와 달리 경험을 정신 속에 재현하는 상상력을 훈련하고, 친밀성과 달리 우정을 촉진하며, 저자와 독자 사이에 확장된 심성을 유지하는 데 기여하는 저술방식이다. **21, 28, 50, 64, 75, 77~82, 88, 89, 136, 158, 254**

인간조건(Human condition) 인간적 실존의 조건들인 삶 자체, 출생성과 사멸성, 세계성, 다원성, 지구가 인간조건이다. 아렌트는 야스퍼스의 '한계상황'을 인간조건으로 표현하고 있다. 이는 인간의 의지와 무관하게 우리의 삶을 제약하는 요소들이다. 아렌트의 정의에 따르면, 고통과 노력이 삶 자체를 변경시키지 않은 채 제거될 수 있는 징후일 뿐만 아니라 삶을 제약하는 필연성과 더불어 삶 자체가 자신을 느끼게 하는 양식과 같은 것이다. **92, 96, 97, 100, 159, 164, 170, 182**

자유(Freedom, Liberty) 아렌트의 자유(freedom) 개념은 근대 자유주의에서 말하는 소극적 의미의 자유가 아니라 새로운 것을 시작하는 능력으로서 자유라는 공화주의적 의미를 담고 있다. 정치의 존재이유는 자유이기 때문에, 자유는 정치와 대립적이지 않고 공존한다. 반면에 아렌트는 시민적 자유를 정치적 자유와 구분하고 이를 '리버티'(liberty)로 표현했다. **21, 22, 57, 73, 107, 138, 172, 173, 175, 182, 189~192, 196, 199~201, 205~207,**

209, 211, 212, 214~216, 219, 242, 243, 245, 267, 273, 274, 276, 277, 316, 372, 373

전통(Tradition) 어원은 '물려주다' '넘겨주다'라는 라틴어 'tradatio'에서 유래했다. 로마인은 건국 정신을 후세에 계승하는 정치행위로서 전통을 강조했다. 이러한 측면에서 전통은 최초의 행위와 연관된다. 그들은 정신적 전통의 출발점을 그리스 철학, 플라톤의 정치철학으로 이해했으며, 정치적 전통을 건국행위와 연계시켰다. **17~19, 91, 92, 202, 234, 253, 254, 257~260, 262~264, 266~268, 274, 278, 281, 283, 285**

정신의 삶(Life of the mind) 활동적 삶과 달리 현상세계로부터 이탈하여 '고독한' 상황에서 작동되는 사유하기, 의지하기, 판단하기를 가리킨다. 관조의 삶(vita contemplativa)은 내면적 삶의 한 형태라는 점에서 정신의 삶과 공통점을 가지고 있다. 관조의 삶은 마음의 평정 상태이지만 정신의 삶은 '분주한 상태' 또는 '긴장 상태'라는 점에서 두 개념은 서로 다르다. 그래서 카토는 아무것도 하지 않을 때 가장 분주하다고 주장했다. 정신의 삶 자체는 자신을 드러내지 않고 말과 행위를 통해서 비로소 자신을 드러낸다. **22, 31, 57, 60, 91, 123, 125, 127, 130, 148, 150, 159, 177, 191, 289**

정치적 사유(Political thinking) 특정한 쟁점을 다양한 관점에서 고려함으로써, 즉 현존하지 않는 사람들의 입장을 내 정신에 나타나게 하는 정신 활동이다. 나와 타자가 공존하는 정치영역에서 내가 세계 속에서 경험한 것, 다른 사람이 수행한 것을 수많은 사람의 관점에서 성찰하는 활동이다. **20, 21, 23, 59~62, 64, 65, 78, 82, 85, 88, 145, 158, 194, 215, 266, 285, 287, 299, 346, 374, 380, 381**

지구소외(Earth-alienation) 지구가 인간적 삶의 근본 조건임에도 불구하고 지구의 존재를 무시하는 태도다. **100, 101**

책임(Responsibility)　책임은 법적·도덕적 책임과 집단적 책임으로 구분된다. 전자는 사적 차원을 띠며, 후자는 정치적 차원을 띤다. 아렌트는 책임에 정치적 의미를 부여했다. 책임은 비자발적 행위이고 대리적 행위다. 책임은 범죄에 참여하지 않은 후손들의 행위이기 때문에 대리적이며 비자발적 성격을 띤다. **22, 287~289, 295, 297~300, 302, 307, 309~311, 314, 317**

테러(Terror)　전통적 관점에서 테러는 단지 정치권력의 수단으로 이해되었다. 전체주의적 테러와 혁명적 또는 폭정적 테러는 다르다. 전자는 목적을 실현하는 수단이 아니라 오히려 목적 없는 과정이다. 이러한 전체주의적 테러의 목표는 인간의 단순한 잉여성을 노출시키는 것이다. 온갖 종류의 조직적인 반대가 사라질 때 테러의 완전한 강제력은 활개를 칠 수 있다. **29, 221, 247, 336, 337, 357**

폭력(Violence)　언어행위인 설득이 한계에 직면할 때 나타나는 한계적인 정치현상이다. 권력은 언어행위를 매개로 나타나지만, 폭력은 수단을 매개로 사용된다. 인간은 사물세계를 구성하기 위해 자연을 폭력의 대상으로 삼을 수 있다. 그러나 인간을 대상으로 하는 폭력은 근본적으로 정당하지 않기 때문에 사후적으로만 정당화될 수 있다. 폭력은 물리적 강제력, 신체력 등과 같이 자연현상이 아닌 인간적 현상이다. 폭력 본능을 동물적 본능으로 규정하는 것은 인간을 동물로 전락시키는 위험성을 내포한다. **22, 221, 223, 225~228, 230~236, 238~243, 245, 248, 250, 277, 336, 337**

혁명(Revolution)　혁명이란 용어는 천체 궤도의 운행(De revolutionibus orbium coelestium)이란 코페르니쿠스의 표현을 통해 자연과학에 중요해진 천문학 용어였지만, 18세기에 이르러 새로운 시작이 정치적 사건이라는 것을 깨달으면서 정치학 용어로 정착되었다. 혁명은 미국혁명과 프랑스혁명을 통해서 나타난 근대적 정치현상이다. 아렌트의 경우 새로운 시작과 자유의 확립이란 요소를 지닌 정치적 사건만이 혁명이라는 명칭을 부여받을 수 있기 때문에, 근대 이전에 존재했던 정변·내란·소요·반란·폭동·정부 순환 등은 혁명의 위상을 지니지 못한다. **29, 49, 69, 73, 204~207, 221, 233, 236, 241, 243, 245, 254, 267~269, 271~274, 277, 281**

활동적 삶(Vita activa) 아렌트는 관조적 삶의 관점에서 활동적 삶의 의미를 규정하는 전통을 거부하고 활동적 삶의 진정한 의미를 복원시키고자 했다. 노동, 작업, 행위는 인간의 근본적 활동이다. 우리는 생존 또는 삶이란 인간조건을 극복하고자 노동에 참여하고, 자연의 위협으로부터 인간을 보호하는 세계와 세계성이라는 인간조건에 대응하고자 작업에 참여하며, 세계의 다원성을 유지하고자 행위에 참여한다. **19, 22, 29, 31, 49, 60, 70, 91, 92, 97, 105, 123~125, 127, 128, 136, 191, 277, 281, 289**

후마니타스(Humanitas) 다양한 형태의 인간애, 즉 동정심, 형제애, 박애 등이 존재하지만, 아렌트는 공공영역에서 인간애를 인간성으로 규정했다. 그리스인은 우정의 대화에서 이루어지는 인간다움을 '필란트로피아'로, 로마인은 인간성이 형제애에서 발현되기보다 우정 속에서 나타난다고 생각했고 이를 '후마니타스'라고 표현했다. 칸트와 야스퍼스는 인간다움의 극치를 '후마니테트'로 표현했다. 아렌트는 일단 획득되면 사람들을 결코 떠나지 않는 정당한 개성이라고 규정했다. **154, 342, 345**

아렌트에 대해 묻고 답하기

1. 아렌트는 왜 철학 분야에서도 정치에 관심을 갖게 되었는가?

1929년 철학박사 학위를 마친 이후 아렌트는 유대인 단체에서 활동하면서 독일이 히틀러의 등장과 더불어 나치화의 길로 향하고 있다는 것을 직감했다. 이후 1931~32년에 이 문제를 정치적으로 사유하기 시작했다. 그는 제국의회가 방화로 소실된 1933년 시온주의 단체에서 활동하던 중 잠시 체포되었다가 프랑스로 망명하면서 무국적자가 되었다. 망명 시절 그는 시온주의 운동에 참여하면서 동족 유대인들의 망명을 도왔고, 1940년 미국으로 망명했다. 유대인 집단학살에 대한 소식을 들은 1943년부터 그는 유대인과 이들의 고통으로부터 배우고자 했던 모든 사람들에게 이를 알리고자 『전체주의의 기원』을 집필했다. 그는 인간다운 삶을 가능하게 하는 진정한 정치를 탐구하는 데 관심을 가졌으며, 현실 문제를 통해 정치적으로 사유하는 방법을 제시하고자 노력했다.

2. 아렌트는 왜 인간을 이해하는 데 '인간본성'이 아닌 '인간조건'을 핵심 개념으로 삼았는가?

현상의 다양성보다 본질의 일원성을 강조하는 형이상학적 전통은 인간을 이해하기 위해서 공통된 본질을 정립하는 데 역점을 두고 있다. 인간본성은 인간의 외적 차이에도 불구하고 추상화된 인간(Man)을 이해하는 데 중점을 두고 있다. 그러나 인간이 이러한 본성을 지니고 있다고 가정하더라도, 우리는 이에 대한 이해를 신에게 맡겨야 한다. 지구상에 살고 있는 다양한 사람들은 신과 달리 죽어야 하는 사멸적인 존재로서 외부의 조건에 제약을 받는다. 인간은 삶(생존 또는 수명)이란 조건에 제약을 받고 작업의 결과 형성되는 인위적 공간에 제약을 받을 뿐만 아니라 다른 사람과 공존해야 하기 때문에 다른 사람들의 복수성에 제약을 받게 된다.

이렇듯, 우리는 현상세계에서 만나는 사람들이 과연 어떠한 특성을 가진 사람인가를 이해하기 위해 인간본성이 아닌 인간조건을 고려해야 한다. 인간은 이러한 조건 때문에 노동하는 동물, 작업하는 동물, 정치적 동물로서 위상을 갖는다.

물론 노동과 작업은 인간 이외의 다른 동물도 참여하기 때문에, 말과 행위만이 가장 인간다운 활동이다. 말과 행위는 내가 누구인가를 드러내는 활동이다. 아렌트는 다원성이란 조건 때문에 말과 행위를 통해서 자신의 정체성을 드러내는 인간을 이해하는 것이 무엇보다도 중요하다고 생각했다. 인간조건은 아렌트의 실존주의적 정치인간학의 핵심 개념이다.

3. 아렌트는 왜 활동적 삶에 대한 연구에서 정신의 삶으로 관심을 전환했는가?

아렌트는 1961~62년 사이에 진행된 아이히만 재판을 참관하면서 '아이히만 같이 평범한 사람이 왜 중대한 정치적 악행을 했을까'라는 의문을 갖게 되었다. 그는 아이히만을 통해서 "말과 사유를 허용하지 않는 악의 평범성"(banality of evil)을 확인하게 되었다. 이후 1963년 『예루살렘의 아이히만』을 출간한 뒤 논쟁에 참여하고 폭포수처럼 발생하는 정치적 사건들의 의미를 조명하는 데 분주하게 보내던 중 1973년 기퍼드 강의에 초청을 받고 정신의 삶을 본격적으로 연구하게 되었다.

아렌트는 『예루살렘의 아이히만』에서도 아이히만의 악행은 사유하지 않음에서 비롯되었다고 밝혔다. 『정신의 삶』에서는 이와 관련하여 좀더 구체적으로 언급하고 있는데, 악이란 현상에 대한 사상적 전통에 따르면, 악의 원인은 자만심, 질투심, 야만적 순수성, 탐욕 등이다.

이렇듯, 사유활동이 과연 어떤 특성을 갖는 정신활동인가라는 의문을 풀고자 하는 욕구 때문에 아렌트는 정신활동을 연구하는 계기를 갖게 되었다.

4. '악의 근본성'에서 '악의 평범성' 개념 사이에는 어떠한 논리적 모순이 존재하는가?

아렌트에 따르면, 칸트는 '왜곡된 나쁜 의지'라는 개념으로 근본적 악을 합리화하고자 하면서도 근본적 악을 의심했다. 근본적 악을 생각할 수 없다는 것은 철학적 전통에 내재되어 있다. 근본적 악이 인간세계를 벗어난 영역에 속한다면, 우리는 그것을 설명할 수 없을 것이다. 아렌트는 불가능한 것을 가능한 것으로 변화시키는 장소, 즉 인간을 인간 이하의 존재로 전락시키는 장소인 절멸수용소를 두고 지구에 존재하는 지옥이라고 규정했다. 그래서 그는 죽음의 신이 존재하는 곳에서 진행되는 조직화된 대량학살을 '근본적 악'으로 규정했다.

아렌트는 재판과정에서 아이히만의 언행을 보고 악의 평범성을 제기했다. 이러한 입장 전환이 독자를 당혹스럽게 했지만, 아렌트는 악은 근본적이면서 평범하다고 생각했다. 악은 희생자와 그 가해자의 인간적 능력뿐만 아니라 공동체마저 위협한다는 점에서 근본적이지만 존재론적으로 실재적이거나 악마적이라는 의미에서가 결코 근본적이지 않고 오히려 극단적이다. 악은 인간적 실재다. 아렌트는 『전체주의의 기원』에서 근대적 현상들 가운데 하나인 '잉여성'을 언급하면서 악의 평범성을 암시하고 있다. 아이히만은 실업 증대, 빈곤, 사회적 분열, 부르주아의 성공 윤리와 결합된 잉여감에서 '생존 자체'를 선으로 이해했다. 개인의 활동공간을 폐쇄한 사회에서 이러한 심리적 상태에 있는 사람은 무엇이라도 행할 수 있는 정신 상태에 빠지기 때문이다.

5. 아렌트는 '공과 사'란 개념을 다른 개념에 어떻게 확장시키고 있는가?

아렌트는 '공공'(公共)을 드러남(공개), 빛, 공유, 거리감, 다원성, 자유 등과 연계시키고, 사(私)를 은폐, 어둠, 결여, 친밀성 등과 연계시킨다. 활동적 삶에서 노동과 작업은 사적인 것, 행위는 공적인 성격을 띤다. 이 두 가지는 활동 영역에서 사적 영역과 공공영역으로 구분된다. 아렌트는 자유를 개인적 자유와 정치적 자유로 구분한다. 미덕의 경우도 동정, 연민, 박애, 낭만적 사랑 등은 개인 차원과 연계되지만, 우정 또는 세계사랑은 공적 의미를 지닌다. 책임의 경우에도 법적 책임과 도덕적 책임은 개인적인 것이고, 집단적 책임은 정치적인 것이다. 탄생 역시 생물학적 탄생은 사적이지만, 정치적 탄생은 공적 성격을 띤다.

아렌트는 이러한 엄격한 구분에도 불구하고 공과 사의 상호 연관성을 일관되게 주장한다. 예컨대, 정신활동인 사유와 의지는 사적인 성격을 띠지만 세계와 연계되고 있어서 판단을 통해서 행위와 연계된다. 양심(conscience)이 공동(con) + 인식(scientia)의 복합어로서 역시 나와 자아의 공동 인식 상태로서 자아에 대한 관심을 기저로 삼고 있지만 세계에 대한 관심과 분리되지 않는다는 점에서 순수도덕 차원에 머물지 않고 정치적 미덕의 근원이 될수 있다는 점 때문에, 아렌트는 양심과 행위의 연계성을 부정하지는 않았다.

6. 아렌트는 왜 은유(metaphor)를 사용하고 있으며 그 예로는 어떤 것이 있는가?

은유는 비가시적인 정신활동과 현상세계 사이의 심연을 연결하는 역할을 하며 언어가 사유와 철학에 부여한 최대의 산물이다. 은유 자체는 기원상 철학적이라기보다 시적이다. 그래서 에즈라 파운드(Ezra L. Pound)는 은유란 시의 진정한 실체이며, 그것이 없었다면 보이는 것의 작은 진리에서 보이지 않는 것의 커다란 진리로 건널 수 있는 다리는 없었을 것이라고 지적했다.

호메로스는 시에서 사용하는 이러한 도구를 발견했다. 아렌트는 정치영역에서의 사유에 머물지 않고 정치현상을 설명하고자 시어를 정치언어로 전환했다.

브레히트의 시 「후손들에게」에 나오는 '어두운 시대'는 은유이며, 아렌트는 공공영역이 빛을 상실할 때 나타나는 정치현상을 표현하고자 이 용어를 정치언어로 바꾸었다. 브레히트의 '어둠'은 색깔 은유이지만, 아렌트는 전통의 상실 또는 붕괴를 '붕괴된 기둥'이나 '끊어진 실타래'라는 은유로 표현하고 있다. 아렌트는 역사가 진보를 향해 나가는 사건의 연쇄가 아니라 폐허더미에 폐허를 쌓은 단일의 파국이라는 것을 부각시키기 위해서 '단절'이나 '틈새'라는 은유를 사용한다. 이때 틈새는 과거와 미래 사이, 즉 '현재'를 의미한다.

7. 아렌트는 자신의 저작에서 시간 개념을 어떻게 드러내고 있는가?

과거, 현재, 미래는 현상세계에서 질서정연하게 놓여 있지만 정신영역에서 '뒤죽박죽' 상태로 존재한다. 아렌트는 역사를 이해하는 데 있어서 시간의 연속성을 강조하는 계몽주의적 시간 개념을 포기하고 시간의 불연속성을 강조한다.

전자의 경우 과거나 현재보다 미래의 우위를 강조하지만, 후자의 경우 과거나 미래보다 현재의 중요성을 강조한다. 아렌트는 이를 위해 카프카의 '현재'의 우화를 소개하고, 이를 재구성했다. 현재는 과거와 미래 사이의 '틈새'로서 과거와 미래를 단절시키는 영역이다. 공간적인 비유로 표현하자면, 현재는 '더 이상 존재하지 않는 곳'(the no-more)인 과거로부터 압력을 받을 뿐만 아니라 '아직 존재하지 않은 곳'(the not-yet)인 미래로부터 역시 압박을 받는다. 힘의 개념으로 비유하자면, 현재는 과거와 미래의 힘이 충돌하는 영역이다. 아렌트는 이러한 시간 개념에 기초해 인간의 삶을 조명하고 있다.

정신활동 역시 시제와 연계된다. 사유하는 사람은 과거와 미래 사이의 틈새인 현재의 지점에 서 있으며, 기억을 통해 과거의 경험을 현재에 재현한다. 반면 의지활동은 항상 아직 존재하지 않는 것에 대한 기대와 연관되기에 미래시제와 연결된다. 이는 의지(Willing)가 본동사로 쓰일 때 '뜻하다'라는 의미를 갖지만 조동사로 쓰일 때는 미래를 나타낸다는 점에서 확인될 수 있다. 그리고 판단은 사건이 종료된 다음 진행되기 때문에 과거의 대상과 연관된다. 이는 반성적 판단에 해당된다.

아렌트는 혁명의 의미를 설명할 때 시간의 불연속성을 적용시킨다. 혁명과정을 현재와 연계시킬 경우 혁명 이전은 과거와, 혁명 이후는 미래와 연계된다. 아렌트는 이러한 구도를 통해 혁명과정의 두 가지 상이한 형태를 제시한다.

8. 아렌트는 공공영역의 모범적인 예를 어디서 찾았는가?

폴리스(Polis)는 그리스의 '도시국가'다. 아렌트의 경우 소문자로 표기된 폴리스(polis)는 공공영역이다. 공공영역으로서의 폴리스에서는 참여자들이 공적인 문제를 놓고 논쟁(agon)에 참여함으로써 시민으로서 자신의 능력과 특이성을 드러내는 경향을 강하게 띠었다. 이러한 공공영역은 논쟁적 공공영역으로 규정될 수 있다. 반면 역사 속에 존재하는 수많은 형태의 혁명평의회는 자치조직으로서 합의와 동의를 도출하는 데 역점을 두고 있기 때문에 결사체적 성격을 강하게 띤다. 이렇듯 언어행위의 유형에 따라 공공영역은 두 가지 형태로 존재한다. 그러나 이러한 차이에도 불구하고 공공영역은 수많은 참여자들이 자유와 평등에 기초해 우정의 대화를 나누고 공공의 목적을 실현하는 데 기여한다는 공통점을 지니고 있다. 즉 공공영역에서는 개별성(다원성), 공동성, 우정의 원리가 작동된다.

우리는 또한 현상세계에 존재하는 공공영역의 원리를 비가시적인 공공영역에서 발견할 수 있다. 사유, 의지, 판단을 행위자로 비유하면, 이들이 활동하는 정신영역은 세 행위자가 각기 개별적 원리에 따라 활동하면서 공동의 보조를 취한다. 행위자들은 긴장 또는 대립 상태에 있다가도 우정, 사랑, 관심과 배려의 덕목에 입각해 활동의 정체성을 유지하면서도 조화를 유지함으로써 행위에 참여하는 기반을 마련한다. 이렇듯 정신영역에서도 개별성(다원성)과 우정의 원리가 작동된다. 비유적으로 표현하면, 정신영역은 내면적 공공영역이다.

9. 아렌트는 어떠한 입장에서 정치와 경제적 관심을 엄격히 구분해야 한다고 주장했는가?

많은 사람들은 정치와 경제를 엄격히 구분하는 아렌트의 입장이 시대착오적이라고 생각할 것이다. 그는 오늘날 이러저러한 차원에서 정부의 개입 없이 발생하는 경제적 거래를 상상하거나 경제문제와 정치문제와 연관되지 않은 정부를 발견하기란 어렵다는 것을 잘 의식하고 있다. 그렇다면 그는 왜 양자를 엄격히 구분했는가?

비판자들은 정치가 사회경제적 관점에서 정의될 수 없다는 아렌트의 주장을 이해하는 데 실패했다. 아렌트는 정치의 본질이 자유의 확립이지 사회경제적 쟁점의 해결이 아니라는 것을 독자들에게 언급하고자 했다. 즉 그가 정치와 사적 영역에 속하는 쟁점이 엄격히 구분된다고 지적한 의도는 정치의 자율성을 부각시키려는 데 있다.

10. 아렌트는 정치행위의 의미(meaning), 목표(goal), 목적(end), 원리(principle)을 어떻게 차별화하는가?

행위의 의미는 행위가 유지될 때만 존재할 수 있다. 행위의 의미는 자유다. 목적은 그것을 산출하는 활동이 종결될 때 비로소 나타난다. 행위의 목적과 목표는 공통적으로 행위의 외부에 독립적으로 존재한다. 목표는 행위가 방향을 설정하는 데 이바지하며, 목적은 추구의 대상이 된다. 목표는 행위 자체에 포함되어 있지 않지만 성취 가능하다는 전제에서 항상 현존해야 하기 때문에 미래에 실현되는 목적과 다르다.

반면에, 행위의 원리는 한 집단의 사람들이 공유하는 근본적인 신념이다. 몽테스키외는 군주정의 명예, 공화적의 덕, 폭정의 공포로 규정하고 있는데, 아렌트는 여기에 명성, 자유, 평등을 첨가할 수 있다고 한다. 아렌트의 경우 이러한 원리들은 행위에 항상 자양분을 공급하는 근원이라는 점에서 중요하다. 원리, 목적, 목표는 시대에 따라 달라질 수 있다.

불멸의 명성은 호메로스 시대에는 행위의 원리였고, 고대에는 행위의 방향을 정하는 목표들 가운데 하나였다. 자유는 아테네 폴리스에서 원리였지만 혁명기에는 혁명가들이 추구하는 목적이 된다.

아렌트에 대한 증언록

"제가 이 남다른 신입생을 어떻게 기억하지 못하겠습니까! 부끄러워하고 수줍어하며, 특별히 아름다운 외모와 고독한 눈매를 지닌 아렌트는 여전히 규정할 수 없을 정도로 예외적이고 독특하게 돋보였습니다. 그곳에서 지성의 총명함은 예외적인 항목이 아니었습니다. 그러나 아렌트의 매력을 더해 주는 강도, 내면적 지침, 질에 대한 본능, 본질의 모색, 심연의 모색이 있었습니다. 사람들은 그에게서 엄청난 취약점에 직면했을 때 절대적 결단을 수행하는 강직함과 더불어 자신이 되려는 절대적 결단을 느꼈습니다."

　■ 한스 요나스(Hans Jonas)

"이러한 새로운 질문에 직면한 나와 집사람은 오랫동안 애정이 식지 않은 아렌트-블뤼허 부부가 상당한 도움이 된다는 것을 알았다. 그의 철학적 연대는 여러 해 동안 가장 아름다운 경험으로 남아 있다. 그는 젊은 시절부터 나이든 우리를 찾아왔으며 그가 경험한 것을 우리에게 알려주었다. [……] 그는 내적 독립성으로 세계시민이 되었다. 그는 미국 헌법의 독특한 위력(그리고 비교적 최대한 그 기반을 유지했던 정치 원리)에 대한 믿음으로 미국 시민이 되었다."

　■ 카를 야스퍼스(Karl Jaspers)

"서구 문명 전체를 대부분 이해하는 그 정신은 사유 자체에 대한 열정에 의해 촉진되었다. 다른 사람들이 카드놀이나 체스게임을 즐기듯이, 아렌트는 사유 자체를 즐겼다. 그러나 이러한 비유는 그가 사유와 게임을 하지 않고 사유에 대해 아주 진지했다는 중요한 제한 조건을 둘 경우에만 타당하다. 그것은 그의 저술 방식, 특별히 연구자와 선생으로서의 양식에서 명백하다. 그가 강단에서 전달하는 것은 지적 열정이었다. 그가 확인한 진리를 말하거나 적어도 진리로서 버젓이 통용되는 오류를 붕괴시키는 것은 그에게 소명이었다. 그는 학생들을 가르치는 것을 사랑했고 학생들로부터 사랑을 받았다."

■ 한스 모겐소(Hans Morgenthau)

"지금이나 그때나 언제든지 나는 나를 위해 특별히 집필되었다는 인상을 준 책 한 권을 우연히 접하게 되었다. [······]그것은 내가 스스로 제기하고 있던 그런 질문들에 답변하는 것 같았다."

■ 오든(W.H. Auden)

"나는 아렌트가 명성을 얻게 된 이유는 그의 독창성에 있다기보다 사상가로서 자기 저작의 모범적 위상에 있다고 생각한다. 이러한 특성은 결국 그의 공헌이 여전히 존중받고 영향력을 얻고 있는지를 결정한다. 그는 주류 이론가들과 달리 무엇을 생각하고 행하라고 우리에게 말하기보다 우리 세계의 주어진 조건을 전제할 때 우리가 어떻게 사유에 참여하는지의 예를 제공하고 있다. 아렌트 사유의 이러한 범형적 특성은 그가 사상가의 임무를 이해한 방식에 뿌리를 두고 있다."

■ 멜빈 힐(Melvyn A. Hill)

"의지에 대한 그의 강의는 특별히 공식적으로 표현하기 어려웠고 힘들었다. 그는 전화로 다음과 같이 나에게 말했다. '의지에 대한 내용은 내 것이 아니라네.' [······]그의 입장에서 불평은 아주 특이해서 나는 다음과 같이 감히 답변하지 못했다. '응, 물론 그렇지 아렌트. 당신은 평생 동안 일차적으로 개인적 자유와 정치적 자유에 관심을 갖고 있지 않았소. 이제 당신은 그 문제가 우리 유산 가운데 가장 훌륭한 정신들을 괴롭히고 있다는 것을 잘 깨달으면서 인간의 의지에서 그 철학적 기반을 찾고 있지 않소.'"

■ 글렌 그레이(J. Glenn Gray)

"대재앙은 겸손의 정신에서 대면해야 할 주제다. 아렌트 부인의 여러 가지 미덕이 어떠하든 비하(卑下)는 그것들 가운데 하나는 아니다. '비판을 받지 아니하려거든 비판하지 말라'(「마태복음」 제7장 제1절). 그러나 아렌트는 판단하는 것을 좋아했으며, 도덕적 열정을 환기시키면서 인류의 스승 역할을 매우 효율적으로 수행했다. 따라서 그는 평생에 경험하지 않았던 극단적인 상황을 기술하면서 현명한 어느 누구도 밟기를 두려워했던 곳으로 돌진했다. 그는 추상적인 것을 취급할 때 매우 편안해하면서 구체적 상황에 있는 사람들을 다룰 때 취약점을 드러내어 기질적으로 항상 과대한 진술을 하는 성향이 있는 지식인이었다."

■ 월터 라퀘르(Walter Laquer)

"그분은 정의를 믿는 분들이 될 수 있는 측면과 자비를 믿는 분들이 유지해야 할 방식에서 열정적이었습니다. […]그분은 진지한 탐구가 그분을 인도하는 곳마다 따라갔습니다. 그분이 적을 만들었다면 그것은 공포 때문에 그런 것은 아닙니다."

■ 윌리엄 요바노비치(William Jovanovich)

"한 개인의 저작에서 나타나는 빛은 세계를 직접 밝힌다. 그분이 사망한 이후에도 그 빛은 여전히 빛나고 있다. 그 빛이 작은지 큰지, 잠정적인지 지속적인지의 문제는 세계와 그 존재방식에 달려 있으며, 후손들이 평가할 것이다. 한 개인의 삶, 즉 말이나 몸짓 또는 우정으로부터 나오는 빛은 기억에만 존속한다. 세계를 밝히려면 그 빛은 기록되고 전수되는 새로운 형태로 변화해야 한다. 하나의 이야기는 수많은 기억과 이야기로부터 만들어지기 때문이다."

■ 엘리자베스 영-브륄(Elisabeth Young-Bruehl)

"그분이 말을 할 때, 입술을 오므리고 얼굴을 찡그리며 애수에 젖은 채 턱을 들을 때와 같이 행위나 몸짓으로 외재화되는 정신의 운동을 보는 것과 같았습니다."

"저는 여기서 그분의 이념을 논하지 않고 그분의 표현대로 현상세계에서 눈부시게 자신을 드러내는 신체의 모습을 통해 그분을 다시 환기시키렵니다. 그분은 [……]유혹적이고 매혹적이며 여성적인 아름다운 여성입니다. 그분의 손은 작고 우아하며, 발목은 멋있고, 발은 우아합니다. 그분은 구두를 좋아했습니다. [……]그분의 다리, 발, 발목은 신속함, 결단을 표현했습니다. 여러분은 자신의 생각과 보조를 맞추는 것 같은 발, 종아리, 발목에 매혹되기 위해 강단에 있는 그분을 단지 보아야 했습니다."

■ 메리 매카시(Mary McCarthy)

"그분은 우리 시대의 위대한 스승들 가운데 한 분입니다. 그의 지식은 엄청나며, 그것을 기꺼이 우리들에게 베풀었습니다."

"세미나에서 아렌트의 첫 번째 말씀은 이러했습니다. '이론은 아니야! 모든 이론을 잊어라! 우리는 이 시대를 대리적으로 다시 소생시키기 위해 체험을 대면하고 싶다.' 따라서 그분은 우리에게 확실히 요구된다는 사유, 우리가 거부하기 어렵다는 이론에서 우리의 사유를 포괄하는 것을 구분했다. 달리 말하면, 그분은 사유활동(theôria)과 '참된' 공리에 있는 사유의 결과 (theôrêmata)에 대한 고대 그리스의 구분을 부활시키고 있었습니다."

■ 제롬 콘(Jerome Kohn)

"아렌트는 니체와 하이데거를 통해서, 평생 시를 사랑함으로써 언어의 중심성을 파악했다. 단순한 기술 수단, 지각의 도구, 즉 주체와 대상 사이의 인식과 사유의 담지자 이상의 의미를 가졌다. 오히려 말은 사람들 사이의 행위, 정치적이고 구체적인 실천을 구성했다. 언어 ―아렌트의 경우 독일어―는 또한 정치적 정체성의 상징, 그의 삶에서 불연속적 국면의 가교, 하이데거의 표현으로 '세계 속의 존재'의 연속적 실마리였다."

446

■ 레온 보트슈타인(Leon Botstein)

"한나 아렌트는 하나의 인간형으로서 유대인 국외자를 공식화하고 찬양했을 뿐만 아니라 자신의 생애와 사상에서 그것을 압축적으로 요약했다. 그의 지적 기획 전체는 자신의 유대인적·유럽적 유산을 유지하면서도 비판적이었던 의식적인 국외자로서 현대 세계에서 유대인성의 문제틀에 기반을 두었다. 세속적인 세계에서 유대주의의 유대인성으로의 변형은 그가 카프카와 같이 유럽 정치체제에 확고하게 뿌리 내린 장소를 획득하지 못한 채 선조들의 유대인 유산을 상실했다는 점을 의미했다. 국외자로서 그의 저작은 한편 유대인성과 현대 유대인 경험, 다른 한편 현대 세계에서 유럽과 일반화된 인간 경험 사이의 변증법적 긴장으로 특징화된다. [……]아렌트의 가장 찬양받는 저서인 『전체주의의 기원』은 분명히 의식적인 국외자의 산물이다."

■ 론 펠드만(Ron H. Feldman)

한나 아렌트 연보

1906	10월 14일 독일 하노버의 전기회사 직원이었던 바울 아렌트(Paul Arendt)와 쾨니히스베르크(현재 러시아 영토인 칼리닌그라드)에서 무역회사를 운영하던 야곱 콘(Jacob N. Cohn)의 딸 마르타(Marta Kohn) 사이에서 태어남.
1910	하노버 교외인 린덴에서 쾨니히스베르크로 이사함.
1913	3월 할아버지 막스 아렌트가 사망했으며, 지트니크 초등학교에 입학한 직후인 10월, 아버지의 사망으로 어려운 시절을 보냈음.
1919	스파르타쿠스 동맹의 반란이 발생했을 때 로자 룩셈부르크를 존경했던 어머니는 아렌트에게 "너는 이 사건에 관심을 가져야 한단다. 이것은 역사적인 계기란다!"라고 말해줌.
1920	무분별한 것으로 악명 높았던 선생의 수업을 거부했다는 이유로 루이제슐레(Luiseschule) 고등학교에서 퇴학당함. 퇴학당한 이후 베를린 대학교에서 로마노 과르디니와 함께 그리스어 반과 라틴어 반 이외에 신학강좌에 참여하면서 고등학교 졸업 자격시험(Abitur)에 합격함.
1924	마부르크 대학교에 입학해 하이데거의 철학 강의에 참여함. 이때 스승과의 은밀한 관계로 다른 사람들과는 소원했지만 한스 요나스와 귄터 스턴(안더스)을 만남.
1926	하이데거의 소개로 하이델베르크 대학교의 야스퍼스를 만났으며, 그의 지도 아래 1929년 「아우구스티누스의 사랑 개념」을 주

제로 박사학위 논문을 완성함.

1929   베를린으로 이주하여 아동심리학의 개척적인 연구로 존경을 받았던 집안의 스턴과 결혼했고, 논문 「두이노의 비가」를 공동 집필함.

1930   파른하겐 전기를 집필하여 독일을 망명하기 직전 마지막 두 장을 제외하고 집필을 완료함.

1933   2월 27일 제국의회의 방화와 더불어 반유대인조치가 내려진 기간 동안 정치인사의 망명을 돕는 일로 체포되어 경찰 심문을 받고 풀려난 직후 체코 국경을 넘어 파리로 망명함.

1936   첫 남편인 스턴과 이혼함. 스파르타쿠스 동맹과 공산당에서 활동하다가 파리로 망명했으며 이후 전향한 블뤼허를 만남.

1940   1월 블뤼허와 결혼을 했으며, 프랑스가 독일군에 함락되자 미국행 긴급비자를 발급받아 망명길에 오름. 베냐민은 마르세유에서 자신의 원고를 블뤼허 부부에게 맡긴 직후 자살함.

1941   5월 뉴욕에 도착한 블뤼허 부부는 무국적자로서 미국 생활을 시작함.『재건』에 유대인 군대 창설에 관한 글을 기고함.

1942   조셉 마이어와 함께 청년유대인단체를 창설하고, 브루클린 대학교에서 처음으로 현대 유럽사를 강의함.

1945   『전체주의의 기원』을 집필하기 시작했고, 라스키를 통해 야스퍼스와 편지를 교환함.

1946   「팽창과 힘의 철학」「프랑스 실존주의」「지옥의 이미지」등 다수의 에세이를 기고함.

1948   영국에 거주하던 에바 베어발트(어머니의 두 번째 남편의 딸)를 방문한 직후인 7월 어머니가 타계함.

1949   『전체주의의 기원』 집필을 완료했으며, 전후 처음 유럽을 방문하여 유대인문화재건위원회 비즈바덴 본부에서 6개월간 활동함. 이때 스위스 바젤에 있는 야스퍼스 부부와 재회함.

1950   한국전쟁 발발 소식을 듣고 스탈린주의의 분석으로 이어질 수 있

는 전체주의의 마르크스주의적 요소를 연구함.

1951 『전체주의의 기원』 초판을 출간했으며 미국 시민권을 얻게 되어 18년간의 무국적 생활을 청산함. 이후 마르크스의 노동 개념을 이해하고자 관련 자료를 검토함.

1952 신학을 가르친 은사 과르디니를 만남. 블뤼허는 바드 대학교의 교수로 임용됨.

1953 프린스턴 대학교의 가우스 세미나에서 「마르크스와 위대한 전통」을 강의했고, 「마르크스와 서구 정치사상의 전통」을 『사회연구』에 게재함.

1954 2월 노트르담 대학교에서 「프랑스혁명 이후 행위와 사유의 문제」라는 주제로 세 차례 강의를 했고, 수정 원고는 「철학과 정치」라는 제목으로 1990년 출간됨.

1955 버클리 대학교에서 '유럽의 정치이론, 철학과 정치'라는 주제로 강의를 했고, 『인간의 조건』과 『과거와 미래 사이』에 포함될 논문을 집필함.

1956 헝가리혁명에 대한 연구를 시작함. 시카고 대학교의 월그린 재단에서 '활동적 삶'을 주제로 강의를 함.

1957 「세계시민으로서 야스퍼스」를 『카를 야스퍼스의 철학』에 게재했고, 이후 『어두운 시대의 사람들』에 재수록함.

1958 『인간의 조건』을 출간함. 독일 출판서적상협회가 야스퍼스에게 평화상을 수여하는 자리에서 '카를 야스퍼스: 찬사'라는 주제로 연설을 함. 『정치학지』(*The Journal of Politics*)에 「헝가리혁명에 대한 성찰」을 게재함.

1959 『논평』 잡지사 측의 요청으로 「리틀 락 지역에 대한 성찰」이란 제목의 논문을 집필했고 『의견 차이』에 게재함. 함부르크 자유시가 시상하는 레싱 상을 받는 자리에서 '어두운 시대의 인간성: 레싱에 관한 사유'를 주제로 강연함.

1960 5월 아이히만이 이스라엘로 송환되자 『뉴요커』 편집장에게 재판

참관자를 자청함.

1961   아이히만 재판 참관 기사를 『뉴요커』에 5부작으로 연재하고 남편과 함께 야스퍼스 부부를 만났음. 귀국 후 『혁명론』을 집필했고, 『과거와 미래 사이』의 초판을 출간함.

1962   3월 교통사고로 입원함. 미국 예술과학아카데미 특별회원으로 선출됨.

1963   『혁명론』과 『예루살렘의 아이히만』이 출간됨.

1964   귄터 가우스와 텔레비전 대담을 함. 이 내용은 「무엇이 남아 있는가? 언어가 남아 있다」는 제목으로 『이해의 에세이』에 수록됨.

1965   「진리와 정치」라는 제목으로 논문을 집필하기 시작하여 코넬 대학교 강의를 통해 완결함. 이 논문은 아이히만 논쟁에 대한 아렌트의 답변이었으며, 정치에서 '초연한 진리 추구'의 중요성에 대한 주장이었음. 통킹만 사건을 계기로 미국의 베트남 전쟁 참전에 비판적 입장을 보임.

1966   미국정치학회에서 「진리와 정치」라는 논문 최종판을 발표함. 『예루살렘의 아이히만』 히브리어 판이 이스라엘에서 출판됨.

1967   뉴스쿨에서 교수직을 맡았으며, 「진리와 정치」를 『뉴요커』에 게재함.

1968   『어두운 시대의 사람들』을 출간했고, 『조명』을 편집해 출판함. 마틴 루터 킹 목사 암살사건, 학생들의 콜롬비아 대학교 점거, 구소련의 체코 침공을 목격하면서 『폭력론』을 집필하기 시작함.

1969   2월 26일 스승인 야스퍼스의 서거로 바젤을 방문하고 장례식에 참석함. 미국 문예 아카데미의 에머슨-소로 메달을 받음.

1970   10월 30일 뉴스쿨에서 「사유와 도덕적 고찰」을 발표했고, 다음날 블뤼허가 타계함. 「시민 불복종」을 『뉴요커』에 게재함.

1971   『국방성 보고서』가 『뉴욕 타임스』 등에 공개되자 「정치에서의 거짓말」이라는 논문을 발표함.

1972   스코틀랜드 에버딘 대학교로부터 1973년 봄 기퍼드 강의를 수

락해달라는 편지를 받고 '사유' 원고를 집필하면서, 10월 토론토 사회정치사상연구회가 조직한 '한나 아렌트의 저작에 관한 학술회의'에 참석함.

1973   첫 번째 기퍼드 강의를 마치고 귀국한 후 '의지'에 대한 원고를 준비함.

1974   두 번째 기퍼드 강의를 진행하던 중 심장병 발병으로 강의를 중단함.

1975   12월 4일 '판단' 원고를 집필하던 중 심근경색으로 타계함.

지은이 **홍원표**洪元杓

한국외국어대학교 정치외교학과를 졸업했고 동 대학원에서 「고전적 합리주의의 현대적 해석: 스트라우스, 보에글린, 아렌트」라는 주제로 박사학위를 받았다. 이후 한나 아렌트 정치철학 연구에 전념하고 있다. 현재는 한국외국어대학교 언어외교학부에 재직하고 있으며 미네르바교양대학 학장을 맡고 있다. 한국외국어대학교 교무처장, 한국정치학회 편집이사·총무이사·부회장을 역임했고, 한나아렌트학회 회장을 역임한 바 있다. 저서로는『현대 정치철학의 지형』(2002),『아렌트: 정치의 존재이유는 자유다』(2011),『한나 아렌트 정치철학: 행위, 전통, 인물』(2013),『비극의 서사』(2018) 이외 다수의 공저가 있다. 역서로는『정신의 삶: 사유』(2004),『혁명론』(2004),『한나 아렌트 전기: 세계사랑을 위하여』(2007),『어두운 시대의 사람들』(2019),『이해의 에세이』(공역, 2012) 등이 있다.